Análise de Dados de uma Avaliação Nacional de Desempenho Educacional

Pesquisas do Banco Mundial sobre Avaliações de
Desempenho Educacional

VOLUME 4

Análise de Dados de uma Avaliação Nacional de Desempenho Educacional

Gerry Shiel
Fernando Cartwright

Vincent Greaney e
Thomas Kellaghan, Editores da Série

© 2015 Banco Internacional para Reconstrução e Desenvolvimento/Banco Mundial
1818 H Street NW, Washington D.C. 20433
Telefone: 202-473-1000; Internet: www.worldbank.org

Alguns direitos reservados
1 2 3 4   18 17 16 15

Este trabalho foi publicado originalmente em ingles pelo Banco Mundial como, *Analyzing Data from a National Assessment of Educational Achievement. Vol. 4 of National Assessments of Educational Achievement*, em 2015. Em caso de disprepancias, predomina o idioma original.

Este trabalho foi produzido pelo pessoal do Banco Mundial com contribuições externas. As apurações, interpretações e conclusões expressas neste trabalho não refletem necessariamente a opinião do Banco Mundial, de sua Diretoria Executiva nem dos governos dos países que representam. O Banco Mundial não garante a exatidão dos dados apresentados neste trabalho. As fronteiras, cores, denominações e outras informações apresentadas em qualquer mapa deste trabalho não indicam nenhum julgamento do Banco Mundial sobre a situação legal de qualquer território, nem o endosso ou a aceitação de tais fronteiras.

Nada aqui constitui ou pode ser considerado como constituindo uma limitação ou dispensa de privilégios e imunidades do Banco Mundial, os quais são especificamente reservados.

Direitos e Permissões

Este trabalho está disponível na licença da Creative Commons Attribution 3.0 IGO (CC BY 3.0 IGO) http://creativecommons.org/licenses/by/3.0 IGO. Nos termos da licença Creative Commons Attribution, o usuário pode copiar, distribuir, transmitir e adaptar este trabalho, inclusive para fins comerciais, nas seguintes condições:

Atribuição — Favor citar o trabalho como segue: Shiel, Gerry, e Fernando Cartwright. 2015. *Vol. 4 de Pesquisas do Banco Mundial sobre Avaliações de Desempenho Educacional: Análise de Dados de uma Avaliação Nacional de Desempenho Educacional*, editado por Vincent Greaney e Thomas Kellaghan. Washington, DC: Banco Mundial. DOI: 10.1596/978-1-4648-0603-2. Licença: Creative Commons Attribution CC BY 3.0 IGO

Tradução — Se o usuário traduzir este trabalho, favor acrescentar o seguinte termo de isenção de responsabilidade juntamente com a atribuição: *Esta tradução não foi feita pelo Banco Mundial e não deve ser considerada tradução oficial do Banco Mundial. O Banco Mundial não se responsabiliza pelo conteúdo nem por qualquer erro dessa tradução.*

Adaptações — Se o usuário criar uma adaptação deste trabalho, favor acrescentar o seguinte termo de isenção de responsabilidade juntamente com a atribuição: *Esta é uma adaptação de um trabalho original do Banco Mundial. Pontos de vista e opiniões expressos na adaptação são de inteira responsabilidade do autor ou autores da adaptação e não são endossados pelo Banco Mundial.*

Conteúdo de terceiros — O Banco Mundial não é necessariamente proprietário de todos os componentes do conteúdo incluído no trabalho. Portanto, o Banco Mundial não garante que o uso de qualquer componente individual de terceiros ou parte do conteúdo do trabalho não infrinja direitos de terceiros. O risco de reivindicações resultantes de tal violação recai inteiramente sobre o usuário. Se o usuário desejar reutilizar um componente do trabalho, recairá sobre ele a responsabilidade de determinar se é necessária permissão para tal reutilização, bem como obter a referida permissão junto ao proprietário dos direitos autorais. Exemplos de componentes podem incluir, embora não de forma exclusiva, tabelas, figuras ou imagens.

Todas as consultas sobre direitos e licenças devem ser endereçadas a Publishing and Knowledge Division, The World Bank, 1818 H Street NW, Washington, DC 20433, USA; fax: 202-522-2625; e-mail: pubrights@worldbank.org.

ISBN (papel): 978-1-4648-0603-2
ISBN (eletrônico): 978-1-4648-0604-9
DOI: 10.1596/978-1-4648-0603-2

Ilustração da capa: Olga Loureiro

Imagens da capa: Colored pencils and graph (lápis de cor e gráfico) © istockphoto.com/Fotografia-Basica; checking boxes (caixas de seleção) © istockphoto.com/kgerakis; wallpaper (papel de parede) © istockphoto.com/enjoynz.

Item and Test Analysis (IATA) © 2015 Fernando Cartwright. Utilizado com permissão. É necessária permissão para reutilização. Microsoft, Access, Excel, Office, Windows e Word são marcas registradas ou denominações comerciais da Microsoft Corporation nos Estados Unidos e/ou em outros países.
SPSS é marca registrada da IBM.
WesVar é marca registrada da Westat.

ÍNDICE

PREFÁCIO	xvii
SOBRE OS AUTORES E EDITORES	xix
AGRADECIMENTOS	xxi
SIGLAS	xxiii
INTRODUÇÃO	1
Nota	6

Parte I
Uma Introdução à Análise Estatística dos
Dados de Avaliação Nacional
Gerry Shiel

1. O BANCO DE DADOS PARA ANÁLISES	9
Salvar os arquivos do CD no seu disco rígido ou servidor	11
Instrumentos de avaliação	13
Pesos de amostragem	14
SPSS	16
WesVar	20
Notas	20

2. EXPLORAÇÃO DE DADOS DA AVALIAÇÃO NACIONAL USANDO O SPSS — 21
Medidas de tendência central — 22
Medidas de dispersão — 22
Medidas de posição — 23
Medidas de forma — 24
Exploração de um conjunto de dados usando o SPSS — 26
Notas — 32

3. UMA INTRODUÇÃO AO WESVAR — 33
Configurar um arquivo de dados no WesVar — 33
Acrescentar rótulos de variáveis — 34
Cálculo de estatística descritiva no WesVar — 35
Calcular a média e o erro padrão — 40
Cálculo de médias e erros padrão para subgrupos na população — 43
Notas — 45

4. COMPARAÇÃO ENTRE OS NÍVEIS DE DESEMPENHO DE DOIS OU MAIS GRUPOS — 47
Análise da diferença entre duas pontuações médias — 47
Análise da diferença entre três ou mais pontuações médias — 53

5. IDENTIFICAÇÃO DE ALUNOS DE ALTO E BAIXO DESEMPENHO — 59
Cálculo das pontuações correspondentes às principais categorias de percentil nacionais — 60
Cálculo das percentagens de alunos em subgrupos, usando categorias de percentil nacionais — 65

6. ASSOCIAÇÃO ENTRE VARIÁVEIS: CORRELAÇÃO E REGRESSÃO — 73
Correlação — 73
Regressão — 80
Correlação e causalidade — 96
Notas — 98

7. APRESENTAÇÃO DE DADOS UTILIZANDO DIAGRAMAS E GRÁFICOS — 99
Diagramas — 100
Gráficos de linha com intervalos de confiança — 106
Gráficos de linhas para representar dados sobre tendências — 109
Nota — 110

I.A. ANÁLISE DE DADOS NAEA: ESTRUTURA DO DIRETÓRIO DE ARQUIVOS	111
I.B. ANÁLISE DE DADOS NAEA: SUBPASTAS E ARQUIVOS	113
I.C. ABRIR UM ARQUIVO SPSS NO WESVAR	117
Notas	124

Parte II
Análise de Item e de Teste
Fernando Cartwright

8. INTRODUÇÃO AO IATA	**127**
Instalar o IATA	127
Dados de avaliação	128
Dados produzidos pelo IATA	141
Interpretar os resultados do IATA	142
Dados de amostra	143
Fluxos de trabalho e interfaces de análise do IATA	145
Navegar nos fluxos de trabalho do IATA	149
Notas	150
9. ANÁLISE DE DADOS DA APLICAÇÃO DE UM TESTE PILOTO	**151**
Passo 1: Carregamento dos dados de resposta	153
Passo 2: Carregamento da chave de respostas	155
Passo 3: Especificações da análise	156
Passo 4: Análise de itens	159
Passo 5: Dimensionalidade do teste	170
Passo 6: Funcionamento diferencial dos itens	176
Passo 7: Análise da escala	183
Passo 8: Seleção de itens do teste	187
Passo 9: Padrões de desempenho	192
Passo 10: Ver e salvar resultados	192
Notas	194
10. REALIZAR UMA ANÁLISE COMPLETA DA ADMINISTRAÇÃO DE DADOS DE UM TESTE FINAL	**197**
Passo 1: Definir a análise	198
Passo 2: Resultados da análise básica	200
Passo 3: Análise do funcionamento diferencial dos itens	200

Passo 4: Escalonamento — 202
Passo 5: Selecionar itens de teste — 207
Passo 6: Estabelecer padrões de desempenho — 209
Passo 7: Gravar os resultados — 218
Nota — 218

11. ANÁLISE DOS CADERNOS DE PROVA ROTATIVOS — 219
Passo 1: Carregamento dos dados — 219
Passo 2: Especificações da análise — 221
Passo 3: Resultados da análise dos itens — 222

12. ANÁLISE DE ITENS DE CRÉDITO PARCIAL — 225
Passo 1: Carregar os dados — 225
Passo 2: Especificações da análise — 227
Passo 3: Resultados da análise de item — 228

13. COMPARAR AVALIAÇÕES — 233
Passo 1: Definir a análise — 235
Passo 2: Ligar os itens comuns — 239
Passo 3: Reescalonamento dos resultados ligados — 244
Passo 4: Atribuir padrões de desempenho — 245
Notas — 248

14. MÉTODOS ESPECIALIZADOS EM IATA — 249
Ligar dados de item — 250
Selecionar itens de teste ideais — 253
Desenvolver e atribuir padrões de desempenho — 256
Análise de dados de resposta com parâmetros de item ancorados — 259
Nota — 265

15. RESUMO DOS TUTORIAIS DO IATA — 267

II.A. TEORIA DE RESPOSTA AO ITEM — 271
Nota — 279

REFERÊNCIAS — 281

CAIXA
6.1 Variáveis da Regressão Padrão — 83

EXERCÍCIOS

1.1	Executar estatísticas descritivas em SPSS e salvar os arquivos	18
2.1	Execução do comando Explore no SPSS, variável dependente única (um nível)	27
2.2	Execução do comando Explore no SPSS, variável dependente única (mais de um nível)	31
3.1	Como gerar estatísticas descritivas no WesVar	36
3.2	Calcular uma média e respectivo erro padrão no WesVar	41
3.3	Cálculo de médias e erros padrão no WesVar, quatro regiões	43
4.1	Avaliação da diferença entre duas pontuações médias	49
4.2	Avaliação das diferenças entre três ou mais pontuações médias	53
5.1	Cálculo dos valores de percentil nacionais	60
5.2	Cálculo dos valores de percentil por região	63
5.3	Recodificação de uma variável em categorias de percentil usando o WesVar	65
5.4	Cálculo das percentagens de alunos com pontuações abaixo dos Percentis de referência chave nacionais e erros padrão por região	68
6.1	Desenhar um gráfico de dispersão em SPSS	75
6.2	Calcular um coeficiente de correlação em nível nacional	78
6.3	Executar uma regressão em WesVar, uma variável independente (contínua)	84
6.4	Executar a regressão em WesVar, uma variável independente (categórica)	88
6.5	Calcular coeficientes de correlação	90
6.6	Executar a regressão em WesVar, mais do que uma variável independente	92
7.1	Desenho de um gráfico de colunas para mostrar o desempenho por nível de aptidão, dados nacionais	100
7.2	Desenho de um gráfico de barras para mostrar a percentagem por nível de aptidão por região	102
7.3	Desenho de intervalos de confiança em 95% para uma série de pontuações médias	106
7.4	Mostrar dados sobre tendências com um gráfico de linhas	109

FIGURAS DE EXERCÍCIO

1.1.A	Caixa de diálogo de classes de peso	18
1.1.B	Caixa de diálogo de descritivas SPSS	19

2.1.A Diagrama de caule e folhas para as pontuações da escala de matemática ... 29
2.1.B Diagrama de caixa para as pontuações da escala de matemática ... 30
2.2.A Diagrama de caixa para as pontuações da escala de matemática por região ... 32
3.1.A Novo livro de exercícios WESVAR ... 37
3.1.B Especificar variáveis para análise nas descritivas WesVar ... 37
3.1.C Resultados das descritivas WesVar ... 38
3.1.D Exportar um arquivo WesVar ... 40
3.2.A Especificar uma estatística computadorizada em uma tabela WesVar ... 42
3.2.B Resultados para tabelas WesVar: Cálculo da média ... 42
3.3.A Livro de exercícios WesVar antes do cálculo da média por região ... 44
3.3.B Resultados WesVar para o cálculo da média por região ... 45
4.1.A Livro de exercícios WesVar antes da avaliação da diferença entre duas pontuações médias ... 50
4.1.B Resultados WesVar: Pontuações médias em matemática dos alunos com e sem eletricidade em casa ... 51
4.1.C Resultados WesVar: diferença das pontuações médias em matemática entre os alunos com e sem eletricidade em casa ... 51
4.2.A Livro de exercícios WesVar apresentando o ajuste para o nível alfa ... 54
4.2.B Preenchimento das definições de células em WesVar ... 55
4.2.C Livro de exercícios WesVar apresentando as funções das células ... 56
4.2.D Resultados WesVar: pontuações médias em matemática por região ... 56
4.2.E Resultados WesVar: diferenças de pontuações médias em matemática por região ... 57
5.1.A Livro de exercícios WesVar: cálculo dos valores de percentil ... 61
5.1.B Resultados WesVar: cálculo dos valores de percentil ... 62
5.2.A Livro de exercícios WesVar antes do cálculo dos valores de percentil por região ... 63
5.2.B Resultados WesVar parciais: cálculo dos valores do 10.º percentil por região ... 64
5.3.A Livro de exercícios WesVar: recodificação de mathss em variável discreta ... 66
5.3.B Designação de categorias de percentil em WesV ... 67

5.4.A Captura de tela do livro de exercícios WesVar antes do cálculo das percentagens das pontuações abaixo dos padrões de referência chave nacionais por região — 68
5.4.B Resultados parciais: percentagens de alunos com pontuações abaixo dos padrões de referência chave nacionais por região — 69
6.1.A Caixa de diálogo parcial do SPSS antes de desenhar o gráfico de dispersão — 76
6.1.B Gráfico de dispersão da relação entre implementação de procedimentos e resolução de problemas em matemática — 76
6.1.C Gráfico de dispersão mostrando a linha de melhor ajuste — 77
6.2.A Livro de exercícios WesVar antes de executar a análise de correlação — 79
6.2.B Resultados WesVar: correlação entre resolução de problemase implementação de procedimentos matemáticos — 79
6.3.A Livro de Exercícios do WesVar antes de executar a regressão com uma variável independente — 85
6.3.B Resultado da regressão em WesVar, uma variável independente: soma de quadrados e valor de R2 — 85
6.3.C Resultado da regressão em WesVar, uma variável independente: coeficientes estimados — 86
6.3.D Resultado da regressão em WesVar, uma variável independente — 87
6.4.A Resultado da análise de regressão em WesVar: Variável independente categórica — 89
6.5.A Resultados de correlações entre variáveis independentes — 91
6.6.A Tela do WesVar antes de executar regressão com mais de uma variável independente — 93
6.6.B Resultado da regressão em WesVar, mais de uma variável independente: soma de quadrados — 93
6.6.C Resultado da regressão em WesVar, mais do que uma variável independente: coeficientes estimados — 94
6.6.D Resultado da regressão em WesVar, mais do que uma variável independente: teste de ajuste do modelo — 95
7.1.A Percentagens de alunos em cada grupo de desempenho — 100
7.1.B Inserir opções de gráfico no excel — 101
7.1.C Percentagem de alunos por nível de aptidão em matemática — 101
7.2.A Percentagem de alunos por nível de aptidão em matemática — 102
7.2.B Opções gráfico de barras 2-d em excel — 103

7.2.C	Percentagem de alunos por nível de aptidão em matemática por região	103
7.2.D	Opção transpor linhas/colunas em ferramentas de gráfico/design em excel	104
7.2.E	Percentagem de alunos por nível de aptidão em matemática por região	105
7.3.A	Pontuações médias de matemática e pontuações em intervalos de confiança superiores e inferiores por região	106
7.3.B	Opções formatar eixos em excel	107
7.3.C	Opções formatar séries de dados em excel	107
7.3.D	Gráfico de linhas para pontuações médias de matemática e intervalos de confiança em 95% por região	108
7.4.A	Folha de trabalho excel com pontuações médias de matemática por gênero, 2004-13	109
7.4.B	Pontuações médias de matemática por gênero, 2004-13	110

TABELA DE EXERCÍCIOS

2.1.A	Uma Síntese do Processamento de Casos	27
2.1.B	Estatísticas descritivas	28
4.1.A	Comparação entre as Pontuações Médias em Matemática dos Alunos com e sem Eletricidade em Casa	52
4.2.A	Comparação das Pontuações Médias em Matemática dos Alunos com e sem Eletricidade em Casa por Região	58
5.1.A	Pontuações em Matemática em Nível Nacional (e Erros Padrão) em Níveis de Percentil Diferentes	62
5.2.A	Pontuações em matemática (e erros padrão) em vários níveis de percentil por região	64

FIGURAS

2.1	Distribuição normal apresentando as unidades do desvio padrão	24
2.2	Exemplos de distribuições com assimetria positiva, negativa e simétricas	25
3.1	Acrescentar rótulos de variáveis no WesVar	35
6.1	Correlações positiva e negativa	74
6.2	Reta de regressão e equação de regressão em um gráfico de dispersão	82
I.C.1	Agregar dados em SPSS	119
I.C.2	Acrescentar variáveis a um arquivo SPSS	121

I.C.3	Lista de variáveis disponíveis no arquivo de dados WesVar	122
I.C.4	Criar ponderações no WesVar	123
I.C.5	Ponderações de replicação criadas pelo WesVar	124
8.1	Exemplos corretos e incorretos de formatação de dados	130
8.2	Seleção de idioma inicial e registro ideal para o IATA	146
8.3	O menu principal do IATA	147
8.4	Caixa de interface de instruções de tarefa e botões de navegação do IATA	149
9.1	Fluxo de trabalho da análise dos dados de resposta	152
9.2	Interface de carregamento de dados de resposta	153
9.3	Dados dos itens para os dados de resposta PILOT1	156
9.4	Especificações da análise para os dados PILOT1	157
9.5	Resultados da análise de itens para os dados PILOT1, MATHC1019	160
9.6	Resultados da análise de itens para os dados PILOT1, MATHC1027	166
9.7	Resultados da análise de itens para os dados PILOT1, MATHC1075	167
9.8	Resultados da análise de itens para os dados PILOT1, após a remoção do item MATHC1075	168
9.9	Dimensionalidade do teste e do item para os dados PILOT1, MATHC1019	171
9.10	Resultados da dimensionalidade dos itens para os dados PILOT1, MATHC1035	172
9.11	Resultados da dimensionalidade dos itens para os dados PILOT1, MATHC1002	176
9.12	Resultados da análise do FDI para os dados PILOT1 por Gênero, MATHC1046	177
9.13	Resultados da análise do FDI para os dados PILOT1 por Gênero, MATHC1035	179
9.14	Resultados da análise do FDI para os dados PILOT1 por gênero, MATHC1042	180
9.15	Resultados da análise do FDI para os dados PILOT1 por idioma utilizado nas casas dos alunos, MATHC1006	182
9.16	Interface de análise e definição da escala	184
9.17	Resultados da seleção de itens para os dados PILOT1, 50 itens	188
9.18	Resultados da seleção de itens para os dados PILOT1, 79 itens	192

9.19	Visualização dos resultados da análise dos dados PILOT1	193
10.1	Especificações de análise para os dados CYCLE1	199
10.2	Resultados da análise do FDI para os dados CYCLE1 por localização, MATHC1043	201
10.3	Distribuição de aptidão (pontuação da tri) e informações do teste, dados CYCLE1	204
10.4	Uma comparação da informação ideal do teste e da distribuição normal	205
10.5	Distribuição e estatísticas resumidas para a nova pontuação de escala (NAMscore), dados CYCLE1	206
10.6	Selecionar itens, dados CYCLE1	208
10.7	Interface de padrões de desempenho por omissão, dados CYCLE1	211
10.8	Interface de padrões de desempenho, PR = 50%, dados CYCLE1	213
10.9	Dados de marcadores de livro, PR = 50%, dados CYCLE1	214
10.10	Interface de padrões de desempenho com limiares estabelecidos manualmente, dados CYCLE1	217
11.1	Respostas dos alunos, dados PILOT2	220
11.2	Especificações da análise, cadernos de prova rotativos, dados PILOT2	221
11.3	Resultados da análise de itens, dados PILOT2, MATHC2003	222
12.1	Chaves de respostas aos itens e metadados, dados PILOT2	226
12.2	Especificações da análise, cadernos rotativos com itens de crédito parcial, dados PILOT2	227
12.3	Resultados da análise de item, dados PILOT2, MATHC2003	228
12.4	Função de resposta ao item de crédito parcial, dados CYCLE2, MATHSA001, Valor = 2	229
13.1	Análise de dados de resposta com fluxo de trabalho de ligação	235
13.2	Dados de item de referência de CYCLE1 para ligação com os dados CYCLE2	237
13.3	Resultados da análise de item para os dados CYCLE2, MATHSA005, Valor = 1	238
13.4	Resultados da ligação de itens comuns, CYCLE2 para CYCLE1	239
13.5	Resultados da ligação de itens comuns, CYCLE2 para CYCLE1, MATHC1052	242
13.6	Resultados do teste CYCLE2 expressos na escala CYCLE1 (NAMscore)	245

13.7	Atribuir padrões de desempenho, dados CYCLE2	247
14.1	Selecionar os itens de teste ideais, dados CYCLE1	255
14.2	Dados de item para CYCLE3 com parâmetros de item ancorados	262
14.3	Resultados da análise de item com parâmetros de item ancorados, dados de CYCLE3, MATHC2047	263
II.A.1	Distribuições da aptidão para os respondentes corretos e incorretos a um único item de teste (facilidade = 0,50, aptidão média dos respondentes corretos = 0)	274
II.A.2	Distribuições da aptidão para os respondentes corretos e incorretos a um único item de teste (facilidade = 0,50, aptidão média dos respondentes corretos = 0,99)	275
II.A.3	Distribuições da aptidão para os respondentes corretos e incorretos a um único item de teste e probabilidade condicional de responder corretamente (facilidade = 0,60, aptidão média dos respondentes corretos = 0,40)	276

TABELAS

1.1	Teste de matemática: distribuição de itens por áreas de conteúdo e processo	13
1.2	Descrições abreviadas de questionários	15
5.1	Percentagens de alunos com pontuações abaixo do 25.º percentil de referência nacional por região	70
5.2	Percentagem de alunos com pontuações no 75.º percentil de referência nacional ou acima deste por região	71
8.1	Variáveis produzidas ou usadas pelo IATA para descrever a aptidão e o desempenho no teste do aluno	134
8.2	Variáveis em um arquivo de dados de item	137
8.3	Seção de amostra de um arquivo de dados de item	137
8.4	Seção de amostra para um arquivo de dados de um item de crédito parcial	140
8.5	Tabelas de dados produzidas pelo IATA	141
8.6	Símbolos de tráfego no IATA e o seu significado	143
8.7	Tarefas do IATA e os fluxos de trabalho em que são usadas	148
9.1	Análise de distratores para os dados MATHC1019, PILOT1	165

PREFÁCIO

Avaliar os níveis de aprendizagem dos alunos é essencial para acompanhar o sucesso de um sistema de ensino e para melhorar a qualidade do mesmo. As informações acerca do desempenho educacional dos alunos podem ser utilizadas para esclarecer uma ampla variedade de políticas e decisões educacionais, incluindo as relacionadas com a formulação e implementação de programas para melhorar o ensino e a aprendizagem nas salas de aula e a prestação de apoio e formação adequados, onde isso for mais necessário.

A série de publicações *Avaliações Nacionais de Desempenho Educacional,* de que este é o quarto volume, incide nos mais modernos procedimentos que precisam de ser seguidos para garantir que os dados (tais como os resultados dos testes e informações de base) produzidos por um exercício nacional de avaliação em grande escala sejam de alta qualidade técnica e atendam às preocupações dos formuladores de políticas, responsáveis pela tomada de decisões e outras partes interessadas no sistema de ensino.

O volume 1 da série descreve os principais objetivos e elementos fundamentais das avaliações nacionais de desempenho educacional e visa principalmente aos formuladores de políticas e aos responsáveis pela tomada de decisões. O volume 2 trata da formulação de dois tipos de instrumentos de coleta de dados para os exercícios de avaliação nacional: testes de desempenho educacional dos alunos e questionários sobre antecedentes. O volume 3 enfoca as tarefas práticas relacionadas com a implementação de um exercício de avaliação em grande escala, incluindo instruções detalhadas sobre logística, amostragem e limpeza e gestão de dados.

Este quarto volume, *Análise de Dados de uma Avaliação Nacional de Desempenho Educacional*, trata da geração de informações sobre os itens e os resultados dos testes e de como relacionar os resultados dos testes com os fatores educacionais e sociais. Tal como os volumes 2 e 3, este volume destina-se principalmente às equipes nas economias em desenvolvimento e emergentes responsáveis pela realização das avaliações nacionais.

Por último, o volume 5 descreve como elaborar relatórios baseados nas conclusões da avaliação nacional e como utilizar os resultados para melhorar a qualidade da política educacional e a tomada de decisões. É de particular relevância para os responsáveis pela preparação de relatórios de avaliação e pela comunicação e utilização das conclusões.

À medida que os leitores avançam ao longo deste quarto volume, as complexidades e o potencial da análise dos dados gerados por uma avaliação nacional em grande escala tornar-se-ão evidentes. Para explorar plenamente o que esses dados dizem acerca da qualidade, equidade e outros aspectos do desempenho em um sistema de ensino, o analista deve utilizar várias técnicas descritas na Parte I deste volume. A Parte II descreve uma técnica analítica fundamental, a saber, a Teoria de Resposta ao Item (TRI). O volume vem com o software da TRI, especialmente concebido e de fácil utilização, chamado Análise de Item e de Teste (IATA). As equipes de avaliação em todas as partes, quer estejam conhecendo a TRI ou já estejam familiarizadas com ela, considerarão o IATA um complemento muito útil à sua coleção de instrumentos de análise de dados.

Marguerite Clarke
Especialista Sênior em Ensino/Coordenadora de Avaliação
de Aprendizagem
Agosto de 2014

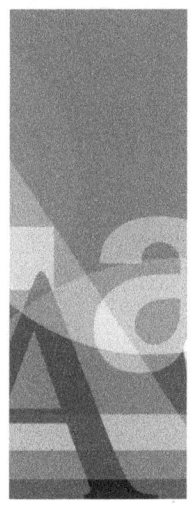

SOBRE OS AUTORES E EDITORES

AUTORES

Fernando Cartwright é especialista em psicometria, pesquisador de ciências sociais e criador/arquiteto de *software*. Já trabalhou em diversas avaliações nacionais e internacionais de aptidões e aprendizagem, incluindo o Programa de Avaliação Internacional de Alunos (PISA) e a Pesquisa Internacional sobre Aptidões Vitais e Alfabetização de Adultos. É o arquiteto de vários projetos de medição social, incluindo o Índice Composto de Aprendizagem, o Índice Europeu de Aprendizagem ao Longo da Vida e o Índice *Third Billion*. Produziu *software* relacionado com a medição do ensino, incluindo Análise de Item e de Teste (IATA) e aplicações Web para o desenvolvimento de testes, repositório de perguntas, elaboração de testes e análise e avaliação de dados. Reside em Otawa.

Gerry Shiel é pesquisador no Centro de Pesquisas em Educação do St. Patrick's College, em Dublin. Dirigiu o desenvolvimento de uma série de testes padronizados de desempenho em leitura (tanto em inglês como em irlandês), matemática e ciências. Trabalhou intensamente nas avaliações nacionais no nível do ensino fundamental e liderou a implementação em âmbito nacional na Irlanda da Pesquisa Internacional sobre Ensino e Aprendizagem (TALIS) da Organização para a

Cooperação e o Desenvolvimento Econômico (OCDE) e do PISA. Trabalhou em questões de avaliação na África, Sul e Leste Asiático e Europa Oriental.

EDITORES

Vincent Greaney foi especialista principal em educação do Banco Mundial. Ex-professor, pesquisador no Centro de Pesquisas em Educação no St. Patrick's College, Dublin, e Professor Visitante da Fulbright na Western Michigan University, é membro do Reading Hall of Fame da International Reading Association. As suas áreas de interesse incluem avaliação nacional, testes públicos, formação de professores, leitura e promoção da coesão social por meio da reforma dos livros escolares. Trabalhou em projetos educacionais, principalmente na África, Sul e Leste Asiático, Europa Oriental e Oriente Médio.

Thomas Kellaghan foi diretor do Centro de Pesquisas em Educação no St. Patrick's College, Dublin, e é membro da Academia Internacional de Educação. Trabalhou na Universidade de Ibadan, na Nigéria, e na Queen's University, em Belfast. As suas áreas de interesse em pesquisas incluem avaliação nacional, testes públicos, desvantagens educacionais, formação de professores e as relações casa-escola. Foi Presidente da Associação Internacional de Avaliação do Desempenho Educacional de 1997 a 2001. Trabalhou em questões de avaliação na África, Europa Oriental, Sul e Leste Asiático, América Latina e Oriente Médio.

AGRADECIMENTOS

Uma equipe liderada por Vincent Greaney (consultor, Ensino no Nível Global, Banco Mundial) e Thomas Kellaghan (Centro de Pesquisas em Educação, St. Patrick's College, Dublin) preparou a série de livros intitulada *Avaliações Nacionais de Desempenho Educacional*, de que este é o quarto volume. Outros contribuintes para a série são Sylvia Acana (Conselho Nacional de Exames de Uganda); Prue Anderson (Conselho Australiano de Pesquisas em Educação); Fernando Cartwright (Polymetrika, Canadá); Jean Dumais (Statistics Canada); Chris Freeman (Conselho Australiano de Pesquisas Pedagógicas); J. Heward Gough (Statistics Canada); Sara J. Howie (Universidade de Pretória); George Morgan (Conselho Australiano de Pesquisas Pedagógicas); T. Scott Murray (Data Angel, Canadá); Kate O'Malley (Conselho Australiano de Pesquisas Pedagógicas); e Gerry Shiel (Centro de Pesquisas em Educação, St. Patrick's College, Dublin).

O trabalho foi realizado sob a direção geral de Ruth Kagia, Diretora da Educação; seus sucessores, Elizabeth King e Amit Dar; e Robin Horn e Harry Patrinos, gestores, todos do Banco Mundial. Robert Prouty iniciou e dirigiu o projeto até agosto de 2007. Marguerite Clarke é desde então responsável pela revisão e publicação.

Estamos muito gratos pelas contribuições do grupo de revisão: Eugenio Gonzalez (Educational Testing Service), Pei-tseng Jenny Hsieh (Universidade de Oxford) e Laura Jane Lewis (Banco Mundial).

Diana Manevskaya (Banco Mundial) facilitou a preparação deste volume. Hilary Walshe, bem como Peter Archer, John Coyle e Mary Rohan deram apoio ao Centro de Pesquisas em Educação, St. Patrick's College, Dublin. A editoração foi feita por Laura Glassman, Mary-Ann Moalli e Linda Stringer da Publications Professionals LLC. O projeto gráfico, a editoração e produção tiveram a coordenação de Janice Tuten e Paola Scalabrin, da Divisão de Publicação e Conhecimento do Banco Mundial; a impressão foi coordenada por Andrés Meneses.

O Conselho Australiano de Pesquisas em Educação, o Programa de Parceria do Banco da Holanda, o Centro de Pesquisas em Educação, o Fundo Fiduciário Irlandês para a Educação, Statistics Canada e o Fundo Fiduciário Russo de Ajuda à Educação para o Desenvolvimento (READ) contribuíram com apoio generoso na preparação e publicação da série.

SIGLAS

CCCI	Curva característica de categoria de item
CCT	Curva característica de teste
EP	Erro padrão
FDI	Funcionamento diferencial dos itens
FRI	Função de resposta ao item
IATA	Análise de Item e de Teste
IC	Intervalo de confiança
ID	Identificação
IIQ	Intervalo ou Amplitude interquartil
JK	*Jackknife*
MLH	Modelação linear hierárquica
NAEP	Avaliação Nacional do Progresso Educacional – Estados Unidos
PIRLS	Progressos no Estudo Internacional da Leitura
PISA	Programa de Avaliação Internacional de Alunos
PR	Probabilidade de resposta
PSU	Unidade Primária de Amostragem (*Primary Sampling Unit*)
SPSS	Pacote Estatístico para as Ciências Sociais
TCT	Teoria Clássica dos Testes
TIMSS	Tendências Internacionais no Estudo da Matemática e das Ciências
TRI	Teoria de Resposta ao Item

INTRODUÇÃO

A atual economia do conhecimento em âmbito mundial requer que os governos, sistemas de ensino e escolas acompanhem de perto uma variedade de percursos educacionais, incluindo o desempenho educacional dos alunos. A avaliação nacional do desempenho educacional dos alunos nas principais áreas curriculares contribui para este esforço respondendo a questões relacionadas com o seguinte:

- *Qualidade* – disponibilização de informações sobre a aprendizagem dos alunos com base na implementação do currículo, obtenção dos níveis de educação previstos ou preparação para aprendizagem futura.
- *Equidade* – determinar se o sistema de ensino não atende devidamente a determinados grupos de alunos, conforme evidenciado nas diferenças de desempenho relacionadas com gênero, localização, grupo étnico ou idioma, grupo socioeconômico, ou governança escolar (público-privada).
- *Provisão* – identificar fatores relacionados com a aprendizagem dos alunos (por exemplo, recursos escolares, implementação de currículo; nível de formação dos professores, qualificações e experiência; e circunstâncias domiciliares dos alunos).

- *Alteração* – referente à alteração dos resultados educacionais ao longo do tempo (Greaney e Kellaghan 2008; Kellaghan e Greaney 2001; Kellaghan, Greaney e Murray 2009).

Os volumes anteriores desta série, *Avaliações Nacionais de Desempenho Educacional*, descrevem os componentes de uma avaliação nacional com base em uma amostra. Esses componentes incluem a especificação do conteúdo dos testes e questionários, a definição de uma população de interesse e a seleção de uma amostra probabilística representativa da população, administração da avaliação e outros instrumentos para alunos e outros respondentes, a classificação das respostas dos alunos e a limpeza e gestão de dados. O último conjunto de dados gerados por essas atividades, em que os itens dos testes foram criados e reunidos em um caderno e as respostas foram coligidas, fornece a fonte para as análises descritas neste volume.

A Parte I do volume foi projetada para ajudar as equipes de avaliação nacional na realização de análises de dados, normalmente efetuadas em uma avaliação nacional. O Capítulo 1 fornece uma visão geral dos conjuntos de dados utilizados nos exemplos trabalhados no CD que acompanha o volume. É seguido, no Capítulo 2, por uma análise exploratória de dados utilizando SPSS. São definidos conceitos tais como média, mediana, moda e desvio padrão, e é executada uma série de análises ilustrativas. O Capítulo 3 apresenta o conceito de erro padrão da estimativa e descreve procedimentos para calcular o grau de desvio previsto dos dados de uma amostra em relação aos dados da população. Está descrito como o WesVar calcula erros padrão para uma amostra complexa, uma particularidade importante de uma avaliação nacional bem concebida. O Capítulo 4 descreve maneiras de abordar questões relacionadas com a equidade, analisando as diferenças entre os resultados médios das categorias de alunos para determinar se certa diferença obtida é estatisticamente significativa. No Capítulo 5, a incidência muda para as formas como o desempenho dos alunos de alto e baixo rendimento pode ser descrito. O Capítulo 6 trata das associações entre variáveis (por exemplo, as relações entre os recursos escolares e a aprendizagem dos alunos), conforme evidenciado na correlação, e fornece uma introdução à análise de regressão.

O Capítulo 7 contém exemplos de como os dados podem ser apresentados utilizando diagramas e gráficos.

A Parte II do volume concentra-se no desenvolvimento de escalas para descrever a aprendizagem dos alunos. São utilizadas duas abordagens estatísticas conhecidas (dentro das quais vários modelos foram formulados) para responder a essa questão. A primeira abordagem, a teoria clássica dos testes (TCT) (ver Crocker e Algina 2006; Haladyna 2004; Lord e Novick 1968), foi utilizada durante a maior parte do século XX para descrever o desenvolvimento dos testes no Volume 2 da presente série (Anderson e Morgan 2008). A segunda abordagem, que está descrita na Parte II, é a Teoria de Resposta ao Item (TRI) (ver De Ayala 2009; De Mars 2010; Hambleton, Swaminathan, e Rogers 1991; Lord e Novick 1968). Teve origem em meados do século XX e atualmente é amplamente utilizada em avaliações nacionais e internacionais de desempenho educacional dos alunos.

O *software* Análise de Item e de Teste (IATA) descrito neste volume utiliza a TRI para analisar os dados dos testes. Foi concebido para facilitar a abordagem de duas importantes considerações estatísticas relacionadas com as avaliações nacionais: (a) para aumentar a facilidade de utilização e de interpretação dos resultados dos testes e (b) para estabelecer escalas significativas e consistentes nas quais reportar pontuações. Este último aspecto requer a redução do erro de medição e o fornecimento de informações que podem ser generalizadas além da amostra a partir da qual se obtiveram os dados. A sequência de análises na Parte II foi concebida para simular as fases de desenvolvimento e implementação de um programa nacional de avaliação, de testes-piloto a testes em grande escala e a testes de acompanhamento em ciclos de avaliação posteriores. O Capítulo 8 dá uma descrição do menu principal do IATA, dos seus elementos interativos e dos resultados que produz. O Capítulo 9 descreve os passos da análise de dados a partir da aplicação de um teste-piloto, após o que, no Capítulo 10, encontram-se descritos os passos de uma análise da administração dos dados de um teste final. Encontram-se descritas análises de cadernos de prova rotativos (Capítulo 11) e itens de crédito parcial (Capítulo 12). As avaliações comparadas por meio de métodos de ligação e especializados no IATA encontram-se abordadas nos capítulos 13 e 14, respectivamente. O volume termina com um anexo sobre a TRI. Note-se que o IATA funciona apenas em ambiente Windows.

As principais vantagens da TRI são que, ao contrário da TCT, ela produz estatísticas de itens que são independentes da capacidade de distribuição de um conjunto de examinandos e dos parâmetros que caracterizam um examinando e que são independentes do conjunto específico de itens de teste a partir do qual são calibradas. As suas vantagens são consideradas particularmente adequadas em situações que requeiram a equiparação dos testes, a identificação de tendenciosidade no nível dos itens e a formulação de testes adaptáveis informatizados.

Uma desvantagem da TRI é que requer competências analíticas avançadas e procedimentos de computação complexos, que podem não estar à disposição de uma equipe de avaliação nacional. Muitas avaliações nacionais nos países em desenvolvimento continuam a basear o desenvolvimento dos seus testes na pouca dificuldade do item e nos índices de discriminação da TCT. Deve-se reconhecer que essas formas de dados proporcionam aos responsáveis pela elaboração de testes informações úteis independentemente do modelo de medição que é aplicado em fases posteriores do processo de desenvolvimento de testes. Além disso, tanto a TCT como a TRI produzem resultados muito semelhantes em termos de comparabilidade das estatísticas de itens e de indivíduos, bem como do grau de invariância das estatísticas de itens nas amostras dos examinandos (Fan 1998).

Quer a escolha para o desenvolvimento de testes recaia sobre a TCT ou a TRI, merecem atenção duas questões relacionadas com a prática corrente nas avaliações nacionais e internacionais, que seguem a prática no desenvolvimento de testes destinados a avaliar os desempenhos de alunos individuais: (a) o pressuposto de que uma única dimensão está subjacente à característica ou à competência que está sendo avaliada e (b) a incidência na maximização das diferenças entre os desempenhos dos examinandos. Ambas têm implicações para a validade dos testes.

O pressuposto da unidimensionalidade que está subjacente ao desenvolvimento dos testes tem implicações importantes em uma avaliação nacional ou internacional, não apenas para a validade de conteúdo dos testes, mas também para determinar a tendenciosidade no nível dos itens e a ligação dos testes. Contudo, o pressuposto é desafiado pelos dados que mostram que os alunos variam à medida que adquirem competências em diferentes áreas de desempenho (ilustrado, por exemplo, quando o desempenho em matemática é descrito em termos de número, medição, forma e dados). Essa variação deve-se, muito provavelmente, a diferenças nas experiências educacionais e culturais mais amplas dos alunos (Goldstein e Wood, 1989). A rejeição de itens para inclusão em um teste porque os dados estatísticos não suportam o pressuposto de unidimensionalidade pode ter o efeito de excluir conteúdos importantes, resultando, assim, em uma representação inadequada de um conceito, que naturalmente afetaria a validade do conteúdo de um teste – um aspecto da validade que é geralmente considerado mais importante do que as inferências baseadas em dados estatísticos.[1] O pressuposto de unidimensionalidade deve ser uma preocupação especial nas avaliações internacionais, nas quais as experiências dos alunos, na escola e fora dela, são conhecidas por variar bastante.

O objetivo de maximizar as diferenças entre os examinandos, outra característica dos procedimentos concebidos para desenvolver testes destinados a avaliar os desempenhos de alunos individuais, é motivo de preocupação em uma avaliação nacional (ou internacional) porque o propósito de tal avaliação é descrever o desempenho do sistema educacional e não fazer distinções entre os desempenhos de alunos individuais. Essa situação implica em que outros fatores além da discriminação e facilidade tenham de ser considerados quando da decisão de se incluírem itens em um teste. Por exemplo, itens a que todos os alunos responderam corretamente ou itens a que nenhum aluno respondeu corretamente podem não ser normalmente incluídos em um teste concebido para alunos individuais, porque não iriam contribuir para a diferenciação entre os alunos. No entanto, no caso de uma avaliação nacional, pode ser importante saber se todos ou nenhum aluno conseguiu dominar certas áreas de desempenho. Por conseguinte, os itens que representam essas áreas seriam incluídos na avaliação. Para garantir que os testes utilizados em uma avaliação nacional representem adequadamente o conceito que está sendo avaliado e forneçam informações abrangentes sobre a amplitude do desempenho adquirido pelos alunos no sistema de ensino, é imperativo que os responsáveis pela elaboração de testes estabeleçam contato frequente com especialistas em currículo e professores durante todo o processo de desenvolvimento dos testes.

A introdução geral à análise estatística precede a seção sobre a TRI neste volume porque apresenta ao leitor muitos dos procedimentos analíticos utilizados na mesma. Contudo, na situação real de uma avaliação nacional, o escalonamento de dados para descrever o desempenho dos alunos, conforme descrito na Parte II, teria de ser concluído antes da realização das análises na Parte I.

Presume-se que os usuários deste volume tenham conhecimentos básicos de utilização de pastas e arquivo, Excel e SPSS e que saibam navegar, sem dificuldade, entre os componentes do SPSS.

NOTA

1. Cronbach (1970, 457) salientou que, mesmo no caso de testes desenvolvidos para avaliar alunos individuais, "nada na lógica de validação de conteúdo exige que o universo ou o teste seja homogêneo em termos de conteúdo."

PARTE I
UMA INTRODUÇÃO À ANÁLISE ESTATÍSTICA DOS DADOS DE AVALIAÇÃO NACIONAL

Gerry Shiel

CAPÍTULO

O BANCO DE DADOS PARA ANÁLISES

Os dados de avaliação nacional contêm uma aferição do desempenho do estudante que pode ser representada de várias maneiras, como número de itens em um teste a que um estudante tenha respondido corretamente (apesar de essa aferição nem sempre ser muito significativa); percentagem de itens respondidos corretamente; e pontuações de escala em que uma distribuição de pontuações com uma média e desvio padrão obtidos é transformada em uma distribuição com média e desvio padrão diferentes. A maioria das avaliações nacionais também reúne dados adicionais. Esses dados podem estar relacionados com escolas (como tipo, tamanho); professores (como as qualificações, experiência); estudantes (como idade, tempo dedicado aos trabalhos de casa); e pais e meio familiar (como nível educacional dos pais, número de livros em casa).

Os dados coligidos conterão uma série de tipos de variáveis. Algumas variáveis serão *categóricas* e implicam colocar indivíduos em categorias ou grupos claramente definidos, tais como nível educacional ou gênero. Outras variáveis, descritas como *discretas*, consistem em medidas numéricas ou contagens, tais como o número de filhos por família. São obtidas pela contagem e por valores para os quais não existem valores intermédios. Em contrapartida, as variáveis contínuas descrevem medidas numéricas que podem ser qualquer valor entre dois valores específicos, tais como a distância de casa à escola de um estudante. O tipo de dados impõe restrições ao tipo de análise estatística que pode ser realizada, assim como ao modo como os dados podem ser representados graficamente.

As análises começam normalmente com uma exploração de dados numéricos simples, apresentados em resumos estatísticos, em gráficos ou diagramas ou de ambas as maneiras. Conforme explicado com mais detalhes mais adiante neste capítulo, a ênfase, nesta fase, recai na descrição, apesar de o que é aprendido poder gerar hipóteses a serem testadas em uma fase posterior. A fase de exploração de análise dos dados também fornece a oportunidade de inspecionar a qualidade dos dados mediante a verificação de valores que faltam, valores atípicos, lacunas, e valores errôneos, embora estes devessem ter sido identificados na fase de limpeza de dados (ver Freeman e O'Malley 2012). Também revela a natureza dos dados, indicando se a distribuição é simétrica, assimétrica ou agrupada. Nessa fase inicial, uma visualização em forma de gráfico de barras, histograma ou diagrama de caixa e bigode pode ser muito informativa na identificação de padrões de dados.

Quando há disponibilidade de mais de uma informação sobre os indivíduos, é possível investigar as relações entre variáveis, tais como as relações entre o desempenho na leitura e escrita e habilidades em matemática dos estudantes ou entre os desempenhos matemáticos e fatores do histórico familiar. Uma associação entre um par de variáveis é denominada *bivariada*. Como muitas das variáveis de uma avaliação nacional estão interligadas, é necessário realizar uma análise multivariada que envolva procedimentos para prever o desempenho de uma das variáveis (por exemplo, desempenhos no nível da leitura) a partir dos valores de um conjunto de outras variáveis (por exemplo, o gênero do estudante, os fatores do histórico familiar). Um primeiro passo da análise multivariada é mostrar e examinar correlações de par entre variáveis em uma matriz de correlação. Este volume contém uma introdução à análise multivariada (análise de regressão, ver Capítulo 6). No entanto, não lida com formas mais complexas de análise, como modelação multinível, nas quais as análises são concebidas para refletir a estrutura encontrada nos sistemas de educação (estudantes agrupados em turmas, turmas nas escolas, escolas em regiões).

Os leitores podem desenvolver as suas capacidades analíticas por meio de um grupo de exercícios utilizando o banco de dados do CD que acompanha o livro. O banco de dados, que é semelhante ao utilizado na seção sobre amostragem em *Implementação de Uma Avaliação de Desempenho Educacional* (Dumais e Gough 2012a), contém teste de desempenho e outros dados que foram modificados a partir dos dados coligidos em uma avaliação real de desempenho matemático realizado no quarto ano, em um pequeno país, que é apresentada nesta série como vindo de um país com o pseudônimo Sentz.

Os capítulos seguintes descrevem uma série de tarefas analíticas que são tipicamente executadas com dados obtidos em uma avaliação nacional. Ao realizar estas análises, os leitores deverão familiarizar-se com um conjunto de técnicas estatísticas que podem aplicar aos seus próprios dados. A maioria das análises utiliza o *software* WesVar. Ao contrário de muitos outros pacotes de software, o WesVar leva em consideração a complexidade de um modelo de uma avaliação nacional quando se fazem análises estatísticas, tais como estimativas, variáveis, e amostragem de erro. As Partes II e IV do Volume 3 desta série, *Implementação de Uma Avaliação de Desempenho Educacional*, descrevem em detalhe amostragens complexas (Dumais e Gough 2012a, 2012b).

SALVAR OS ARQUIVOS DO CD NO SEU DISCO RÍGIDO OU SERVIDOR

Os arquivos podem ser copiados do CD para um disco rígido ou servidor. Copie ou crie uma pasta chamada **NAEA DATA ANALYSIS** do CD para o seu ambiente de trabalho. Deve haver sete subarquivos dentro da pasta **NAEA DATA ANALYSIS** : **SPSS DATA, EXERCISE SOLUTIONS, WESVAR UNLABELED DATA, MY WESVAR FILES, WESVAR DATA & WORKBOOKS, MY SPSS DATA,** e *MY SOLUTIONS*. Para copiar a pasta **NAEA DATA ANALYSIS** do CD para o seu ambiente de trabalho, localize a pasta no CD, clique com o botão direito do mouse e clique em **Copy** (Copiar). Depois abra

Desktop (Ambiente de Trabalho), clique com o botão direito do mouse e clique em **Paste** (Colar). Verifique se a pasta **NAEA DATA ANALYSIS** foi copiada com sucesso. Apresentamos a seguir detalhes sobre as sete subpastas.

- **SPSS DATA.** Os arquivos de dados SPSS (**NATASSESS.SAV** e **NATASSESS4.SAV**) usados para completar os exercícios do Capítulo 2 deste volume, bem como um arquivo sobre escolas (**SCHOOLS.SAV**), podem ser encontrados nesta pasta.
- **EXERCISE SOLUTIONS.** Aqui é possível encontrar soluções, principalmente em formato de arquivos de texto, para os exercícios dos Capítulos 2 a 7 deste volume. Quando completar os exercícios, você pode verificar as soluções que obteve comparando-as com as dessa subpasta.
- **WESVAR UNLABELED DATA.** Use esta fonte para os exercícios WesVar do Capítulo 3. Este arquivo de dados (**NATASSESS4.VAR**) deve ser igual ao arquivo de dados obtidos quando você criou seu arquivo de dados WesVar usando as instruções apresentadas no Anexo I.C. O arquivo de dados neste diretório pode servir como backup.
- **MY WESVAR FILES.** Use esta subpasta para salvar arquivos de dados WesVar e os livros de exercícios que criou ao fazer os exercícios dos Capítulos 3 e 6. Ao abrir esta pasta pela primeira vez, verá que ela está vazia. Isso se deve ao fato de você ainda não ter salvado nenhum arquivo nesta pasta. É fortemente recomendado que você crie seus próprios arquivos de dados e livros de exercícios WesVar usando os procedimentos apresentados no Anexo I.C. Lembre-se de que os arquivos de dados e os livros de exercícios WesVar que você criou devem ser salvos em **MY WESVAR FILES**.
- **WESVAR DATA & WORKBOOKS.** Esta subpasta contém arquivos de dados **NATASSESS4.VAR**, o seu arquivo de acesso associado **NATASSESS4.LOG**, e quatro livros de exercícios completos, **CHAPTER3 WORKBOOK.WVB, CHAPTER4 WORKBOOK.WVB, CHAPTER5 WORKBOOK.WVB,** e **CHAPTER6 WORKBOOK.WVB**. É possível recorrer a estas fontes para verificar a exatidão do seu trabalho no WesVar.

- **MY SPSS DATA**. Use esta pasta para salvar novos arquivos, ou arquivos modificados, de dados SPSS, tais como os que criou antes de transferir um arquivo de dados SPSS para o WesVar (ver anexo I.C).
- **MY SOLUTIONS**. Salve suas soluções para os exercícios dos capítulos 2 e 7 nesta subpasta. Tal como nos casos de **MY WESVAR FILES** e **MY SPSS DATA**, ela estará vazia ao ser aberta pela primeira vez.

O Anexo I.B contém detalhes do conteúdo de cada pasta e arquivo.

INSTRUMENTOS DE AVALIAÇÃO

Esta seção descreve os principais instrumentos utilizados para reunir os dados usados no banco de dados.

Teste de Desempenho em Matemática

O teste consistiu em 125 itens baseados na estrutura do currículo nacional para o quarto ano. A Tabela 1.1 mostra a distribuição de itens nas principais áreas de conteúdo e processos cognitivos (ou comportamentos intelectuais) da matemática. A maioria dos itens avaliou as áreas de conteúdos de números e medidas, refletindo os pesos

TABELA 1.1
Teste de Matemática: Distribuição de Itens por áreas de Conteúdo e Processo

Áreas de conteúdo			Processos cognitivos		
	Número de itens	Percentagem de itens		Número de itens	Percentagem de itens
Número	46	36,8	Compreender e lembrar	16	12,8
Álgebra	6	4,8	Implementar procedimentos	35	28,0
Forma e espaço	18	14,4	Razão	26	20,8
Medidas	44	35,2	Integrar e ligar	8	6,4
Dados e hipóteses	11	8,8	Aplicar e resolver problemas	40	32,0
Total	125	100,0	Total	125	100,0

atribuídos a essas áreas no currículo nacional e nos manuais escolares. Mais de metade dos itens avaliava dois processos cognitivos: "procedimentos de implementação" (28%) e "aplicação e resolução de problemas" (32%).

Os itens foram agrupados em cinco livros (A, B, C, D, E), cada um consistindo em 25 itens. Cada caderno de prova continha 75 itens do lote total de 125. Cada livro (exceto o bloco comum B) aparecia uma vez na posição inicial e uma vez na posição final em um caderno de prova.

Cada item usava um formato de múltipla escolha ou de resposta curta. Os itens de múltipla escolha tinham quatro respostas possíveis (A, B, C, D). Os estudantes deveriam assinalar a resposta que acreditavam ser a correta. Para itens de resposta curta, os estudantes deveriam escrever respostas às perguntas ou fazer desenhos (por exemplo, desenhar as linhas de simetria através de uma forma bidimensional como um retângulo). Cada pergunta de múltipla escolha tinha opção de resposta correta. Cada item de resposta curta era marcado certo ou errado de acordo com uma rubrica de pontuação fornecida aos classificadores de itens.

Questionários de Contexto

A avaliação nacional incluiu questionários individuais para diretor, professor, estudante e pais (Tabela 1.2). Os professores também preencheram um formulário de classificação para cada estudante da avaliação.

PESOS DE AMOSTRAGEM

Foram computados e incluídos no arquivo pesos de amostragem. Os pesos refletem a probabilidade de seleção de cada aluno. O Volume 3 desta série (Dumais e Gough 2012b) descreve como esses pesos são computados e como são usados. Para cada estudante, foi computado um peso do modelo que incluía os seguintes componentes:

- *Componente de seleção de escola.* As escolas foram selecionadas com probabilidade proporcional ao tamanho. Para a escola i, no nível h,

TABELA 1.2
Descrições Abreviadas de Questionários

Questionário	Respondido por	Tópicos discutidos incluídos
Questionário da escola	Diretores de escola	Tamanho da escola, recursos da escola, professores, plano de desenvolvimento da escola, qualificações do diretor da escola
Questionário do professor	Professores dos alunos do quarto ano participantes	Qualificações do professor, anos de experiência de ensino, distância feita diariamente até à escola, tamanho da turma, tempo passado no ensino da matemática, frequência da avaliação do progresso dos alunos, disponibilidade e uso de recursos educacionais em sala de aulas
Questionário do estudante	Estudantes	Idade, frequência com que realizam trabalhos de casa, interesse pela matemática
Questionário dos pais	Pais dos estudantes participantes	Nível de instrução (próprio e do cônjuge ou parceiro), número de livros em casa, tamanho de posse (terra), disponibilidade de luz elétrica em casa, apoio e incentivo dos pais
Formulário de avaliação do aluno	Professores dos estudantes do quarto ano no que diz respeito a cada aluno	Frequência escolar do aluno, proficiência do aluno no idioma de instrução, avaliação do desempenho, comportamento e apoio dos pais do aluno pelo professor

isso correspondia ao recíproco do produto do número de escolas selecionadas multiplicado pelo número de alunos no nível de nota média padrão da escola (medição de tamanho), dividido pelo número de estudantes no nível dentro da população. Por exemplo, se houvesse 5.000 alunos no nível e fossem selecionadas 10 escolas do nível com 50 alunos na escola i, o componente de seleção de escola para a escola i (**Schwgt**) seria de 5000/(10*50) = 10.

- *Componente de correção da não resposta da escola.* Como todas escolas selecionadas participaram, o fator de ajustamento de não resposta da escola foi fixado em 1,0 (**Schnrfac**).[1]
- *Componente de seleção de estudante.* Como todos os alunos do quarto ano de uma escola foram selecionados, a probabilidade de um estudante de uma escola selecionada ser testado era 1,0 e o seu recíproco também era 1,0 (**Studfac**).[2]
- *Componente de não resposta do estudante dentro do ajustamento da escola.* Foi criada uma correção de ajustamento para a não resposta

do aluno dentro da escola. Esta era o inverso do número de cadernos de prova válidos devolvidos pelos alunos da escola sobre o número de alunos no quarto ano da escola menos os estudantes isentos (**Stunrfac**). Por exemplo, se 90 alunos se matriculassem no quarto ano, na altura do estudo, nenhum com direito a isenção, e 80 participassem, o fator de ajustamento seria 90/80.

O peso para cada aluno foi obtido calculando o produto desses quatro componentes (**Schwgt** × **Schnrfac** × **Studfac** × **Stunrfac**). Usando os exemplos anteriores, para o estudante x na escola i, o peso teria sido 10 × 1 × 1 × 90/80. Este resultado produz o peso do modelo (**Wgtpop** no arquivo de dados). Quando os dados do arquivo de dados são ponderados usando o peso do modelo (população), o tamanho da população estimada é 51.713 (o número projetado de alunos do quarto ano na população). Cada estudante na amostra representa, em média, 51.713/4.747 = 10,89 estudantes.

Ao realizar análises no arquivo de dados de avaliação nacional SPSS que acompanha este livro de exercícios, recomenda-se que se aplique o peso da população (**Wgtpop**). Isso pondera os dados para garantir a representação proporcional de cada nível.

A computação da avaliação de pesos é descrita no Capítulo 14 do Volume 3 da série, *Implementação de Uma Avaliação de Desempenho Educacional* (Dumais e Gough 2012b). Os passos descritos no capítulo criam automaticamente os pesos necessários para analisar dados de avaliação nacional. Nas análises deste volume, do Capítulo 2 em diante, **Wgtpop** é usado para ponderar os dados.

SPSS

Alguns dos arquivos de dados do CD que acompanha estes livros (tais como ***NATASSESS.SAV***)[3] estão em formato SPSS. A versão específica de SPSS usada para analisar os dados neste arquivo foi o SPSS, Versão 18; os arquivos de dados também foram analisados usando versões mais recentes de SPSS. Para efeito dos exercícios apresentados neste volume, todos os arquivos de dados (dados de avaliação e arquivos baseados em cada um dos questionários) foram integrados em um único arquivo SPSS consistindo no desempenho do aluno e outros dados em 4.747 casos.[4]

Para efeitos de análise, variáveis de nível de escola e de professor foram desintegradas para o nível de aluno. Em outras palavras, a cada aluno foram atribuídos valores para essas variáveis correspondentes aos valores atribuídos à escola e ao professor desse aluno(a). Por exemplo, uma das variáveis no questionário do professor era o número de minutos destinados ao ensino semanal da matemática. Quando essa variável era desintegrada, a cada aluno de uma sala de aulas era atribuído o mesmo número de minutos de instrução semanal fornecidos pelo seu professor. Contudo, o arquivo de dados *NATASSESS.SAV* está limitado a um subconjunto dessas variáveis para manter o tamanho e a estrutura do arquivo em um nível fácil de administrar.

Abra um Arquivo de Dados SPSS

Há duas maneiras de abrir um arquivo de dados. Uma é ir a **(My) Computer** (Computador) no menu **Windows (Start)** (Iniciar) ou no seu ambiente de trabalho e clique no disco e diretório no qual seus arquivos de dados **SPSS** são salvos: por exemplo, *NAEA DATA ANALYSIS – SPSS DATA – NATASSESS.SAV*.

Também é possível abrir o SPSS clicando em **Start, All Programs – (IBM) SPSS Statistics**. Clique na versão específica de SPSS que aparece na sua tela. Uma vez iniciado, localize o arquivo de dados SPSS necessário selecionando **File – Open – Data** (Arquivo – Abra – Dados), e depois procurando *NAEA DATA ANALYSIS – SPSS DATA – NATASSESS.SAV*. Clique duas vezes em *NATASSESS.SAV* para abri-lo.

Usar a Barra de Ferramentas para Fazer Análises Preliminares

É possível fazer análises em SPSS de duas maneiras principais: usando arquivos syntax ou usando a barra de ferramentas. Aqui é usada a barra de ferramentas. Esta pode ser encontrada no topo do arquivo de dados SPSS aberto. Basta clicar nos procedimentos que deseja executar, como apresentado no exercício 1.1.

EXERCÍCIO 1.1

Executar Estatísticas Descritivas em SPSS e Salvar os Arquivos

1. Abra o arquivo de dados **SPSS NATASSESS.SAV**, que pode ser encontrado em **NAEA DATA ANALYSIS\SPSS DATA**.

2. Verifique se os pesos estão ativados: **Data – Weight Cases – Weight Cases** by **– Wgtpop** (Figura 1.1.A do exercício) e clique em **OK**. Use o Wgtpop para assegurar que as estatísticas computadas representam a população. Deverá aparecer a mensagem **Weight On** no canto inferior direito da tela.

FIGURA DO EXERCÍCIO 1.1.A Caixa de Diálogo de Classes de Peso

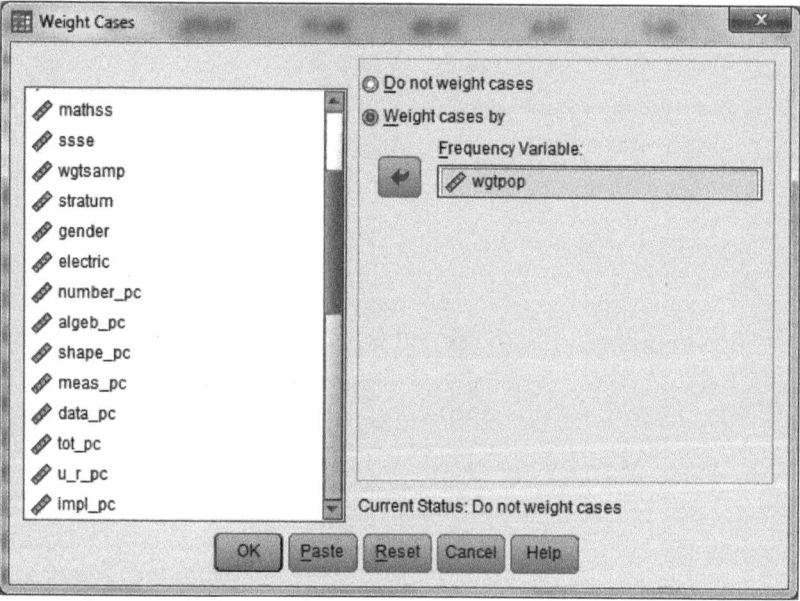

3. Selecione **Analyze – Descriptive Statistics – Descriptives**.[a]

4. Na caixa de diálogo **Descriptives**, destaque a variável necessária no painel esquerdo (neste caso, **Mathss**, a pontuação de escala do teste de avaliação de matemática). Clique na seta para mover para **Variable (s)** (ver figura 1.1.B do exercício).[b] Clique em **OK**. O seu resultado deverá mostrar uma tabela de resultados com uma média de peso de 249,99 (que se arredonda para 250) e uma variação padrão de 49,99780 (que se arredonda para 50).[c]

EXERCÍCIO 1.1 (continuação)

FIGURA DO EXERCÍCIO 1.1.B Caixa de Diálogo de Descritivas SPSS

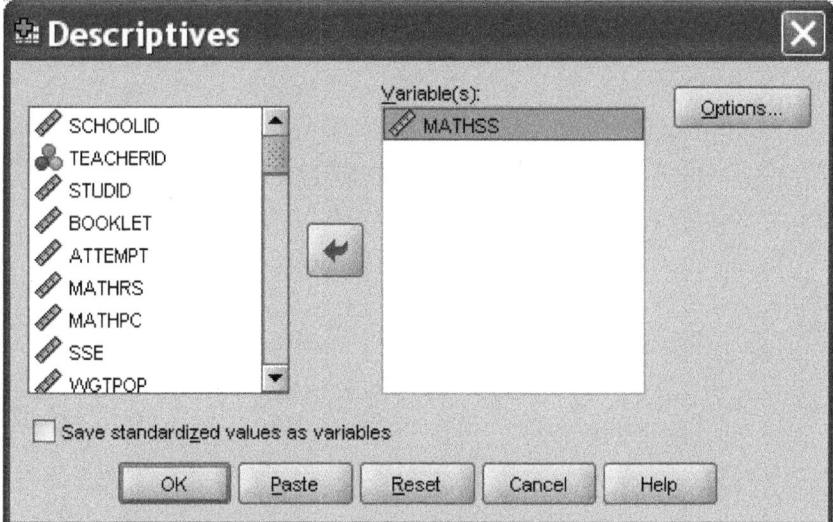

5. Use **File – Save As** para atribuir um nome apropriado ao seu arquivo de resultados SPSS (por exemplo, *EXERCISE 1.1.SPV*), e salve em *NAEA DATA ANALYSIS\MY SOLUTIONS*. Depois selecione **File – Close**.

6. Para salvar seu arquivo de dados SPSS, que deve estar no modo editor de dados, selecione **File – Save As** ... Salvar em *NAEA DATA ANALYSIS\MY SPSS DATA* usando o arquivo com o nome *NATASSESS.SAV.* depois selecione **File – Exit**.

a. Se, em vez de dados, vir texto na tela, mude do modo de visualização para o modo de edição de dados clicando e`m **Window** e em **(IBM) SPSS Statistics Data Editor**.
b. Ao abrir uma caixa de diálogo, você poderá encontrar a lista de etiquetas de variáveis (etiquetas atribuídas ao nome de cada variável) em vez de nomes de variáveis. Do mesmo modo, poderá descobrir que as variáveis estão em ordem alfabética e não na ordem em que aparecem no arquivo de dados. Para ajustar estas definições, feche a caixa de diálogo e clique em **Edit – Options – General**. Depois, na caixa de lista de variáveis, selecione as opções que deseja.
c. Para reduzir as casas decimais a uma, clique duas vezes e sublinhe os dígitos na célula apropriada (tal como 249,99) na tabela. Com o botão direito do mouse, clique em **Cell Properties – Format Value – Number – Decimals – 1**.

WESVAR

O WesVar é um pacote estatístico utilizado muitas vezes em conjunto com SPSS para analisar dados de avaliação nacional. Além de apresentar alguns exercícios preliminares usando SPSS, o Capítulo 2 descreve a fundamentação lógica para a utilização do WesVar, enquanto os capítulos 3 a 6 descrevem a variedade de análises utilizando o WesVar. O software WesVar (que inclui um extenso menu de ajuda) pode ser descarregado do site da Westat.[5]

NOTAS

1. Se 20 escolas estiverem em um nível e 18 participarem, o valor apropriado de correção teria sido 20/18 ou 1,11.

2. Se tivesse havido cinco turmas de alunos do quarto ano na escola, e três tivessem sido selecionadas para participar, o componente de seleção teria sido 5/3. Alternativamente, se tivesse havido 100 alunos do quarto ano, e 35 tivessem sido aleatoriamente selecionados para participar, o componente teria sido 100/35.

3. O sufixo .SAV é usado quando você salva arquivos de dados SPSS, enquanto .SPV é usado para salvar um arquivo de resultados SPSS.

4. O Capítulo 12 do Volume 3 da série, *Implementação de Uma Avaliação de Desempenho Educacional*, contém detalhes sobre como integrar arquivos usando Access (Freeman e O'Malley 2012). Os arquivos podem ser integrados em SPSS, usando **Data** e **Merge Files** na barra de ferramentas (ver anexo I.C).

5. É possível descarregar a Versão 5.1 do WesVar gratuitamente em http://www.westat.com/our-work/information-systems/wesvar-support/download-wesvar.

CAPÍTULO

EXPLORAÇÃO DE DADOS DA AVALIAÇÃO NACIONAL USANDO O SPSS

Este capítulo explora um conjunto de dados da avaliação nacional mediante a utilização do SPSS. Os exercícios têm por objetivo permitir que o analista compreenda e calcule dados como a pontuação média geral, as pontuações médias dos diferentes grupos constituintes (por exemplo, as regiões), bem como a variabilidade das pontuações dos testes de grupo. As análises descritas neste capítulo baseiam-se em dados ponderados.

A noção de distribuição de pontuações é um conceito fundamental deste capítulo. Uma distribuição é um grupo de pontuações de uma amostra em uma única variável, tal como as pontuações em um teste de aproveitamento. Por exemplo, a aplicação de um teste de matemática com uma pontuação máxima de 10 pontos a uma amostra de 20 alunos pode dar origem à seguinte distribuição de pontuações: 0, 2, 3, 3, 3, 3, 4, 4, 4, 5, 5, 5, 5, 5, 5, 6, 6, 6, 7, 10. Numa avaliação nacional, em que o mesmo teste é aplicado a centenas ou milhares de alunos, o número de pontuações será, evidentemente, muito maior. Este capítulo descreve as medidas de (a) tendência central nas pontuações, (b) dispersão nas pontuações, (c) a posição das pontuações e (d) a forma das distribuições. Os exemplos fornecidos baseiam-se em uma distribuição ponderada das pontuações do teste de matemática para os

4.747 casos que têm disponíveis os dados do teste de avaliação nacional.

MEDIDAS DE TENDÊNCIA CENTRAL

As medidas descritivas mais comuns que representam o valor típico ou *valor central* de um conjunto de pontuações de testes são a média, a mediana e a moda.

Para calcular a *média* (não ponderada) de um conjunto de dados, como, por exemplo, as pontuações do teste de aproveitamento em matemática dos alunos, deve-se proceder à soma desses valores. Em seguida, deve-se dividir o valor resultante dessa soma pelo número de pontos de dados que contribuíram para a mesma (o número de alunos que fizeram o teste).

A *mediana* é o ponto médio em um conjunto de números organizados por ordem de grandeza.

A *moda* é o valor que ocorre com mais frequência em um conjunto de dados. A uma distribuição com duas modas dá-se o nome *bimodal*.

O exemplo seguinte mostra um conjunto de nove pontuações de alunos que realizaram um teste de história: 45, 52, 55, 55, 59, 60, 70, 71 e 73. A pontuação média é 60, a mediana é 59 e a moda é 55.

MEDIDAS DE DISPERSÃO

A dispersão é um conceito fundamental em estatística. As medidas estatísticas de dispersão mais utilizadas são a variância, o desvio padrão e a gama de variação.

A *variância* mede como as pontuações dos testes variam ou são dispersas. De modo a calcular a variância de um conjunto de pontuações, é calculada a distância (à qual se dá o nome de desvio) entre cada pontuação e a pontuação média. Os desvios são elevados ao quadrado e somados. Em seguida, o valor resultante é dividido pelo número de casos menos um. Assim, a variância é a diferença média elevada ao quadrado entre cada ponto na distribuição e na média.

O *desvio padrão* é a raiz quadrada da variância e está, por isso, relacionado a ela.

Existem também outras medidas menos utilizadas de dispersão das pontuações. A *gama de variação* das pontuações em uma distribuição é a diferença entre a maior e a menor pontuações. Se a menor pontuação é 30 e a maior é 70, a gama de variação é 40. A *amplitude interquartil* (AIQ) é a diferença entre pontuações nos 25.º (quartil 1) e 75.º (quartil 3) percentis em uma distribuição. (O percentil é descrito na seção seguinte.) A AIQ serve como ponto de referência na identificação de discrepâncias (tais como valores que estão mais de 1,5 AIQs abaixo do valor no quartil 1 ou acima do valor no quartil 3).

MEDIDAS DE POSIÇÃO

A posição relativa de um membro específico de um conjunto como, por exemplo, a pontuação de um aluno em comparação com as pontuações de outros alunos que realizaram um teste, pode ser identificada de várias formas. Uma delas é a categoria do percentil de uma pontuação ou de um valor específico, isto é, a percentagem de pontuações ou valores que se inserem abaixo de uma determinada pontuação. Por exemplo, uma pontuação com uma categoria de percentil de 62 em uma avaliação nacional significa que 62% dos alunos tiveram uma pontuação mais baixa. Para calcular uma categoria de percentil, as pontuações de um teste devem ser ordenadas da menor para a maior e, em seguida, deve-se calcular a percentagem de pontuações que são menores do que uma pontuação específica. Algumas avaliações nacionais e internacionais indicam as pontuações do teste juntamente com os erros padrão (ver Capítulo 3) para percentis específicos, tais como os 10.º, 25.º, 50.º, 75.º e 90.º percentis. A categoria de percentil é de fácil compreensão, mas uma análise estatística significativa é limitada, porque a propriedade de intervalo do sistema de medição é destruída durante a transformação das pontuações em percentis.

Uma pontuação ou um valor pode ser estipulada em termos do número de desvios padrão em relação à média. Em uma distribuição normal, aproximadamente 68% das pontuações estão dentro do desvio padrão da média, 95% estão dentro de dois desvios padrão e quase

FIGURA 2.1

Distribuição Normal Apresentando as Unidades do Desvio Padrão

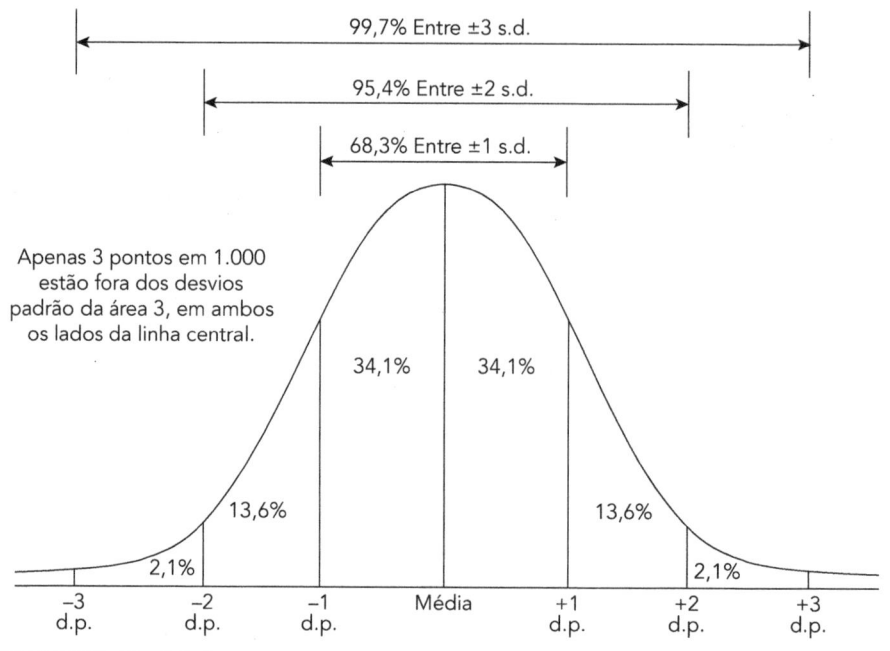

Nota: d.p. = desvio padrão

100% estão dentro de três desvios padrão. A Figura 2.1 ilustra graficamente este exemplo.

Consideremos, por exemplo, uma distribuição normal de pontuações com uma média de 250 e um desvio padrão de 50. Uma vez que as pontuações estão distribuídas de forma normal, aproximadamente 34% dos alunos tiveram pontuações entre 250 e 300 e outros 34% tiveram pontuações entre os 200 e os 250. Uma pontuação de 325 representa um desvio padrão de 1,5 (75 pontos) acima da média, enquanto uma pontuação de 125 representa um desvio padrão de 2,5 (125 pontos) abaixo da média.

MEDIDAS DE FORMA

Quando é realizada a análise de uma distribuição de pontuações de um teste, deve-se considerar a forma dos dados, isto é, se a distribuição é agrupada (dados em conjunto) em uma direção ou em outra, uma vez que um afastamento significativo da normalidade pode violar os pressupostos de algumas técnicas de estatística. Em uma distribuição com assimetria positiva, a maioria das pontuações está agrupada no limite inferior, estando algumas das pontuações dispersas em direção ao limite superior. Isso pode ser verificado quando um teste é particularmente difícil e quando a maioria dos alunos tem pontuações baixas. Algumas avaliações nacionais enfrentam este problema, caso o teste seja demasiado difícil para a população. Numa distribuição com assimetria positiva, a média é habitualmente maior do que a mediana.

Numa distribuição com assimetria negativa, a maioria das pontuações está agrupada no limite superior, estando algumas das pontuações dispersas em direção ao limite inferior (Figura 2.2). Isso pode ser verificado quando um teste é particularmente fácil e quando a maioria dos alunos tem pontuações altas. Numa distribuição com assimetria negativa, a média é habitualmente menor do que a mediana.

Numa distribuição simétrica (Figura 2.2), a média, a mediana e a moda têm valores semelhantes, próximos do centro.

A *curtose* é uma medida do "pico" das pontuações junto à média. Indica se o gráfico da distribuição de pontuações apresenta

FIGURA 2.2

Exemplos de Distribuições com Assimetria Positiva, Negativa e Simétricas

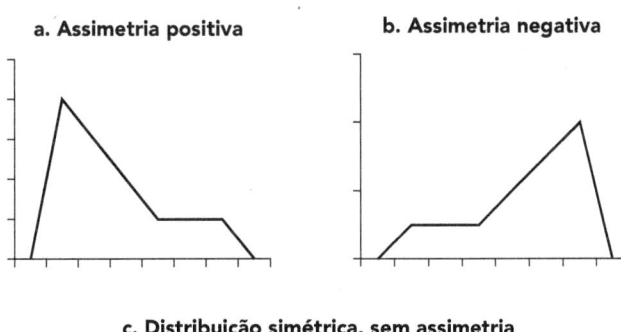

a. Assimetria positiva   b. Assimetria negativa

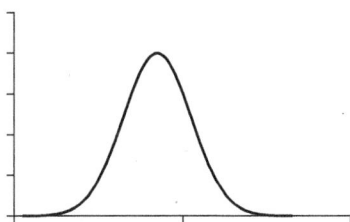

c. Distribuição simétrica, sem assimetria

principalmente uma forma em pico ou achatada em uma distribuição normal. Um conjunto de dados com curtose alta (*leptocúrtica*) tende a apresentar pico pronunciado na média, enquanto um conjunto de dados com curtose baixa (*platicúrtica*) tende a apresentar pico relativamente achatado superior à média, em comparação com a distribuição normal. Numa distribuição normal, o valor de estatística da curtose é zero ou tem valor próximo de zero.[1]

EXPLORAÇÃO DE UM CONJUNTO DE DADOS USANDO O SPSS

O comando **Explore** do SPSS disponibiliza uma série de estatísticas e gráficos associados que são muito úteis para a exploração e a distribuição de pontuações. Além de estatísticas descritivas, tais como a média, a mediana, a moda e o desvio padrão, o comando **Explore** disponibiliza medidas de assimetria e de curtose, diagramas de caule e folhas, histogramas, diagramas de caixa e diagramas de probabilidade normal. Utilize o comando **Explore** para analisar todos os casos na distribuição dos resultados de uma avaliação nacional ou para concentrar-se nos subgrupos, tais como os alunos do sexo masculino e do sexo feminino ou os alunos que frequentam escolas de diferentes regiões.

No exercício a seguir, o comando **Explore** é executado usando-se o mesmo conjunto de dados utilizado no volume *Implementação de uma Avaliação Nacional de Desempenho Educacional* (Greaney e Kellaghan 2012) (**NATASSESS4.SAV**).[2] Este concentra-se nos resultados para uma variável, **Mathss** (*mathematics scale score*). O Exercício 2.1 apresenta uma série de abordagens alternativas para a obtenção de estatísticas descritivas. Antes de iniciar o exercício, procure a barra de ferramentas SPSS. Clique em **Edit – Options – General** e verifique se **Display Names** está selecionado em **Variable Lists**. Clique em OK.

É possível também utilizar o comando **Explore** para realizar uma análise inicial e para comparar os níveis de variáveis únicas, como as variáveis **Gender** ou **Region**. O exercício 2.2 descreve como é possível visualizar estatísticas descritivas das quatro regiões para as quais foram obtidos dados durante a avaliação nacional.

EXERCÍCIO 2.1

Execução do Comando Explore no SPSS, Variável Dependente Única (Um Nível)

1. Abra o arquivo de dados **NAEA DATA ANALYSIS\MY SPSS DATA\NATASSESS.SAV**. (Nota: os dados do exercício 1.1 foram salvos nesta subpasta).

2. Verifique que os pesos estão ativados: Clique **Data – Weight Cases – Weight Cases by – Wgtpop – OK**.

3. Na barra de ferramentas, selecione **Analyze – Descriptive Statistics – Explore**.

4. Mova **Mathss** (*mathematics scale score*) para a **Dependent List**. Mova **Studid** para a caixa **Label Cases by**.[a]

5. Confirme que **Both** esteja selecionado no menu **Display** (este passo assegura que os diagramas e as estatísticas sejam apresentados na janela **Output**). Clique em **Statistics** (canto superior direito).

   Certifique-se de que a opção **Descriptives** esteja selecionada. Clique em **Continue – Plots**. Certifique-se de que a opção **Stem-and-Leaf** esteja selecionada. Clique em **Continue – Plots**.

6. Clique em **Window** na **barra de ferramentas** e, em seguida, clique em **Output1**. Salve os resultados em **NAEA DATA ANALYSIS\MY SOLUTIONS\EXERCISE 2.1.SPV**.[b]

A tabela de exercícios 2.1.A disponibiliza uma síntese do processamento de casos. Uma vez que os dados são ponderados em relação ao tamanho da população, os 4.747 casos no banco de dados representam uma população de 54.713. Não existem casos em falta (Percentagem válida: 100).

TABELA DE EXERCÍCIOS 2.1.A Uma Síntese do Processamento de Casos

	Casos					
	Válidos		Em falta		Total	
Variável	N	%	N	Por cento	N	%
Mathss	51.713	100,0	0	0,0	51.713	100,0

As explicações a seguir descrevem como interpretar as estatísticas na tabela de exercícios 2.1.B:[c]

- *A Pontuação média* (250,0) é a média aritmética ponderada. O erro padrão da média é de 0,22. (Ver capitulo 4 para uma descrição dos erros padrão).

- O *intervalo de confiança a 95% para a média* é a gama de valores aproximados previstos que têm 95% de probabilidade de incluir a média desconhecida da população da avaliação nacional. O intervalo de confiança estende-se de 249,6 (limite inferior) a 250,4 (limite superior). (Com base na pontuação média de ±1,96, multiplicada pelo erro padrão).

(continua)

EXERCÍCIO 2.1 (continuação)

TABELA DE EXERCÍCIOS 2.1.B Estatísticas descritivas

Variável	Descrição		Estatística	Erro padrão
Mathss	Média		250,0	0,22
	Intervalo de confiança a 95% para a média	Limite inferior	249,6	
		Limite superior	250,4	
	Média aparada em 5%		251,1	
	Mediana		256,3	
	Variância		2.499,8	
	Desvio padrão		50,0	
	Mínima		88,4	
	Máxima		400,0	
	Gama de variação		311,6	
	Amplitude interquartil		67,1	
	Assimetria		−0,380	0,011
	Curtose		−0,101	0,022

- A **média aparada em 5%** é a média aritmética calculada quando 5% das pontuações mais altas e 5% das pontuações (casos) mais baixas são eliminadas. Proporciona uma melhor medida de tendência central quando os dados são assimétricos. A média aparada a 5% é de 251,1.

- A **mediana** é o valor abaixo do qual se encontram 50% dos casos. É também o 50.º percentil. O valor calculado da mediana é de 256,3.

- A **variância** mede a extensão em que a distribuição das pontuações dos testes é dispersa. A variância é de 2.499,8.

- O **desvio padrão** (igual à raiz quadrada da variância) é de 50,0.

- A **mínima e a máxima** são o valor menor (88,4) e o valor maior (400,0) na distribuição.

- A **gama de variação** das pontuações é a diferença (311,6) entre os valores maior e menor da pontuação na distribuição.

- A **amplitude interquartil** é a distância entre os valores do terceiro quartil (75.º percentil) e do primeiro quartil (25.º percentil) e proporciona uma medida da dispersão dos dados. A AIQ para as pontuações é de 67,1.

- A **assimetria** mede a assimetria da distribuição. Uma distribuição normal é simétrica e tem um valor de assimetria próximo de zero. A assimetria é ligeiramente negativa (−0,38). Um valor de assimetria entre -1 e +1 é considerado muito bom para a maioria dos usos psicométricos, mas um valor entre -2 e +2 também é geralmente aceitável.

- A **curtose** mede a extensão em que as observações se agrupam junto ao ponto central (o "pico" da distribuição de probabilidades). Numa distribuição normal, o valor

EXERCÍCIO 2.1 *(continuação)*

de estatística da curtose é zero ou tem um valor próximo de zero. Uma curtose excessivamente positiva indica que as observações (pontuações) estão mais agrupadas e têm caudas mais planas (uma distribuição leptocúrtica) do que em uma distribuição normal, enquanto uma curtose excessivamente negativa indica que as observações estão menos agrupadas e têm caudas mais elevadas (uma distribuição platicúrtica). Tal como com a assimetria, um valor de curtose entre -1 e +1 é considerado muito bom, mas um valor entre -2 e +2 também é geralmente aceitável. O valor de −0,101 obtido neste caso encontra-se dentro de ambos os limites.

A análise produz um diagrama de caule e folhas (Figura 2.1.A do exercício), que mostra a densidade relativa e a forma dos dados. Este é um método de apresentação de frequências de pontuações. Cada valor observado (classificados em ordem crescente) é

FIGURA DO EXERCÍCIO 2.1.A Diagrama de Caule e Folhas para as Pontuações da Escala de Matemática

```
Mathematics Scale Score Stem-and-Leaf Plot

Frequency    Stem &  Leaf

   345.60  Extremes    (=<117)
   101.22        11 .  79&
   314.96        12 .  0379&&
   420.52        13 .  1135788&&
   838.18        14 .  013455555678888899&
   821.09        15 .  0002345667788899&
  1031.31        16 .  011122345566677888&9
  1151.17        17 .  0012344455556667788899
  1453.47        18 .  000112222233333455555666777899
  2092.02        19 .  00011112233334444455555666677788888999999
  2451.99        20 .  0000111122222233333444445555566667777778889999
  2716.84        21 .  000011122222333344444555555666666777777888899999999
  2557.21        22 .  000011122223333344444555556666666777778888899999
  3687.82        23 .  0000000011112222222233333334444445555555566666677777788888899999999
  3404.89        24 .  00000000111112222222333333333444444455555566666777778888888999
  4134.60        25 .  000000001111222222333334444444455555566666677777777788888888999999999
  4568.34        26 .  0000000011111111111112222222223333333334444444455555555666666777788888889999999
  4204.67        27 .  0000000011111111122222222233333333344444455555556666666677777788888899999999
  4387.03        28 .  000000001111111122222222333333344444444455555555566666666666777777778888888999999
  3105.82        29 .  00001111222222333333344444445555566666666777788888899999999
  3052.00        30 .  0000111111112222333333333444445555566666666777788899999
  1795.08        31 .  000000012222333344455556677788889
  1085.84        32 .  01111223344556667889
   817.82        33 .  00001134456667786
   493.64        34 .  0123477899&
   271.30        35 .  01226&
   296.97        36 .  01779&&
    56.81        37 .  &
    23.51        38 .  &
    11.27  Extremes    (>=386)

Stem width:     10.00
Each leaf:        50 case(s)

& denotes fractional leaves.
```

dividido em dois componentes: dígitos dominantes (caule) e dígitos não dominantes (folha). O caule representa os dígitos das dezenas (ou superiores) de uma pontuação e a folha contém os últimos dígitos. Por exemplo, o caule 15 mostra que 821 (ponderados) alunos alcançaram pontuações entre 150 e os 159 (inclusive). Os dados também indicam que os valores menores ou iguais a 117 e iguais ou superiores a 386 são considerados valores "extremos" por motivos que serão explicados mais à frente.

Feche o arquivo de dados do SPSS **NATASSESS.SAV** selecionando **File – Exit** na barra de ferramentas. Existe um arquivo para este exercício na pasta Exercise Solutions.

(continua)

EXERCÍCIO 2.1 (continuação)

FIGURA DO EXERCÍCIO 2.1.B Diagrama de Caixa para as Pontuações da Escala de Matemática

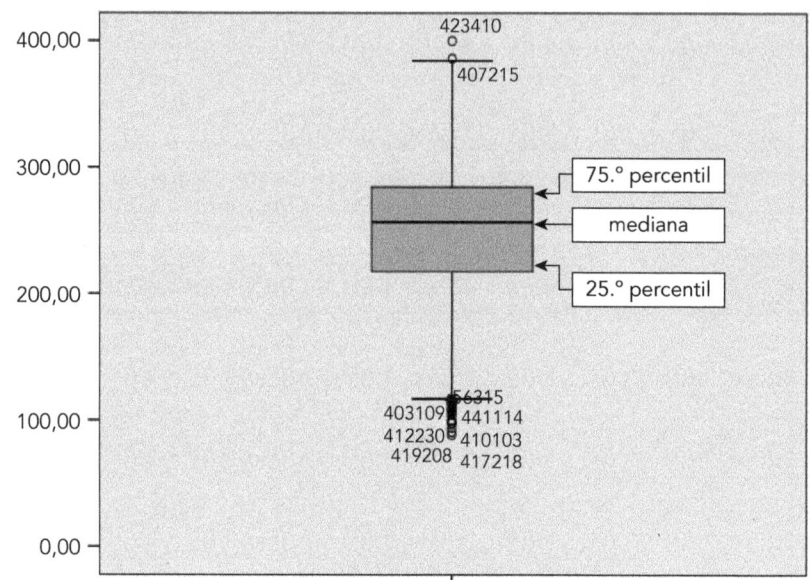

pontuação da escala de matemática
casos ponderados por Wgtpop

O comando **Explore** também produz um diagrama de caixa (ou um diagrama de caixa e bigode) (Figura 2.1.B do exercício). É uma representação gráfica da distribuição de pontuações de um teste, que inclui a mediana (50.º percentil) e os 25.º e 75.º percentis. A distância entre o topo e a parte inferior da caixa (entre os 25.º e 75.º percentis) é a AIQ ou a distância entre as pontuações mais alta e mais baixa dos 50% centrais das pontuações na distribuição.

O diagrama de caixa também mostra as discrepâncias e os valores extremos. Os bigodes (as linhas que se estendem do topo e do fundo da caixa) representam o valor mais alto e o mais baixo que não são discrepâncias ou valores extremos. As discrepâncias (valores entre 1,5 e 3 vezes superiores à AIQ) e os valores extremos (valores que são mais de 3 vezes superiores à AIQ) são representados por pequenos círculos fora dos bigodes. Os números listados (como 423410) são números de identificação dos alunos (**Studid**) que apresentaram discrepâncias ou valores extremos.

O diagrama de caixa (figura 2.1.B do exercício) pode fornecer informações úteis em um formato visual. Ele retrata as seguintes características de dados:

- A mediana (a linha que atravessa o centro do diagrama) é o ponto médio na distribuição e, tal como a pontuação média, é uma medida de tendência central.

- A altura da caixa (a AIQ) mostra a extensão em que os valores da pontuação do teste variam na distribuição.

EXERCÍCIO 2.1 (continuação)

- Uma mediana localizada na metade inferior da caixa sugere uma assimetria positiva, enquanto uma mediana localizada na metade superior da caixa sugere uma assimetria negativa. Na figura 2.1.B do exercício, a mediana encontra-se na zona central da caixa, indicando uma assimetria relativamente menor.

  As pontuações com discrepâncias, definidas como pontuações com um comprimento de caixa entre 1,5 e 3 do maior valor (75.º percentil) e do menor valor (25.º percentil) de caixa, assim como as pontuações extremas, definidas como pontuações com um comprimento de caixa superior a 3 a partir desses pontos, devem ser examinadas de modo a verificar se estão incorretas ou se são efetivamente pontuações válidas.

  a. Se preferir, é possível também realizar estatísticas ou gráficos opcionais. Ao clicar em **Statistics** após o passo 3, é possível selecionar os alunos com valores extremos selecionando a opção **Outliers** (que mostra as cinco maiores e as cinco menores pontuações na distribuição). De igual forma, para além da opção padrão **Descriptives**, é ainda possível obter pontuações nos 5.º, 10.º, 25.º, 50.º, 75.º, 90.º e 95.º percentis selecionando Percentiles. Clicando em Plots, é possível selecionar **Histogram** além do diagrama Stem-and-Leaf padrão. É possível copiar ambos para um documento Word.
  b. Não se esqueça que uma cópia dos dados para o exercício 2.1 também está disponível em **NAEA Data Analysis\Exercise Solutions\Exercise2.1.SPV**.
  c. Lembre-se de que todas as estimativas na tabela 2.1.B, exceto a estimativa final, foram arredondadas para uma casa decimal, no caso das estimativas e para duas casas decimais no caso dos erros padrão. Isso foi feito destacando os valores na tabela (exceto os valores da assimetria e da curtose), clicando com o botão direito, selecionando **Cell – Properties – Format – Value – Number** e definindo o número de casas decimais para 1 (ou 2).

EXERCÍCIO 2.2

Execução do Comando Explore no SPSS, Variável Dependente Única (Mais de Um Nível)

1. Abra o **arquivo** de dados do SPSS **NAEA DATA ANALYSIS\MY SPSS DATA\NATASSESS.SAV**.
2. Selecione **Analyze – Descriptive Statistics – Explore**.

   Mova **Mathss** para a **Dependent List**. Mova **Region** para **Factor List**. Mova **Studid** para a caixa **Label Cases by**. Certifique-se de que selecionou **Both** no menu **Display** (este passo assegura que os gráficos e estatísticas sejam apresentados na janela Output). Clique em **Statistics** (canto superior direito). Certifique-se de que **Descriptives** esteja selecionado. Clique em **Continue – Plots**. Certifique-se de que a opção **Stem-and-Leaf** esteja selecionada. Clique em **Continue – OK**.

   No seu arquivo Output, desça na página para ver estatísticas descritivas para cada uma das quatro regiões. Tenha em mente, por exemplo, que a pontuação média para a região Noroeste é de 233,3. Os dados correspondentes para a Área Metropolitana, as Terras Altas Orientais e a Costa Sudoeste são de 265,7, 249,1 e 251,2, respectivamente.[a] Desça até ao fim da página para ver os diagramas de caixa para cada uma das quatro regiões (figura 2.2.A do exercício).

(continua)

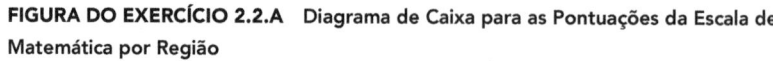

FIGURA DO EXERCÍCIO 2.2.A Diagrama de Caixa para as Pontuações da Escala de Matemática por Região

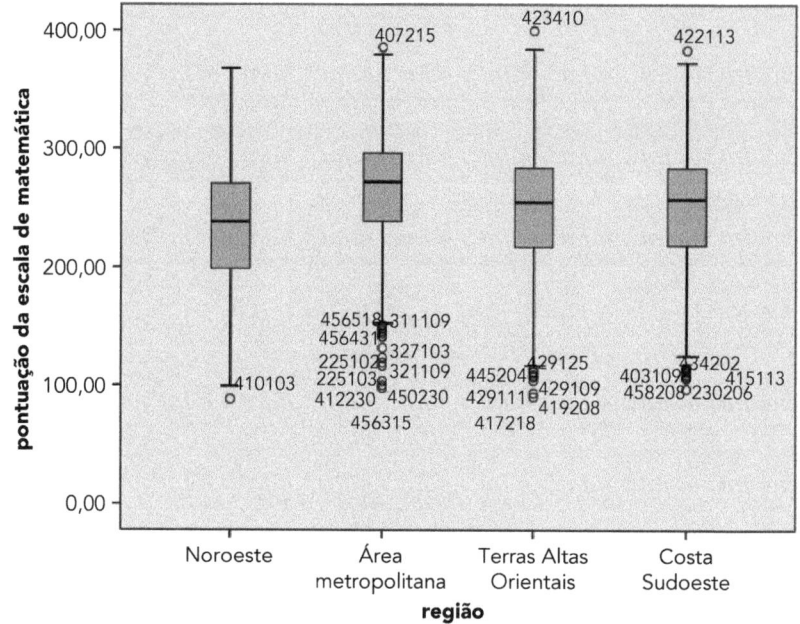

casos ponderados por Wgtpop

3. O diagrama de caixa (figura 2.2.A do exercício) apresenta a mediana das pontuações para as quatro regiões (Noroeste, Área Metropolitana, Terras Altas Orientais e Costa Sudoeste). O analista deve reparar no número relativamente elevado de valores "extremos" na Área Metropolitana, que é uma função da pontuação relativamente elevada no 25.º percentil dessa região, comparada com, por exemplo, a região Noroeste.

4. Salve o arquivo Output em **NAEA DATA ANALYSIS\MY SOLUTIONS\EXERCISE 2.2.SPV**. Salve o arquivo de dados SPSS e feche o SPSS: **File – Save** e **File – Exit**.

a. Os erros padrão apropriados são calculados no exercício 3.3.

NOTAS

1. A assimetria e a curtose não são habitualmente indicadas em avaliações nacionais. Contudo, podem ter um valor diagnóstico e identificar formas de distribuição com potencial problemático.

2. Ao contrário do **NATASSESS4.SAV**, o **NATASSESS.SAV** não contém zonas «jackknife» e replicações «jackknife» (indicadores). Ver Anexo 1.C.

CAPÍTULO 3

UMA INTRODUÇÃO AO WESVAR

Este capítulo descreve os procedimentos do cálculo de estimativas da população como médias e categorias de percentil e os respectivos erros padrão usando dados de avaliação nacional ponderados. As análises que se encontram neste capítulo e nos capítulos subsequentes são feitas usando o pacote estatístico WesVar, que leva em conta a complexidade de uma amostra selecionada em várias fases.

CONFIGURAR UM ARQUIVO DE DADOS NO WESVAR

Certifique-se de que o WesVar esteja instalado no seu computador. É possível descarregar o programa pela página Web Westat.[1] É preciso modificar o arquivo de dados SPSS **NATASSESS.SAV** antes de salvá-lo como um arquivo de dados WesVar. Para criar um arquivo de dados no WesVar, o seu arquivo de dados SPSS deve incluir variáveis como as seguintes (apesar de o nome real das variáveis ser arbitrário):

- **Studid**: número de identificação de estudante, um número único atribuído a cada estudante
- **Wgtpop**: a ponderação da população que pondera os dados para fornecer uma boa estimativa de uma característica da população

- **Jkzone**: zona «jackknife»;[2] cada par de escolas é alocado a uma zona «jackknife» diferente
- **Jkindic**: indicador «jackknife»; dentro de cada zona «jackknife»,[3] é atribuído aleatoriamente um valor de 0 a uma escola e um valor de 1 a outra.

O arquivo SPSS, *NATASSESS4.SAV*, que pode ser acessado em *NAEA DATA ANALYSIS\SPSS DATA*, contém os dados de cada uma dessas variáveis-chave. Para colocar o arquivo de dados SPSS com os dados do teste e questionário no WesVar e para criar réplicas de ponderações, siga as indicações no Anexo I.C deste volume e guarde o seu novo arquivo de dados WesVar, *NATASSESS4.VAR*, em *NAEA DATA ANALYSIS\MY WESVAR FILES*. Alternativamente, para fazer os exercícios a seguir, é possível usar o arquivo de dados WesVar pronto para o uso mas sem rótulo *NATASSESS4.VAR* na subpasta *WESVAR UNLABELED DATA*.

ACRESCENTAR RÓTULOS DE VARIÁVEIS

Siga as indicações abaixo:[4]

1. Abra   WesVar–OpenWesVarDataFile–*NAEADATAANALYSIS\ WESVAR UNLABELED DATA* e abra *NATASSESS4.VAR*.
2. Na barra de ferramentas, selecione **Format – Label**.
3. Selecione **Region** na caixa de **Source Variables** (lado esquerdo).
4. Na célula seguinte à 1, introduza **Northwest** na coluna dos rótulos; na célula seguinte à 2, introduza **Metro_Area**; na célula seguinte à 3, introduza **Eastern_Highlands**; e na célula seguinte à 4, introduza **Southwest_Coast** (figura 3.1).
5. Clique em **OK**. Você receberá a seguinte mensagem: *Esta operação vai criar um novo arquivo VAR*. Clique em **OK**. Salve como *NATASSESS4.VAR* em *NAEA DATA ANALYSIS\MY WESVAR FILES*.[5] Isso irá substituir qualquer arquivo de dados existente com o mesmo nome.
6. Selecione **File – Close**.

FIGURA 3.1

Acrescentar rótulos de variáveis no WesVar

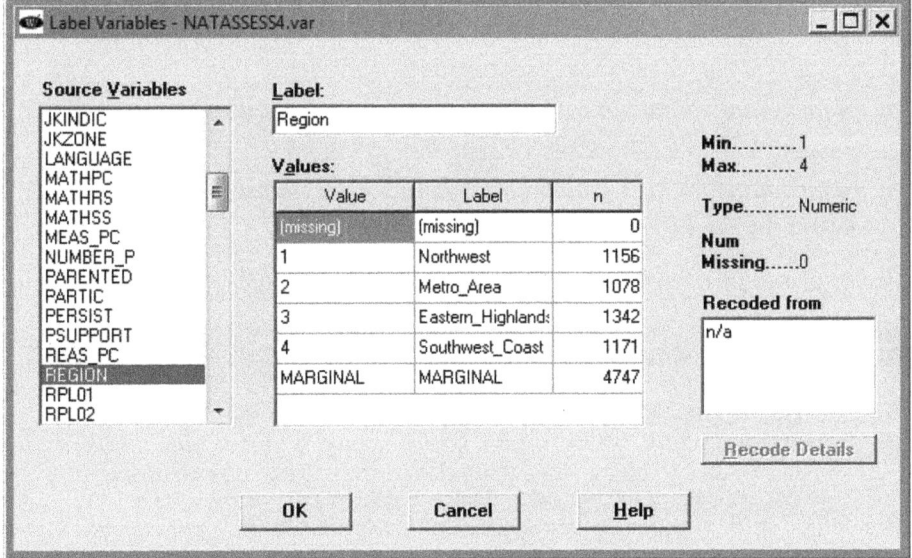

CÁLCULO DE ESTATÍSTICA DESCRITIVA NO WESVAR

A estatística descritiva pode ser gerada de várias formas no WesVar. Aqui o comando do menu **Descriptive Stats** é usado para gerar alguma estatística descritiva para uma variável **Mathss** (pontuação da escala de matemática).

Ao abrir o WesVar é possível ver quatro caminhos diferentes:

1. **New WesVar Data File**: Use este caminho para criar um arquivo de dados WesVar a partir de outro formato de arquivo, como SPSS. (O Anexo I.C descreve o processo da criação de um novo arquivo de dados WesVar.)

2. **Open WesVar Data File**: Use este caminho para abrir um arquivo de dados WesVar existente para modificá-lo, como nos casos em que deseja rotular ou recodificar variáveis. Nos exercícios seguintes, você utilizará o arquivo de dados WesVar criado *NATASSESS4.VAR*.

3. **New WesVar Workbook**: O WesVar exige que todas as análises sejam feitas em um livro de exercícios (ver exercício 3.1). O livro de exercícios deve estar vinculado a um arquivo de dados WesVar. Você criará um novo livro de exercícios para o exercício 3.1.

4. **Open WesVar Workbook**: Este caminho implica abrir um livro de exercícios salvo para executar novas análises ou modificar análises existentes. É possível abrir o livro de exercícios WesVar criado para o exercício 3.1 e usá-lo para desempenhar análises adicionais dentro do mesmo capítulo (tais como os exercícios 3.2 e 3.3).

Siga os passos do exercício 3.1.

EXERCÍCIO 3.1

Como gerar estatísticas descritivas no WesVar

1. Abra o WesVar e clique em **New WesVar Workbook**. O livro de exercícios permite-lhe informar ao WesVar as análises que deseja fazer. Você receberá o seguinte aviso: *Before creating a new Workbook, you will be asked to specify a Data file that will be used as the default Data file for new Workbook requests.* Clique em **OK**.

2. Aparecerá uma janela com o texto **Open WesVar Data File for Workbook**. Localize o arquivo de dados ***NAEA DATA ANALYSIS\MY WESVAR FILES\NATASSESS4.VAR***.[a]

3. Selecione **Abrir** – *NATASSESS4.VAR*. Clique em **Descriptive Stats** (canto inferior direito da tela). Selecione **WorkBook Title 1** no painel do lado esquerdo. Mude esse título para um título mais específico selecionando o texto na caixa **Title** no painel do lado direito e depois introduzindo as palavras *Chapter 3 Exercises*. Da mesma forma, mude o **Request Name** de *Descriptive Request One* introduzindo um novo nome, *Exercise 3.1* (ver Figura 3.1.A do exercício). Salve seu livro de exercícios selecionando **File – Save As** e localizando o diretório ***NAEA DATA ANALYSIS\MY WESVAR FILES***. Salve seu arquivo como ***CHAPTER 3 WORKBOOK***.

4. Selecione **Options – Output Control** no painel do lado esquerdo. Isso lhe permite controlar o número de casas decimais do valor de entrada. Várias avaliações nacionais usam uma casa decimal para estimativas (tais como médias ou categorias de percentil) e duas para erros padrão. Introduza esses valores nas duas últimas caixas do painel do lado direito. (É possível tornar essas especificações permanentes para o livro de exercícios atual indo a **File – Preferences – General**. Especifique o número de casas decimais relevantes e clique em **Save**.)

5. Selecione **Analysis Variables** no painel do lado esquerdo. Mova **Mathss** de **Source Variables** para **Selected** (Figura 3.1.B do exercício). É possível trazer variáveis adicionais para a coluna **Selected** se desejado.

EXERCÍCIO 3.1 (continuação)

FIGURA DO EXERCÍCIO 3.1.A Novo Livro de Exercícios WESVAR

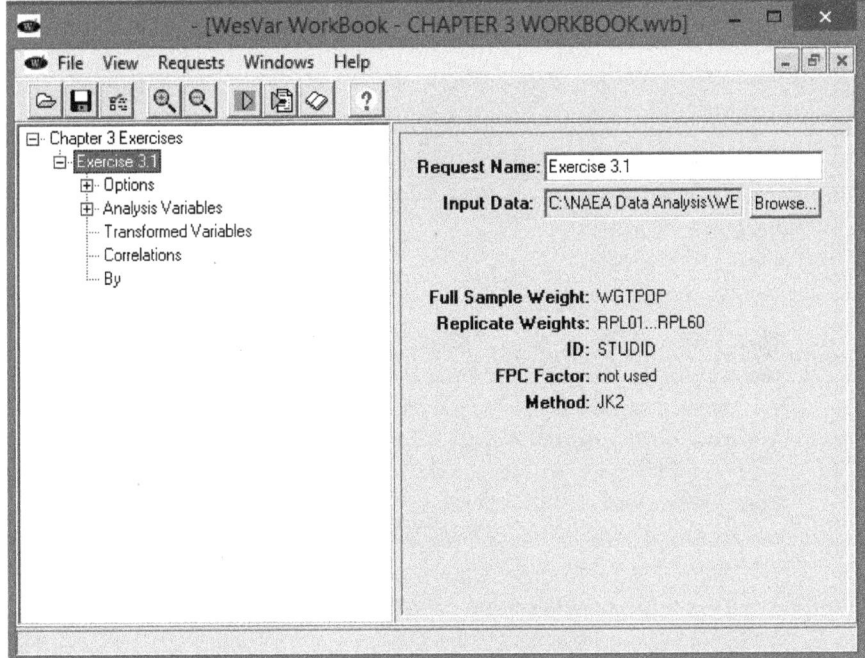

FIGURA DO EXERCÍCIO 3.1.B Especificar variáveis para análise nas descritivas WesVar

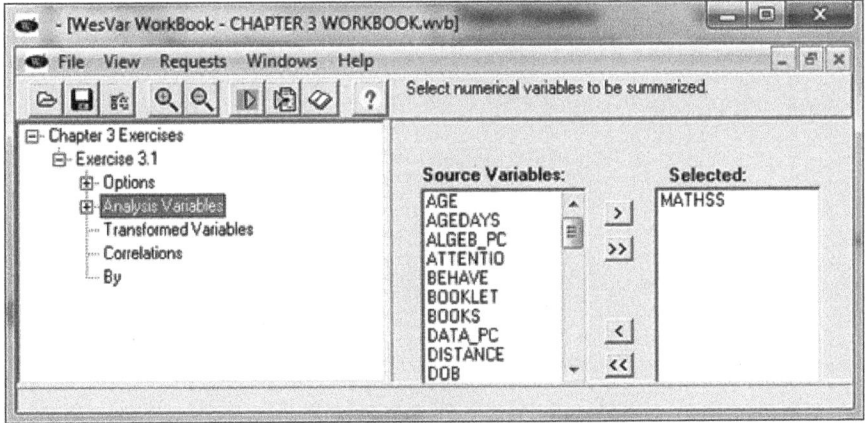

6. Clique no primeiro ícone **Green Arrow** na barra de ferramentas (ou selecione **Requests – Run Workbook Requests** na barra do menu) para que a análise seja

(continua)

EXERCÍCIO 3.1 (continuação)

efetuada. Aguarde até que o cálculo da análise seja concluído. Clique no ícone **Abrir Livro** na barra de ferramentas.

7. Para ver os resultados, expanda a exibição clicando nos sinais **+** em frente a **Exercise 3.1**, **Variables**, e **Mathss**. Selecione **Statistics** para ver os resultados (ver Figura 3.1.C do exercício).

Descriptives no WesVar gera as seguintes estatísticas:

- *N* é o número de casos. A coluna intitulada "Ponderado" denota que, quando **Wgtpop** é aplicado, a estimativa de população é de 51.713 casos. O tamanho da amostra não ponderada é 4.747.
- *Mínima e Máxima*. Os valores obtidos são 88,3 e 400,0, respectivamente.
- *Categorias de percentil*. São fornecidos os valores ponderados e não ponderados para o 1°, 5°, 10°, 25°, 50°, 75°, 90°, 95° e 99° quantis (categorias de percentil). Normalmente, são reportados os valores ponderados. Por exemplo, a pontuação ponderada no 25° percentil é de 217,3. É o valor estimado abaixo do qual se encontram 25% dos valores da população de grau 4. O erro padrão (2,73) que corresponde a essa estimativa pode ser encontrado na coluna final, "EP Ponderado". A próxima seção deste capítulo contém informações adicionais sobre o significado do erro padrão e como calculá-lo.
- *Média*. A média não ponderada é de 250,2. A média ponderada é de 250,0 e o erro padrão correspondente de 2,20. O fato de termos obtido uma média

FIGURA DO EXERCÍCIO 3.1.C Resultados das Descritivas WesVar

Statistics	Unweighted	Weighted	SE Weighted
N	4747	51713.0	
Missing	N/A		
Minimum	88.3		
Maximum	400.0		
1	122.8	121.9	3.83
5	161.3	157.6	3.73
10	183.4	181.0	3.01
25	219.4	217.3	2.73
50	255.1	256.3	2.39
75	284.2	284.4	1.82
90	309.0	308.7	1.75
95	323.9	324.2	2.57
99	350.3	352.8	4.70
Mean	250.2	250.0	2.20
GeoMean	244.8	244.4	2.33
Sum	1187825.2	12928246.1	113816.72
Variance	2413.37	2499.73	84.23
CV	0.20	0.20	N/A
Skewness	-0.38	-0.38	0.04
Kurtosis	0.02	-0.10	0.08

EXERCÍCIO 3.1 *(continuação)*

ponderada de 250 não deverá ser uma surpresa pois a média foi configurada neste valor durante o dimensionamento. Se desejar, pode estabelecer um intervalo de confiança a 95% em torno da média, usando o erro padrão de 2,20 (ver abaixo).

- *GeoMean* (média geométrica) é calculada retirando o produto dos valores em uma distribuição e obtendo a sua raiz de índice n, onde n é a contagem dos números na distribuição. No geral, a média geométrica não é incluída em avaliações nacionais.
- *Soma* é a soma dos valores em uma distribuição. Não é incluída em avaliações nacionais.
- *Variância*. O desvio padrão é a raiz quadrada da variância. A variância ponderada é de 2499,73 (quase 2500). A raiz quadrada deste valor é 50, que é o desvio padrão de **Mathss** definido durante o dimensionamento.
- *CV* (coeficiente de variação) é calculado dividindo a raiz quadrada da variância pela média. Os valores ponderados e não ponderados do CV são os mesmos (0,20).
- *Assimetria*. A distribuição **Mathss** tem uma ligeira assimetria negativa (c0,38). Vale ressaltar que um valor de assimetria na gama de variação ±1 é considerado satisfatório (ver Capítulo 2).
- *Curtose*. O valor ponderado da curtose é de –0,10. Novamente, este valor encontra-se significativamente dentro da gama de variação recomendada de ±1, indicando que não existem preocupações graves com relação à curtose.

8. Salve os resultados WesVar como arquivo de texto clicando em **File** e **Export** na barra do menu no seu arquivo de resultados. Selecione **Single File** e **One Selection**, e clique em **Export** (Figura 3.1.D do exercício). Salve em *NAEA DATA ANALYSIS\MY SOLUTIONS* usando um nome de arquivo adequado (como *EXERCISE 3.1.TXT*).[c]

9. Clique no ícone **Exit Door** (último ícone da barra de ferramentas) para voltar ao livro de exercícios WesVar. Salve o seu livro de exercícios selecionando **File – Save** na barra do menu. O seu arquivo deve ser salvo em *NAEA DATA ANALYSIS\MY WESVAR FILES* como *CHAPTER 3 WORKBOOK*.[d] É possível usar esse livro de exercícios novamente para verificar as suas respostas ou para executar outras análises descritas neste capítulo. Clique em **File** e depois em **Exit** se quiser terminar a sessão WesVar.

Para abrir novamente este livro de exercícios em uma sessão WesVar subsequente, abra o WesVar e selecione **Open WesVar Workbook** (painel do lado direito). Depois, localize *CHAPTER 3 WORKBOOK* em *MY WESVAR FILES*.

(continua)

EXERCÍCIO 3.1 (continuação)

FIGURA DO EXERCÍCIO 3.1.D Exportar um arquivo WesVar

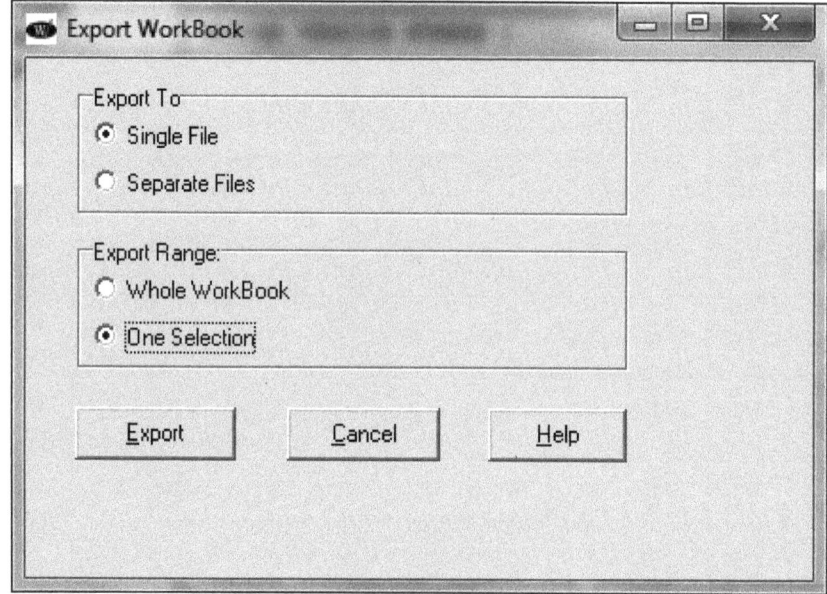

a. Se ainda não tiver salvado **NATASSESS4.VAR** em **NAEA DATA ANALYSIS\MY WESVAR FILES**, é preciso copiá-lo de **NAEA DATA ANALYSIS\WESVAR DATA & WORKBOOKS** e guardá-lo em **NAEA DATA ANALYSIS\MY WESVAR FILES**. Se estiver usando **Copy** e **Paste**, deve também copiar o arquivo de registro associado **NATASSESS4.LOG** para a mesma subpasta.
b. Os arquivos de texto podem ser copiados para o Excel, onde podem ser reformatados para inclusão em um relatório de avaliação nacional. Os resultados também podem ser copiados diretamente do arquivo de resultados WesVar para um arquivo de Excel.
c. Para abrir os resultados salvos como arquivo de texto posteriormente, clique em **(My) Computer**, localize o arquivo (como em **NAEA DATA ANALYSIS\MY SOLUTIONS**) e faça duplo clique. Se desejar, pode colar arquivos .TXT no Excel. Selecione e copie os dados relevantes no arquivo de texto e, depois, use **Paste Special (Unicode Option)** para preservar a formatação.
d. possível perceber em **NAEA DATA ANALYSIS\WESVAR DATA & WORKBOOKS** que o WesVar produz arquivos de listagem de resultados com sufixos como .001, .002 sempre que você executa um livro de exercícios. Não é preciso acessar esses arquivos para executar o WesVar ou acessar os resultados do WesVar. Todos os arquivos WesVar, com exceção dos arquivos de texto criados por você, devem ser acessados abrindo-se primeiro o programa WesVar.

CALCULAR A MÉDIA E O ERRO PADRÃO

O *erro padrão* de uma estatística é a estimativa do desvio padrão dessa estatística se fôssemos retirar amostras infinitas da população, como no caso em questão (por exemplo, todos os estudantes no grau 4). O erro padrão da média é uma estatística importante porque é usado nos testes de importância estatística. Ele deve ser sempre ser incluído nos resultados da avaliação nacional. Os erros padrão também podem ser calculados para outras estatísticas, tais como categorias de percentil. O exercício 3.2 descreve como calcular uma média, seu erro padrão e seu intervalo de confiança no WesVar.

EXERCÍCIO 3.2

Calcular uma média e respectivo erro padrão no WesVar

1. Abra o WesVar e clique em **Open WesVar Workbook**. Localize o livro de exercícios usado no exercício 3.1 (**NAEA DATA ANALYSIS\MY WESVAR FILES\CHAPTER 3 WORKBOOK**).

2. Selecione **Chapter 3 Exercises** (painel do lado esquerdo). Depois, clique em **Table** (painel do lado direito). Selecione **Table Request One** (painel do lado esquerdo). Clique em **Add Table Set Single** (painel do lado direito). Clique em **Table Request One** (painel do lado esquerdo). Mude **Request Name** (painel do lado direito) para *Exercise 3.2*.

3. Selecione **Options – Generated Statistics** (painel do lado esquerdo) e assegure que **Estimate, Standard Error**, e **Confidence Interval (Standard)** estejam assinalados. Desmarque as outras caixas. Em **Exercise 3.2** (painel do lado esquerdo), clique em **Computed Statistics**. Selecione **Mathss** no menu de **Source Variables** (painel do lado direito), e clique em **Block Mean** (também no painel do lado direito) (Figura 3.2.A do exercício). Clique no ícone **Green Arrow** na barra de ferramentas (**Run Workbook Request**). Clique no ícone **Open Book** na barra de ferramentas para ver os resultados.

4. Em **Output**, selecione **Exercise 3.2, Table Set #1**, e depois **Overall**. Clique no ícone + (mais) para expandir as notas conforme necessário. Os resultados são mostrados na Figura 3.2.B. do exercício.

   Os resultados WesVar mostrados na Figura 3.2.B do exercício fornecem os seguintes dados:

   - *M_Mathss* é a média ponderada de 250,0.
   - *StdError (erro padrão)* é 2,20.
   - *95% inferior* e *95% superior* formam o intervalo de confiança a 95% em torno da média de 250. Encontra-se entre 245,6 (limite inferior) e 254,4 (limite superior). É possível encontrar a média real da população neste intervalo 95% das vezes. Este intervalo poderia também ter sido calculado com os dados da Figura 3.1.C, onde a média e o erro padrão foram dados como 250,0 e 2,20, respectivamente.

(continua)

EXERCÍCIO 3.2 (continuação)

FIGURA DO EXERCÍCIO 3.2.A Especificar uma estatística computadorizada em uma tabela WesVar

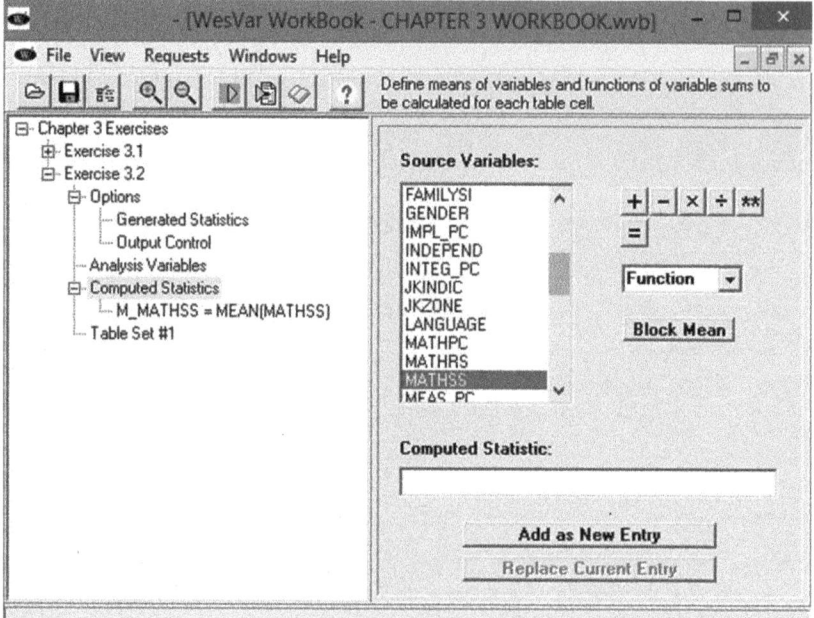

FIGURA DO EXERCÍCIO 3.2.B Resultados para Tabelas WesVar: Cálculo da média

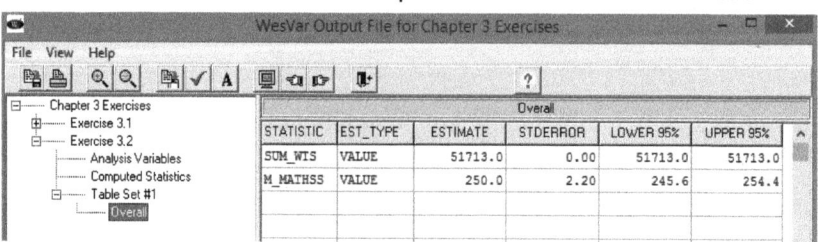

5. Salve seus resultados clicando em **File** e **Export**. Selecione as opções **Single File** e **One Selection**. Exporte seus resultados como arquivo de texto para *NAEA DATA ANALYSIS\MY SOLUTIONS*, usando um nome de arquivo adequado (como *Exercise 3.2.Txt*).

6. Saia dos resultados por meio do ícone **Exit Door** na barra de ferramentas, e salve seu livro de exercícios WesVar selecionando **File – Save** e depois **File – Close**. Isso salva o seu livro de exercícios em *NAEA DATA ANALYSIS\MY WESVAR FILES*.

a. Observe que o WesVar multiplica o erro padrão por 2,00, em vez do mais convencional 1,96, quando calcula intervalos de confiança a 95%. Isso resulta em um intervalo de confiança ligeiramente maior.

CÁLCULO DE MÉDIAS E ERROS PADRÃO PARA SUBGRUPOS NA POPULAÇÃO

Formuladores de políticas, pesquisadores ou outros podem querer observar as estatísticas descritivas para obter diferentes níveis de uma variável. Podem, por exemplo, estar interessados nas médias em âmbito nacional para o desempenho em matemática de estudantes do sexo masculino e feminino ou na média para alunos que estudam em escolas de diferentes regiões do país.

Um simples acréscimo ao livro de exercícios WesVar permite-nos calcular a média e o erro padrão para cada uma das quatro regiões da avaliação nacional em Sentz (noroeste, área metropolitana, terras altas orientais, costa sudoeste) (exercício 3.3).

EXERCÍCIO 3.3

Cálculo de médias e erros padrão no WesVar, quatro regiões

1. Abra o WesVar. Selecione **Open WesVar Workbook**. Abra o livro de exercícios WesVar que gravou quando completou o exercício 3.2. Deve estar em: *NAEA DATA ANALYSIS\MY WESVAR FILES\CHAPTER 3 WORKBOOK.*

2. Selecione o nó **Exercise 3.2** no painel do lado esquerdo da tela do seu livro de exercícios e selecione **Clone** (clicando com o botão direito do mouse). Isso cria uma cópia do pedido da tabela **Compute Mean Score**. Clique em **Table Request Two** e rotule-o no painel do lado direito como *Exercise 3.3*. Expanda **Exercise 3.3** no painel do lado esquerdo. Em **Options – Output Control,** configure **Estimate** para uma casa decimal e **Std. Error** para duas. Certifique-se de ter assinalado **Variable Label** e **Value Label**. Desmarque as outras opções

3. Clique em **Table Set #1**. Depois, no painel do lado direito, mova **Region** de **Source Variables** para a caixa identificada como **Selected**. Clique em **Add as New Entry**.

4. Aplique rótulos para **Region** se não tiverem já sido aplicados ao arquivo de dados WesVar (*Natassess4.var*). No painel do lado esquerdo, clique em **Region – Cells**. Em **Cell Definition** (painel do lado direito), clique em 1 (em **Region**), e introduza *Northwest* no painel **Label**. Pressione **Enter** no seu teclado ou clique em **Add as New Entry**. Continue este processo atribuindo o rótulo *Metro_Area* a 2, *Eastern_Highlands* a 3, e *Southwest_Coast* a 4. (Como o WesVar não permite deixar espaços em branco entre palavras, será preciso usar sublinhado.)

5. Selecione **Region** (painel do lado esquerdo) e assinale **Percent** em **Sum of Weights** no painel do lado direito; desmarque as outras caixas em **Sum of Weights**.

(continua)

EXERCÍCIO 3.3 (continuação)

A opção **Percent** dá a percentagem de estudantes em cada região, enquanto a média matemática é gerada individualmente para cada região porque o **Mathss** já foi especificado em **Computed Statistics** (ver Figura 3.3.A do exercício).

FIGURA DO EXERCÍCIO 3.3.A Livro de Exercícios WesVar antes do Cálculo da Média por Região

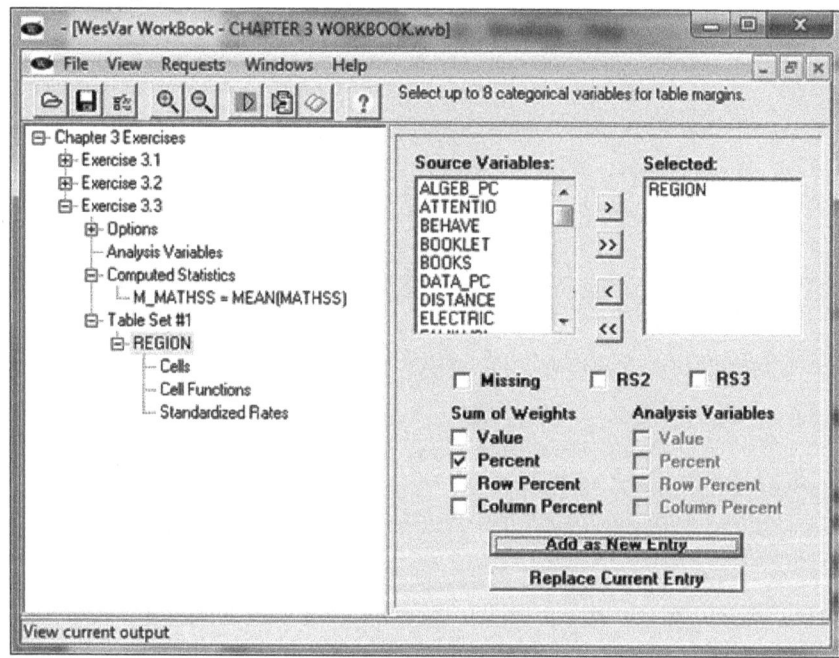

6. Clique no ícone **Green Arrow** na barra de ferramentas para efetuar a análise e depois clique no ícone **Open Book** para ver o resultado. O resultado é mostrado na Figura 3.3.B. do exercício. Pode ser preciso clicar no ícone + (mais) para expandir **Exercise 3.3**, **Table Set #1,** e depois em **Region** para ver o resultado.

7. Salve os seus resultados clicando em File e depois em Export. Selecione as opções Single File e One Selection. Exporte seus resultados em um arquivo de texto para *NAEA DATA ANALYSIS\ MY SOLUTIONS* usando um nome de arquivo adequado (como *EXERCISE 3.3.TXT*).

8. Saia dos resultados através do ícone **Exit Door**, e guarde o seu livro de exercícios WesVar selecionando **File – Save** e depois **File – Close**. Alternativamente, use **File – Save As**, e substitua o livro de exercícios do Capítulo 3 existente em *NAEA DATA ANALYSIS\MY WESVAR FILES\ CHAPTER 3 WORKBOOK*.

EXERCÍCIO 3.3 (continuação)

Os resultados mostrados na Figura 3.3.B do exercício incluem as médias, erros padrão e intervalos de confiança a 95% para cada região. Por exemplo, a média para a região noroeste é de 233,3 e o erro padrão é 3,28. O intervalo de confiança a 95% correspondente é de 226,8 a 239,9. A figura também mostra a percentagem da população total de grau 4 em cada região (por exemplo, 26,1 por centro está na Área Metropolitana).

FIGURA DO EXERCÍCIO 3.3.B Resultados WesVar para o cálculo da média por região

Region	STATISTIC	EST_TYPE	ESTIMATE	STDERROR	LOWER 95%	UPPER 95%
Northwest	SUM_WTS	PERCENT	25.2	4.30	16.6	33.8
Metro_Area	SUM_WTS	PERCENT	26.1	4.62	16.9	35.4
Eastern_Highlands	SUM_WTS	PERCENT	24.3	4.05	16.2	32.4
Southwest_Coast	SUM_WTS	PERCENT	24.4	4.31	15.7	33.0
MARGINAL	SUM_WTS	PERCENT	100.0	0.00	.	.
Northwest	M_MATHSS	VALUE	233.3	3.28	226.8	239.9
Metro_Area	M_MATHSS	VALUE	265.7	4.46	256.8	274.7
Eastern_Highlands	M_MATHSS	VALUE	249.1	3.59	241.9	256.3
Southwest_Coast	M_MATHSS	VALUE	251.2	3.35	244.6	257.9
MARGINAL	M_MATHSS	VALUE	250.0	2.20	245.6	254.4

NOTAS

1. O WesVar pode ser baixado gratuitamente em http://www.westat.com/our-work/information-systems/wesvar-support/download-wesvar.

2. Esta variável também pode ser chamada **Jkpair** ou "código de emparelhamento de grupos para a estimativa da variância." As zonas «Jackknife» (JKpairs) têm de ser definidas para criar as ponderações apropriadas (réplicas).

3. Esta variável também pode ser chamada **Jkrep** ou "código de replicação dentro do par de grupos."

4. As indicações de rotulação requerem que você abra um arquivo de dados em *WESVAR UNLABELED DATA*. No entanto, se já tiver criado um arquivo de dados seguindo as instruções do anexo 1.C, pode usar o arquivo de dados salvo em *NAEA DATA ANALYSIS\MY WESVAR FILES* em vez do arquivo de dados em *WESVAR UNLABELED DATA*.

5. Se copiar *NATASSESS4.VAR* de *WESVAR UNLABELED DATA* para *MY WESVAR FILES* usando **Copy** e **Paste**, o arquivo não irá funcionar a não ser que também copie o arquivo de registro associado *NATASSESS4.LOG* para a mesma subpasta.

CAPÍTULO  # COMPARAÇÃO ENTRE OS NÍVEIS DE DESEMPENHO DE DOIS OU MAIS GRUPOS

Os formuladores de políticas poderão questionar se os níveis de desempenho das subpopulações de alunos que participaram de uma avaliação nacional (por exemplo, meninos e meninas; alunos que frequentam a escola em regiões diferentes) diferem significativamente entre si. Este capítulo descreve procedimentos que permitem dar resposta a essas questões.

ANÁLISE DA DIFERENÇA ENTRE DUAS PONTUAÇÕES MÉDIAS

Para avaliar se a diferença de desempenho entre dois grupos é estatisticamente significativa, é necessária uma variável categórica com dois ou mais níveis e uma variável contínua ou intervalar. Apresentamos a seguir exemplos de perguntas de interesse que envolvem variáveis categóricas e contínuas:

- *Gênero* (feminino/masculino) (variável categórica) e *desempenho em matemática* (variável contínua). Os alunos do sexo masculino diferem substancialmente dos alunos do sexo feminino no nível do seu desempenho em matemática?

- *Disponibilidade de luz elétrica para estudar* (sim/não) (variável categórica) e *desempenho em leitura* (variável contínua). Os alunos que dispõem de luz elétrica em casa para estudar diferem significativamente, em termos do seu desempenho em leitura, dos alunos que não dispõem de luz elétrica em casa?
- *Acesso a ajuda com os deveres escolares em casa* (sim/não) (variável categórica) e *desempenho em ciências* (variável contínua). Os alunos que recebem ajuda para fazer os deveres em casa diferem significativamente dos alunos que não a recebem no nível do seu desempenho em ciência?
- *Uso da língua de instrução em casa* (sim/não) (variável categórica) e *conhecimentos cívicos* (variável contínua). Os alunos que falam em casa a língua de instrução da escola diferem significativamente, no seu desempenho em um teste sobre conhecimentos cívicos, dos alunos que falam uma língua diferente em casa?
- *Acesso ao próprio livro escolar de leitura na escola* (sim/não) (variável categórica) e *desempenho em leitura* (variável contínua). Os alunos que têm os seus próprios livros escolares de leitura na escola obtêm pontuação média em leitura que difere significativamente da pontuação média dos alunos que são obrigados a partilhar um livro escolar?

Um teste comparativo entre as pontuações médias de dois grupos dá resposta à seguinte pergunta: a pontuação média difere significativamente em alguma variável entre duas populações representadas pelas duas amostras? Os resultados são relatados em termos de níveis de importância, designados valores-p. Utiliza-se o termo "estatisticamente significativo" para indicar que é improvável que uma diferença observada tenha tido uma causa fortuita. Se, por exemplo, os resultados mostrarem que a diferença média a favor das meninas é significativa no nível 0,05 (valor de p), isso significa que existe uma probabilidade inferior a 5% de a diferença ter tido uma causa fortuita. Um valor de p de 0,01 significa que existe menos de uma em cem probabilidades de o resultado observado ter acontecido, se os grupos não diferiam na variável de interesse.

O erro padrão da diferença (entre médias) é um conceito importante quando se considera a significância estatística das diferenças de pontuação média. Se a diferença de pontuação média for suficientemente elevada para sair do âmbito de um intervalo de confiança em torno da diferença, que se baseia no erro padrão da diferença, pode-se concluir que a diferença é estatisticamente significativa. Se a diferença se inserir no âmbito do intervalo de confiança, pode-se concluir que a diferença é estatisticamente não significativa.

No exemplo a seguir (exercício 4.1), o objetivo é determinar se a diferença média em termos do desempenho em matemática entre os alunos que têm luz elétrica em casa e os que não têm é estatisticamente significativa.

Antes de realizar o exercício 4.1, designe a variável **Electric** no seu arquivo de dados. Para tal, abra o WesVar e selecione **Open WesVar Data File**. Abra o arquivo de dados *NAEA DATA ANALYSIS\MY WESVAR FILES\NATASSESS4.VAR*. Em seguida, execute os passos que foram descritos no Capítulo 3 (páginas 34-35) para designar uma variável. Designe 1 como *Yes* para indicar a disponibilidade de eletricidade em casa. Designe 2 como *No* para indicar a falta de eletricidade. Salve o seu arquivo de dados WesVar em *NAEA DATA ANALYSIS\MY WESVAR FILES*, substituindo o *NATASSESS4.VAR* existente, se necessário.

EXERCÍCIO 4.1

Avaliação da Diferença entre Duas Pontuações Médias

1. Abra o WesVar e clique em **New WesVar Workbook**. Você receberá o seguinte aviso: *Before creating a new Workbook, you will be asked to specify a Data file that will be used as the default Data file for new Workbook requests*. Clique em **OK**.

2. Abrir-se-á uma janela chamada **Open WesVar Data File for Workbook**. Selecione o arquivo de dados *NATASSESS4.VAR* em *NAEA DATA ANALYSIS\MY WESVAR FILES*. Clique em **Open**.

3. Salve o seu novo livro de exercícios como *NAEA DATA ANALYSIS\MY WESVAR FILES\CHAPTER 4 WORKBOOK.WVB*.

4. Realce **Workbook Title 1** (painel da esquerda) e digite *Chapter 4 Exercises* na caixa **Title** (painel da direita). Na caixa **New Request** (painel da direita, metade inferior), clique em **Table**. Realce **Table Request One** (painel da esquerda) e mude **Request Name** (painel da direita) para *Exercise 4.1*. Clique em **Add Table Set Single** (painel da direita).

5. Vá para **Options – Generated Statistics** no painel da esquerda. Certifique-se de que as caixas **Estimate, Standard Error,** e **Confidence Interval (Standard)** estejam marcadas. Desmarque as demais caixas.

(continua)

EXERCÍCIO 4.1 *(continuação)*

6. Vá para **Options – Output Control** no painel da esquerda. Certifique-se de que **Estimates** tenha sido definido para uma casa decimal e **Std. Error** para duas casas decimais. Certifique-se de que as designações das variáveis e dos valores foram marcadas.

7. Selecione **Computed Statistics**, realce **Mathss** em **Source Variables** (painel da direita) e clique em **Block Mean**.

8. Clique em **Table Set #1** (painel da esquerda). Mova **Electric** da caixa **Source Variables** para a caixa marcada **Selected** no painel da direita. Certifique-se de que **Percent** foi marcado em de **Sum of Weights**. Se **Value**, **Row Percent** e **Column Percent** estiverem selecionados, desmarque-os. Clique no botão **Add as New Entry**.

9. Realce **Electric** (painel da esquerda) e clique em **Cells** abaixo deste. Clique em **1** (painel da direita) e digite *Yes* na caixa de designação e pressione **Return** (ou clique em **Add as New Entry**). Clique em **2**, digite *No* na caixa de designação e pressione **Return**.

10. Selecione agora **Cell Functions** (painel da esquerda). Digite o seguinte na caixa designada **Function Statistic**: *MeanDiff = Yes – No*. Clique em **Add As New Entry**.

11. Em **MeanDiff = Yes – No** (painel da esquerda), clique em **For**. Certifique-se de que **M_Mathss** se encontra na caixa designada **Selected** (Figura 4.1.A do exercício). Se necessário, mova **Sum_Wts** para a caixa designada **Source Variables**.

FIGURA DO EXERCÍCIO 4.1.A Livro de exercícios WesVar antes da Avaliação da Diferença entre Duas Pontuações Médias

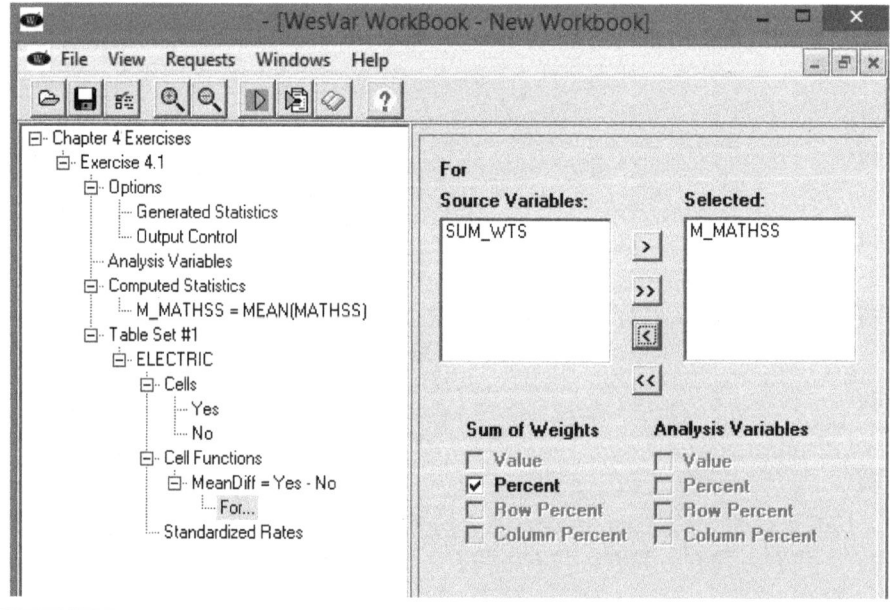

EXERCÍCIO 4.1 (continuação)

12. Execute a análise, clicando em **Green Arrow** na barra de ferramentas. Aguarde enquanto o programa está em execução. Visualize o resultado clicando no ícone **Open Book** na barra de ferramentas.

13. Para visualizar pontuações médias relacionadas com a existência ou não de luz elétrica em casa, expanda **Exercise 4.1 – Table Set #1** e clique em **Electric**. Os dados sobre os alunos em agregados familiares com e sem luz elétrica podem ser visualizados na Figura 4.1.B do exercício. Note que os alunos com eletricidade em casa registraram uma pontuação Mathss média de 254,3 e um erro padrão de 2,30.

FIGURA DO EXERCÍCIO 4.1.B Resultados WesVar: Pontuações Médias em Matemática dos Alunos com e sem Eletricidade em Casa

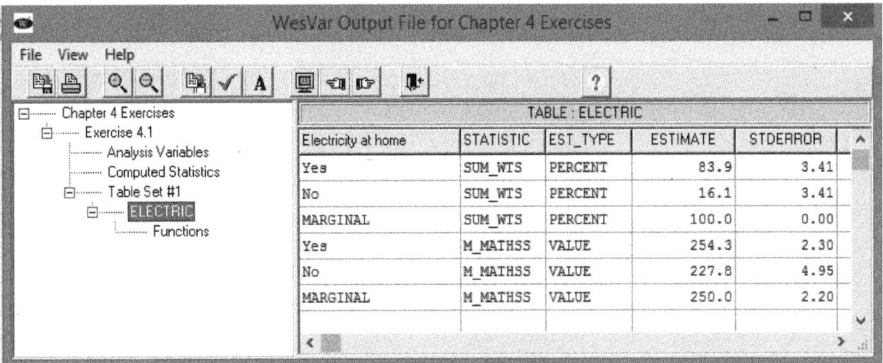

14. Para salvar os resultados, selecione **File – Export – Single File – One Selection** e clique em **Export**. Salve em *NAEA DATA ANALYSIS\MY SOLUTIONS* usando um nome de arquivo apropriado (por exemplo, *EXERCISE 4.1A.TXT*).

15. Para visualizar o cálculo da diferença das pontuações em matemática entre alunos de agregados familiares com e sem eletricidade (26,5), clique em **Functions** (abaixo de **Electric**) (figura 4.1.C do exercício).

FIGURA DO EXERCÍCIO 4.1.C Resultados WesVar: Diferença das Pontuações Médias em Matemática entre os Alunos com e sem Eletricidade em Casa

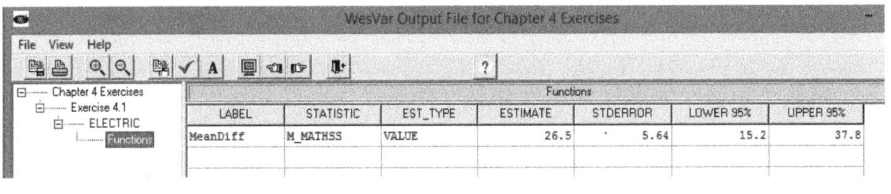

(continua)

EXERCÍCIO 4.1 (continuação)

A figura 4.1.B do exercício apresenta as pontuações médias em matemática dos alunos com eletricidade em casa (254,3) e dos alunos sem eletricidade (227,8). Os erros padrão correspondentes são de 2,30 e 4,95. A Figura 4.1.C do exercício apresenta a diferença das pontuações médias (26,5). Trata-se da diferença das pontuações médias em matemática entre os alunos com eletricidade em casa e os alunos sem eletricidade (Sim – Não). O erro padrão da diferença é de 5,64. O intervalo de confiança a 95% (em torno da diferença de pontuações médias) varia entre 15,2 (limite inferior) e 37,8 (limite superior). O intervalo de confiança pode ajudar a determinar rapidamente se existe uma diferença significativa entre as médias. Se o intervalo de confiança incluir o valor zero (como de −4,5 a +7,9), pode-se afirmar que a diferença média não é significativamente diferente de zero no nível 0,05. No caso dos dados presentes, uma vez que o intervalo de confiança a 95% (15,2 a 37,8) não inclui zero, conclui-se que a diferença média de 26,5 é significativamente diferente de zero ($p < 0,05$). A diferença dos desempenhos médios em matemática entre os alunos com e sem eletricidade em casa é estatisticamente significativa.

A informação obtida com essa análise pode ser resumida em uma tabela (Tabela 4.1.A do exercício). Uma tabela deste tipo poderia ser incluída em um relatório de avaliação nacional.

TABELA DO EXERCÍCIO 4.1.A Comparação entre as Pontuações Médias em Matemática dos Alunos com e sem Eletricidade em Casa

Situação	Percentagem de alunos (EP)	Pontuação média (EP)	
Com eletricidade em casa	83,9 (3,41)	254,3 (2,30)	
Sem eletricidade em casa	16,1 (3,41)	227,8 (4,95)	
Comparação		Diferença (EPD)	IC (95%)
Com eletricidade − Sem eletricidade em casa		26,5 (5,64)	**15,2 to 37,8**

Nota: IC (95%) = intervalo de confiança a 95%; EP = erro padrão do cálculo; EPD = erro padrão da diferença. Os intervalos de confiança associados às diferenças estatisticamente significativas estão assinalados a negrito.

16. Volte para **Functions** e salve a comparação entre as pontuações médias como **EXERCISE 4.1B.TXT** em **NAEA DATA ANALYSIS\MY SOLUTIONS**.

17. Volte ao livro de exercícios **Chapter 4 Exercises** clicando no ícone **Open Door**. Clique em **Save** na barra de ferramentas para salvar as alterações. Selecione **File – Close** na barra de menus para fechar o livro de exercícios ou passe ao exercício 4.2.

ANÁLISE DA DIFERENÇA ENTRE TRÊS OU MAIS PONTUAÇÕES MÉDIAS

Nesta seção, examinamos as diferenças entre três ou mais categorias de alunos (por exemplo, os alunos que frequentam a escola em diferentes regiões de um país). Comparamos os níveis de desempenho em uma região de Sentz (como a Área Metropolitana) com os dos alunos em cada uma das outras três regiões do país. Na análise, a Área Metropolitana é designada como o *grupo de referência* e o desempenho em cada uma das demais regiões é comparado com o mesmo.

Quando se procede a comparações múltiplas (por exemplo, a comparação entre a pontuação média dos alunos em uma região e as pontuações médias dos alunos em três outras regiões), torna-se necessário ajustar o nível alfa ou de importância. Se esse não for ajustado, corre-se o risco de relatar que uma diferença é estatisticamente significativa quando, na realidade, não o é. O valor padrão de alfa (0,05), que é usado quando se comparam duas pontuações médias (usando um intervalo de confiança a 95% em torno da diferença de pontuações médias), precisa ser ajustado para baixo (ou seja, dividido pelo número de comparações a realizar), caso se efetue mais de uma comparação. Por exemplo, se forem realizadas três comparações, o valor do nível alfa de 0,05 deve ser dividido por 3, dando um valor ajustado de 0,0167 (0,05/3).

No exemplo do exercício 4.2, a pontuação média dos alunos na Área Metropolitana (o grupo de referência) é comparada com a pontuação média dos alunos em cada uma das outras regiões. São, assim, efetuadas três comparações:

- Área Metropolitana – Noroeste
- Área Metropolitana – Terras Altas Orientais
- Área Metropolitana – Costa Sudoeste

EXERCÍCIO 4.2

Avaliação das Diferenças entre Três ou Mais Pontuações Médias

1. Abra o WesVar. Selecione **Open WesVar Workbook**. Abra o livro de exercícios WesVar que salvou quando concluiu o exercício 4.1. Trata-se de **NAEA DATA ANALYSIS\MY WESVAR FILES\CHAPTER 4 WORKBOOK**.

(continua)

EXERCÍCIO 4.2 (continuação)

2. Realce o nó **Exercise 4.1**. Clique com o botão direito do mouse e selecione **Clone**. Efetua assim uma cópia do Exercício 4.1 (Tabela de pedido das Diferenças entre Duas Médias). Realce **Table Request Two** no painel da direita e designe-o como *Exercise 4.2*.

3. Expanda **Exercise 4.2** (painel da esquerda). Selecione **Options** (painel da esquerda), e no painel da direita, mude o nível **Alpha** para 0,0167 (porque serão feitas três comparações) (Figura 4.2.A do exercício).

4. Expanda **Options** no painel da esquerda. Sob **Generated Statistics**, certifique-se de que as caixas **Estimate, Standard Error** e **Confidence Interval (Standard)** estejam marcadas. Em **Options – Output Control** certifique-se de que **Variable Label** e **Value Label** estejam marcadas. Desmarque as demais caixas. Expanda **Table Set #1** no painel da esquerda e realce **Electric**, desmarque-o no painel da direita e selecione **Region**. Clique em **Replace Current Entry**. Se receber uma mensagem: *Table structure has changed... Do you want to make this change?*, selecione **Yes**. Certifique-se de que de só **Percent** esteja marcado. Expanda **Region** (painel da esquerda). Selecione **Cells** e defina as células como se segue: 1 = *Northwest*;

FIGURA DO EXERCÍCIO 4.2.A Livro de Exercícios WesVar Apresentando o Ajuste para o Nível Alfa

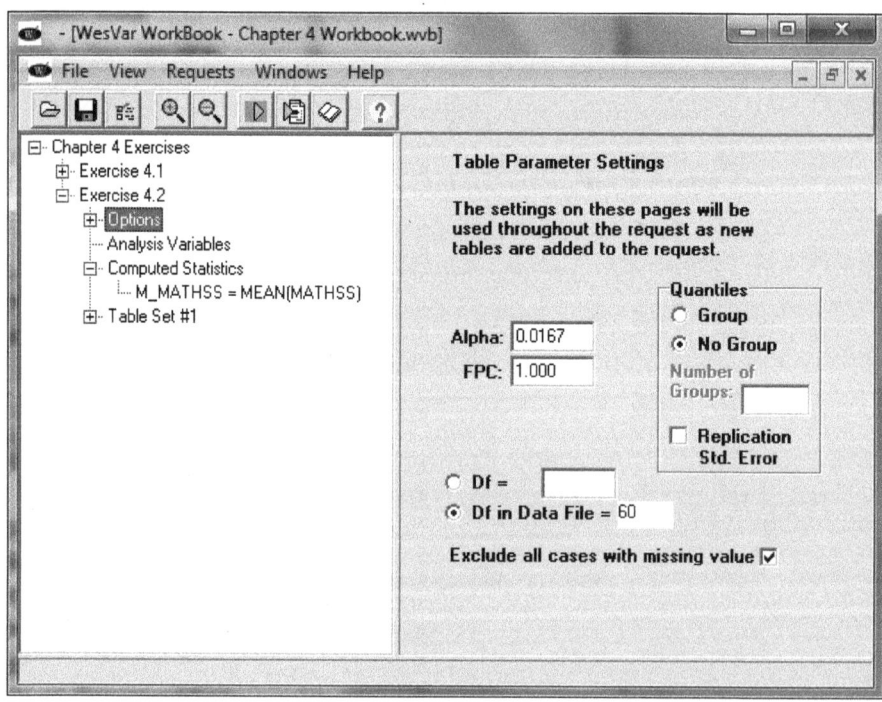

EXERCÍCIO 4.2 (continuação)

FIGURA DO EXERCÍCIO 4.2.B Preenchimento das Definições de Células em WesVar

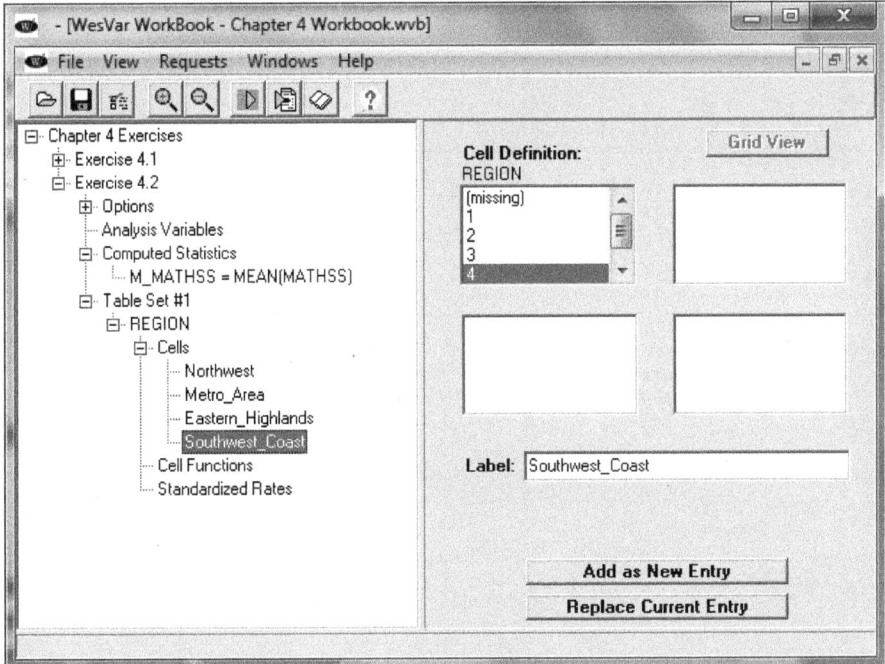

- 2 = *Metro_Area*; 3 = *Eastern_Highlands*; 4 = *Southwest_Coast*. (Como WesVar não lhe permite deixar espaços em branco entre as palavras, é preciso utilizar sublinhado.) Depois de digitar cada designação, clique em **Add as New Entry** ou pressione **Return** no seu teclado (Figura 4.2.B do exercício).

5. Selecione Cell Functions (imediatamente abaixo de Cells no painel da esquerda). Introduza o seguinte na caixa **Function Statistic** e clique em **Add as New Entry** após cada uma.

   - MeanDiffMetro_NW = Metro_Area − Northwest (Figura 4.2.C do exercício).

   Clique em **For** abaixo de cada função (painel da esquerda) e certifique-se de que **Mathss** aparece abaixo de **Selected** de cada vez. Poderá ser preciso mover **Sum_Wts** para **Source Variables**.

   Repita o processo para

   - MeanDiffMetro_EHighlands = Metro_Area − Eastern_Highlands
   - MeanDiffMetro_SW = Metro_Area − Southwest_Coast

6. Clique em **Green Arrow** na barra de ferramentas para executar as análises.

(continua)

EXERCÍCIO 4.2 (continuação)

FIGURA DO EXERCÍCIO 4.2.C Livro de Exercícios WesVar Apresentando as Funções das Células

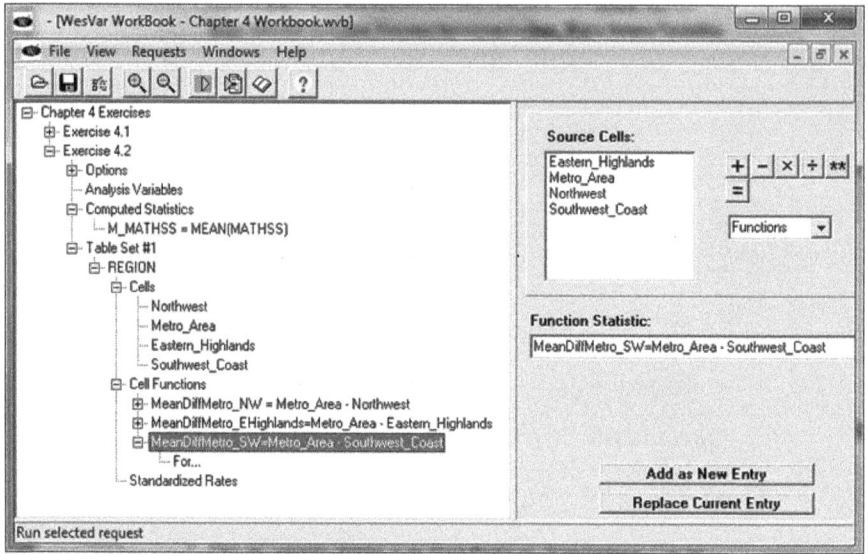

FIGURA DO EXERCÍCIO 4.2.D Resultados WesVar: Pontuações Médias em Matemática por Região

						TABLE : REGION
Region	STATISTIC	EST_TYPE	ESTIMATE	STDERROR	LOWER 98%	UPPER 98%
Northwest	SUM_WTS	PERCENT	25.2	4.30	14.6	35.8
Metro_Area	SUM_WTS	PERCENT	26.1	4.62	14.8	37.5
Eastern_Highlands	SUM_WTS	PERCENT	24.3	4.05	14.3	34.3
Southwest_Coast	SUM_WTS	PERCENT	24.4	4.31	13.8	35.0
MARGINAL	SUM_WTS	PERCENT	100.0	.	.	.
Northwest	M_MATHSS	VALUE	233.3	3.28	225.3	241.4
Metro_Area	M_MATHSS	VALUE	265.7	4.46	254.8	276.7
Eastern_Highlands	M_MATHSS	VALUE	249.1	3.59	240.3	257.9
Southwest_Coast	M_MATHSS	VALUE	251.2	3.35	243.0	259.5
MARGINAL	M_MATHSS	VALUE	250.0	2.20	244.6	255.4

7. Visualize o resultado clicando no ícone **Open Book** na barra de ferramentas. Para acessar as pontuações médias de cada região, selecione **Exercise 4.2 – Table Set #1** e **Region** (Figura 4.2.D do exercício). Para acessar os dados das diferenças entre as pontuações médias, selecione **Functions** (o nó imediatamente abaixo de **Region**) (Figura 4.2.E do exercício).

EXERCÍCIO 4.2 (continuação)

FIGURA DO EXERCÍCIO 4.2.E Resultados WesVar: Diferenças de Pontuações Médias em Matemática por Região

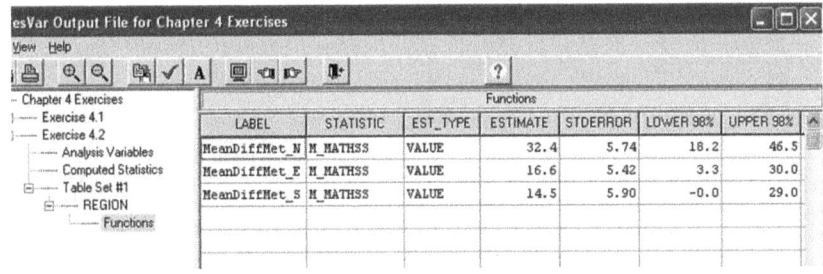

8. Use **File** e **Export (Single File, One Selection)** para salvar os seus resultados como arquivos de texto. Comece por salvar as pontuações médias (Regiões) e, em seguida, as diferenças das pontuações médias (Funções) em *NAEA DATA ANALYSIS\MY SOLUTIONS* utilizando os nomes dos arquivos *EXERCISE 4.2A.TXT* e *EXERCISE 4.2B.TXT*, respectivamente

9. Volte a *CHAPTER 4 WORKBOOK* clicando no ícone **Open Door** na barra de ferramentas. Selecione **Save – Close** na barra de menus (ou selecione o ícone **Save** na barra de ferramentas).

A figura do exercício 4.2.E apresenta as três comparações pedidas. A diferença de pontuações médias entre a Área Metropolitana e o Noroeste é de 32,4 pontos na pontuação de escala e o respectivo erro padrão é de 5,74. O intervalo de confiança em torno da diferença é de 18,2 a 46,5.

Uma vez que o intervalo de confiança não inclui zero, a pontuação média da Área Metropolitana é significativamente diferente, em termos estatísticos, da pontuação média da região Noroeste. Do mesmo modo, a diferença de pontuações médias entre a Área Metropolitana e as Terras Altas Orientais (16,6 pontos) é estatisticamente significativa porque o intervalo em torno da diferença (3,3 a 30,0) não inclui zero. Finalmente, a diferença entre a Área Metropolitana e a Costa Sudoeste (14,5 pontos) é estatisticamente não significativa porque o intervalo em torno da diferença (–0,0 a 29,0) inclui zero.

A tabela do exercício 4.2.A apresenta os resultados desta análise tal como poderiam ser apresentados em um relatório de avaliação nacional. A tabela mostra cada pontuação média regional e a pontuação média nacional, assim como os erros padrão associados. A metade inferior da tabela indica em negrito as diferenças regionais estatisticamente significativas.

(continua)

EXERCÍCIO 4.2 (continuação)

TABELA DO EXERCÍCIO 4.2.A Comparação das Pontuações Médias em Matemática dos Alunos com e sem Eletricidade em Casa por Região

Região	Pontuação média (EP)	
Área Metropolitana	233,3 (3,28)	
Noroeste	265,7 (4,46)	
Terras Altas Orientais	249,1 (3,59)	
Litoral Sudoeste	251,2 (3,35)	
Nacional	250,0 (2,20)	
Comparação	Diferença (EPD)	ICA (95%)
Área Metropolitana – Noroeste	32.4 (5,74)	**18,2 a 46,5**
Área Metropolitana – Terras Altas Orientais	16.6 (5.42)	**3,3 a 30,3**
Área Metropolitana – Costa Sudoeste	14.5 (5.90)	–0,0 a 29,0

Nota: ICA (95%) = intervalo de confiança ajustado em 95%; EP = erro padrão do cálculo; EPD = erro padrão da diferença. Os intervalos de confiança associados às diferenças estatisticamente significativas estão assinalados a negrito.

Outras comparações que poderão ter interesse para os formuladores de políticas (dependendo das variáveis no banco de dados) incluem as seguintes:

- *Grupo étnico* e *desempenho em matemática*: existem diferenças significativas entre grupos étnicos quanto ao seu desempenho médio em matemática? Que grupo registra a pontuação média mais elevada?
- *Nível de escolaridade dos pais* e *desempenho em leitura*: existem diferenças significativas de desempenho médio em leitura entre os alunos com pais que concluíram estudos superiores e os alunos em cada um dos outros grupos (pais que não tiveram educação formal; pais cujo grau mais alto de escolaridade foi o 1.º ao 3.º ano, o 4.º ao 6.º ano, o 7.º ao 9.º ano ou o 10.º ao 12.º ano)?
- *Acesso a meios de comunicação* e *desempenho linguístico*: existem diferenças significativas de desempenho médio linguístico entre alunos que vivem em agregados familiares que têm (a) rádio e televisão, comparados com os alunos de agregados familiares que têm (b) apenas rádio, (c) apenas televisão ou (d) que não têm rádio nem televisão?

CAPÍTULO 5

IDENTIFICAÇÃO DE ALUNOS DE ALTO E BAIXO DESEMPENHO

Além de considerar as diferenças entre os níveis médios de desempenho de subpopulações de alunos em uma avaliação nacional (Capítulo 4), os formuladores de políticas e outros usuários dos resultados poderão ter interesse em identificar fatores relacionados com a distribuição do desempenho. Poderão surgir questões como:

- Existe uma proporção maior de alunos em risco (de baixo desempenho) em uma região (província) do país do que em outra?
- Os meninos e as meninas estão igualmente representados entre os alunos de alto desempenho em matemática?
- Em que tipo de escola (rural ou urbana, pública ou privada) encontra-se a maior proporção de alunos de baixo desempenho?

Neste capítulo, é dada resposta a perguntas como essas por meio da identificação das proporções de alunos acima ou abaixo de pontos-chave ou padrões de referência, como o 10.º ou o 90.º percentil.

CÁLCULO DAS PONTUAÇÕES CORRESPONDENTES ÀS PRINCIPAIS CATEGORIAS DE PERCENTIL NACIONAIS

Esta seção descreve uma abordagem do cálculo das pontuações dos alunos nas principais categorias de percentil, em uma avaliação nacional. No Capítulo 3, foi utilizada a rotina **Descriptive Stats** em WesVar para apurar as pontuações ponderadas e não ponderadas em diferentes categorias de percentil, juntamente com os respectivos erros padrão (consultar a Figura 3.1.C do exercício). No exercício 5.1, é utilizada uma abordagem alternativa – WesVar Tables – para calcular as pontuações que correspondem às categorias dos 10.º, 25.º, 50.º, 75.º e 90.º percentis e os respectivos erros padrão para cada região de Sentz. Esta abordagem pode também ser usada para identificar pontuações correspondentes a outras categorias de percentil.

EXERCÍCIO 5.1

Cálculo dos Valores de Percentil Nacionais

1. Abra o WesVar e clique em **New WesVar Workbook**. Você poderá receber o seguinte aviso: *Before creating a new Workbook, you will be asked to specify a Data file that will be used as the default Data file for new Workbook requests.* Em caso afirmativo, clique em **OK**.

2. Surgirá uma janela designada **Open WesVar Data File for Workbook**. Selecione o arquivo de dados *NAEA DATA ANALYSIS\MY WESVAR FILES\NATASSESS4.VAR*.

3. Salve o seu novo livro de exercícios em *NAEA DATA ANALYSIS\MY WESVAR FILES*, dando-lhe o nome *CHAPTER 5 WORKBOOK.WVB*.

4. Mude **Workbook Title One** (painel da direita) para *Chapter 5 Exercises*. Em **New Request**, realce **Table**. Clique em **Table Request One** (painel da esquerda). Mude **Request Name** para *Exercise 5.1* (painel da direita). Clique em **Add Table Set Single** (painel da direita).

5. Selecione **Options – Generated Statistics** e certifique-se de que as caixas **Estimate**, **Standard Error** e **Confidence Interval (Standard)** estejam marcadas. Desmarque as demais caixas. Em **Output Control**, defina **Estimate** para uma casa decimal e **Std. Error** para duas. Certifique-se de que **Variable Label** e **Value Label** estejam marcadas.

EXERCÍCIO 5.1 (continuação)

6. No painel da esquerda, selecione **Computed Statistics**. No painel da direita, digite *Pcile10 = Quantile(Mathss, 0.1)* e clique em **Add as New Entry** (figura 5.1.A do exercício). Isso diz ao WesVar para calcular a pontuação no 10.º percentil.

FIGURA DO EXERCÍCIO 5.1.A Livro de Exercícios WesVar: Cálculo dos Valores de Percentil

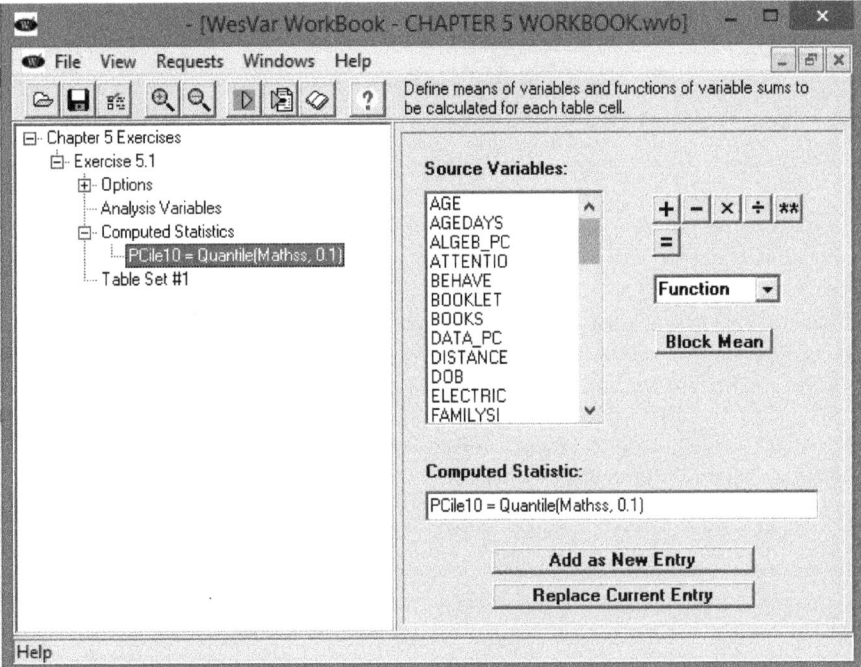

7. Siga o mesmo procedimento para os 25.º, 50.º, 75.º e 90.º percentis, clicando primeiro em **Computed Statistics** de cada vez. Por exemplo, a fórmula para o 25.º percentil é *PCile25 = Quantile(Mathss, 0.25)*. Não se esqueça de clicar em **Add as New Entry** depois de introduzir cada fórmula.[a]

8. Execute a análise, clicando na **Green Arrow** na barra de ferramentas.

9. Visualize os resultados (Figura 5.1.B do exercício), clicando no ícone **Open Book** na barra de ferramentas. Expanda **Exercise 5.1 – Table Set #1** no painel da esquerda. Clique em **Overall** para visualizar os valores de percentil.

(continua)

EXERCÍCIO 5.1 (continuação)

FIGURA DO EXERCÍCIO 5.1.B Resultados WesVar: Cálculo dos Valores de Percentil

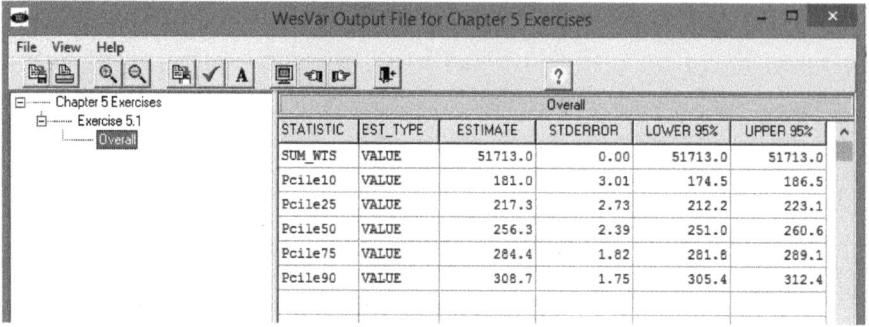

Os resultados na figura do exercício 5.1.B apresentam os valores de cada categoria de percentil selecionada, juntamente com os correspondentes erros padrão. Por exemplo, o valor no 10.º percentil é de 181,0 e o erro padrão é de 3,01. O intervalo de confiança em 95% para 181,0 é de 174,5 a 186,5. Existe, assim, uma probabilidade de 95% de o valor no 10.º percentil situar-se entre 174,5 e 186,5. Os valores e erros padrão podem ser tabelados e publicados no relatório de avaliação nacional (consultar a tabela 5.1.A do exercício).

TABELA DO EXERCÍCIO 5.1.A Pontuações em Matemática em Nível Nacional (e Erros Padrão) em Níveis de Percentil Diferentes

Percentil	Pontuação	Erro padrão
10.º	181,0	3,01
25.º	217,3	2,73
50.º	256,3	2,39
75.º	284,4	1,82
90.º	308,7	1,75

10. Selecione **File** e clique em **Export (Single File – One Selection)** para salvar os seus resultados como um arquivo de texto. Salve em **NAEA DATA ANALYSIS\MY SOLUTIONS** usando um nome de arquivo apropriado, como por exemplo **EXERCISE 5.1.TXT**.

11. Clique no ícone **Open Door** na barra de ferramentas para voltar para **CHAPTER 5 WORKBOOK**. Clique em **File – Save** e depois em **File – Close**.

a. Alternativamente, pode clicar em **Pcile10 = Quantile(Mathss, 0.10)** (painel da esquerda) e clicar com o botão direito do mouse em **Clone** quatro vezes, alterando cada um conforme necessário e usando **Replace Current Entry**.

Depois de obtidos os valores de percentil em âmbito nacional, é possível calcular os valores correspondentes para cada região de Sentz (exercício 5.2).

EXERCÍCIO 5.2

Cálculo dos Valores de Percentil por Região

1. Abra o WesVar. Selecione **Open WesVar Workbook**. Abra o livro de exercícios WesVar que salvou quando concluiu o exercício 5.1. Trata-se de **NAEA DATA ANALYSIS\My WesVar FILES\Chapter 5 Workbook**.[a]

2. Minimize (se necessário) **Exercise 5.1** (painel da esquerda), clicando no sinal – (menos).

3. Clique com o botão direito do mouse em **Exercise 5.1** no painel da esquerda e selecione **Clone**. Mude o nome de **Table Request Two** no painel da direita para **Exercise 5.2**. Todas as partes subsequentes do exercício 5.2 serão efetuadas neste nó.

4. Expanda **Exercise 5.2** (se necessário). Selecione **Table Set #1**. Mova **Region** de **Source Variables** para **Selected** (painel da direita).

5. Clique em **Add as New Entry** (painel da direita).

6. Selecione **Region** no painel da esquerda e marque a caixa **Percent** abaixo de **Sum of Weights** no painel da direita. Desmarque **Value**, **Row Percent** e **Column Percent** se necessário (consultar Figura 5.2.A do exercício).

FIGURA DO EXERCÍCIO 5.2.A Livro de Exercícios WesVar antes do Cálculo dos Valores de Percentil por Região

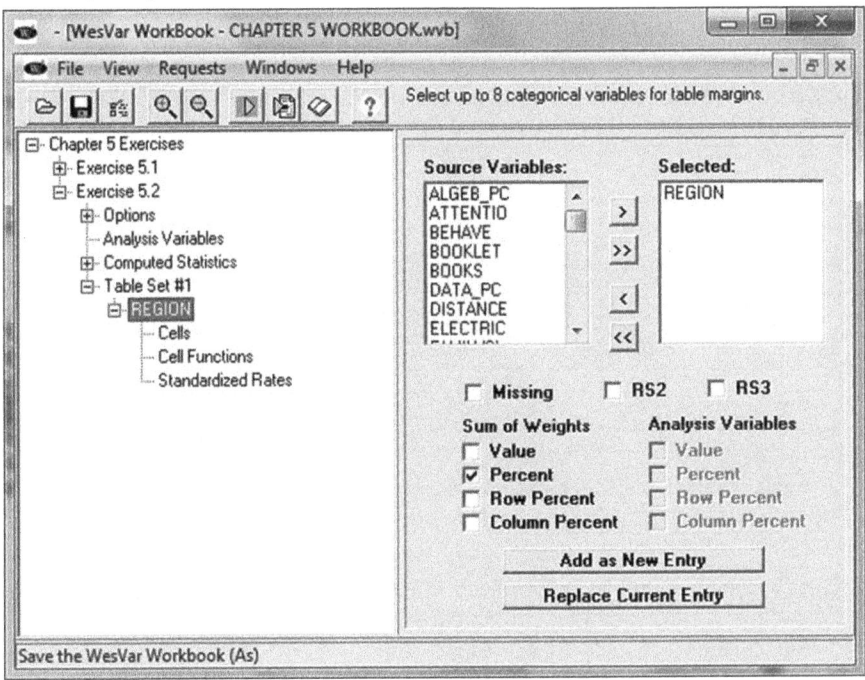

(continua)

EXERCÍCIO 5.2 (continuação)

7. Clique em **Green Arrow** na barra de ferramentas para executar as análises.
8. Clique no ícone **Open Book** na barra de ferramentas. Expanda **Exercise 5.2** (se necessário). Selecione **Table Set #1 – REGION** para ver o cálculo do percentil para cada região.

A figura do exercício 5.2.B apresenta os valores no 10.º percentil para cada região, juntamente com os erros padrão associados e os intervalos de confiança em 95%. Os dados de outros valores de percentil podem ser acessados rolando o arquivo de resultados para baixo. A tabela do exercício 5.2.A apresenta os dados em um formato que pode ser usado em um relatório de avaliação nacional.

FIGURA DO EXERCÍCIO 5.2.B Resultados WesVar Parciais: Cálculo dos Valores do 10.º Percentil por Região

Region	STATISTIC	EST_TYPE	ESTIMATE	STDERROR	LOWER 95%	UPPER 95%
Northwest	Pcile10	VALUE	162.2	4.12	154.1	170.5
Metro_Area	Pcile10	VALUE	205.1	7.66	187.1	217.7
Eastern_Highlands	Pcile10	VALUE	176.7	6.47	165.4	191.3
Southwest_Coast	Pcile10	VALUE	183.4	5.53	171.8	193.9
MARGINAL	Pcile10	VALUE	181.0	3.01	174.5	186.5
Northwest	Pcile25	VALUE	198.4	3.58	190.1	204.4

TABELA DO EXERCÍCIO 5.2.A Pontuações em Matemática (e Erros Padrão) em Vários Níveis de Percentil por Região

Percentil	Noroeste	Área Metropolitana	Altas Orientais	Costa Sudoeste Terras	Nacional
10.º	162,2 (4,12)	205,1 (7,66)	176,7 (6,47)	183,5 (5,53)	181,0 (3,01)
25.º	198,4 (3,58)	238,7 (5,95)	217,1 (5,68)	218,6 (5,08)	217,3 (2,73)
50.º	238,0 (4,62)	271,6 (5,16)	255,2 (3,41)	257,6 (4,09)	256,3 (2,39)
75.º	270,2 (4,11)	296,3 (3,27)	283,9 (3,49)	283,9 (3,58)	284,4 (1,82)
90.º	293,8 (4,42)	313,7 (3,02)	309,1 (2,87)	310,3 (3,33)	308,7 (1,75)

A tabela do exercício 5.2.A indica que as pontuações correspondentes a categorias de percentil variam de região para região. Por exemplo, as pontuações no 10.º percentil variam entre 162,2, no Noroeste, e 205,1, na Área Metropolitana. Uma inspeção das pontuações regionais sugere que os alunos de mais baixo desempenho (com desempenho no 10.º percentil) no Noroeste, nas Terras Altas Orientais e na Costa Sudoeste tenham um desempenho menos bom do que alunos de desempenho mais baixo na Área Metropolitana. As pontuações dos alunos no 90.º percentil no Noroeste são mais baixas do que as pontuações dos alunos de outras regiões.

EXERCÍCIO 5.2 (continuação)

9. Salve os resultados, utilizando **File – Export – Single File – One Selection**. Selecione **Export**. Salve como arquivo de texto em **NAEA DATA ANALYSIS\MY SOLUTIONS\ EXERCISE 5.2**. Saia do arquivo de resultados, clicando no ícone **Open Door** na barra de ferramentas.
10. Salve as alterações ao livro de exercícios, selecionando **File – Save** e depois **File – Close**.

a. Se não conseguir localizar o arquivo, selecione **NAEA DATA ANALYSIS\WESVAR DATA FILES & WORKBOOKS\ CHAPTER 5 WORKBOOK**. Depois de realizar o exercício, salve o livro de exercícios em **NAEA DATA ANALYSIS\ MY WESVAR FILES\CHAPTER 5 WORKBOOK**.

CÁLCULO DAS PERCENTAGENS DE ALUNOS EM SUBGRUPOS, USANDO CATEGORIAS DE PERCENTIL NACIONAIS

É possível obter informações sobre a percentagem de alunos em subgrupos da população (como região, etnia ou gênero) que registrem pontuações abaixo de um padrão de referência selecionado, como o valor nacional do 10.º percentil, começando por identificar as pontuações que correspondem às categorias de percentil nacionais no banco de dados da avaliação nacional em WesVar (consultar a Tabela 5.1.A do exercício). O exercício 5.3 mostra como criar novas variáveis correspondentes às categorias do 25.º, 50.º e 75.º percentis do arquivo de dados do WesVar. Crie uma nova variável correspondente a cada percentil de referência e atribua "1" aos alunos com pontuações abaixo do padrão de referência e "2" àqueles que tenham pontuações dentro ou acima do padrão de referência.

EXERCÍCIO 5.3

Recodificação de uma Variável em Categorias de Percentil Usando o WesVar

1. Abra o WesVar. Selecione **Open WesVar Data File** e selecione **NAEA DATA ANALYSIS\ MY WESVAR FILES\NATASSESS4.VAR**.
2. Clique Format na barra de menus e selecione **Recode**. Em **Pending Records**, clique em **New Continuous (to Discrete)**.

(continua)

EXERCÍCIO 5.3 (continuação)

3. Atribua um **New Variable Name** na caixa apresentada. Para este exercício, atribua uma variável de grupo **Pcile25**, que dividirá os alunos em duas categorias: os que têm pontuações abaixo do 25.º percentil nacional e os que têm pontuações dentro ou acima deste percentil.

4. Na coluna designada **Range of Original Variables**, digite *Mathss < 217.3* (valor do 25.º percentil nacional; ver Tabela 5.2). Na mesma linha, na coluna designada **Pcile25**, digite *1*. Na linha seguinte, sob **Range of Original Variables**, digite *Mathss ê 217.3*, e na coluna designada **Pcile25**, digite *2* (Figura 5.3.A do exercício). Clique em **OK**.

FIGURA DO EXERCÍCIO 5.3.A Livro de Exercícios WesVar: Recodificação de Mathss em Variável Discreta

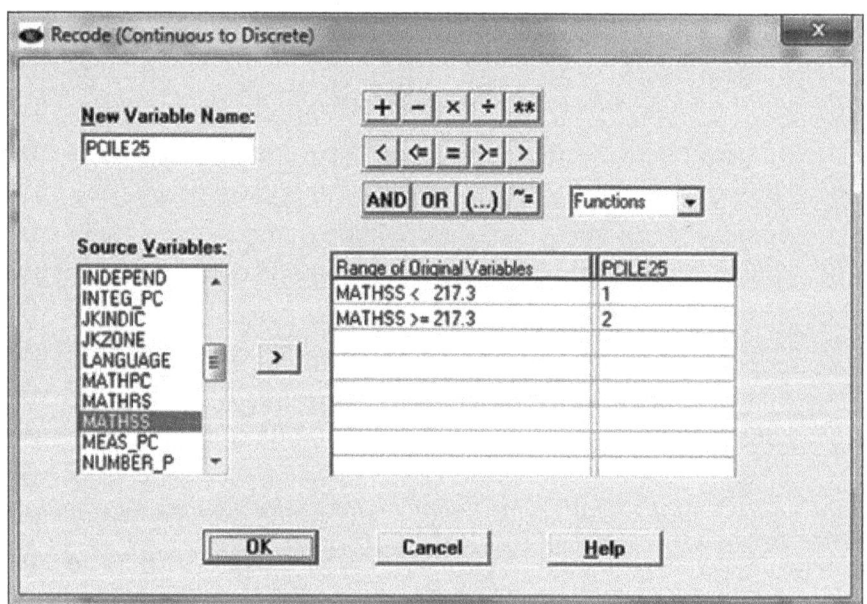

5. Clique novamente em **New Continuous to Discrete** e siga o mesmo procedimento para criar as seguintes variáveis:

    Pcile50: Mathss < 256.3 → 1 Mathss ≥ 256.3 → 2 **(OK)**

    Pcile75: Mathss < 284.4 → 1 Mathss ≥ 284.4 → 2 **(OK)**

6. Depois de introduzir a última variável (**Pcile75**), clique em **OK**. Em seguida, clique em **OK** na tela **Pending Recodes**. Aparecerá a mensagem *This operation will create a new VAR file. You will be asked to specify a file name.* Salve como **NAEA DATA ANAYSIS\ MY WESVAR FILES\NATASSESS4.VAR**, substituindo a versão previamente salva.

EXERCÍCIO 5.3 (continuação)

7. Selecione **Format** e **Label** na barra de menus. Em **Source Variables**, clique em **Pcile25**. Para **Values**, na coluna designada **Label**, substitua o número **1** por **Bottom 25%** e substitua **2** por **Top 75%** (Figura 5.3.B do exercício). Em seguida, clique em **OK**. Aparecerá a mensagem *This operation will create a new VAR file. You will be asked to specify a file name.* Clique em **OK**. Salve como **NAEA DATA ANALYSIS\MY WESVAR FILES\ NATASSESS4.VAR** para substituir a versão previamente salva.

FIGURA DO EXERCÍCIO 5.3.B Designação de Categorias de Percentil em WesV

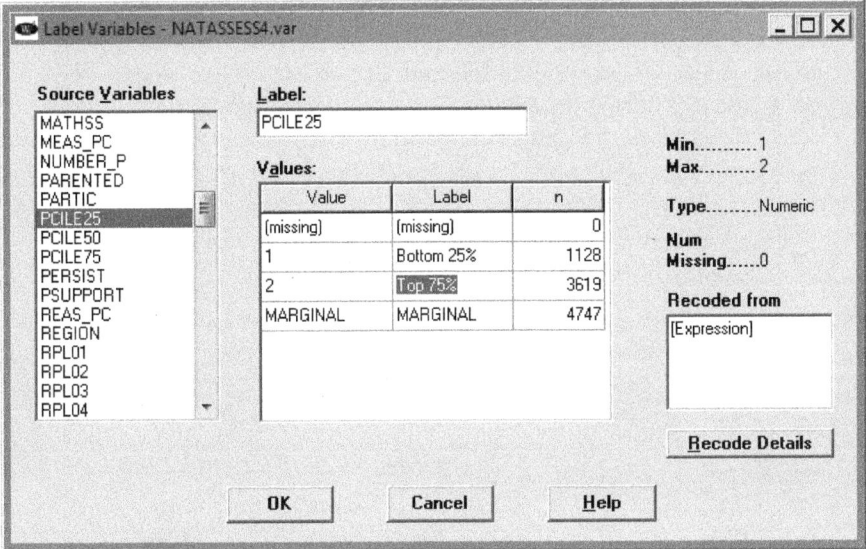

8. Repita o processo para **Pcile50** e **Pcile75**.
9. Selecione **File** e **Exit**.[a]

a. Note que este exercício não tem nenhum arquivo de resultados para salvar. Em vez disso, você salvou o arquivo de dados WesVar modificado (**NATASSESS4.VAR**), que é usado no exercício seguinte.

Em seguida, são calculadas as percentagens de alunos com pontuações abaixo dos percentis de referência chave nacionais em cada região (exercício 5.4).

EXERCÍCIO 5.4

Cálculo das Percentagens de Alunos com Pontuações abaixo dos Percentis de Referência Chave Nacionais e Erros Padrão por Região

1. Abra o WesVar. Selecione **Open WesVar Workbook**. Abra *NAEA DATA ANALYSIS \ MY WESVAR FILES\CHAPTER 5 WORKBOOK*.
2. Selecione **Chapter 5 Exercises** (painel da esquerda). Selecione **New Request – Table** (painel da direita). Clique em **Table Request Three** (painel da esquerda) e mude o nome para *Exercise 5.4*. Selecione **Exercise 5.4** (painel da esquerda) e depois **Add Table Set – Single** (painel da direita).
3. Selecione **Table Set #1** (painel da esquerda), clique em **Pcile25** na caixa **Source Variables** (painel da direita), e mova-o para a caixa **Selected**. Mova em seguida **Region** de **Source Variables** para **Selected**. Em **Sum of Weights**, certifique-se de que a caixa para **Column Percent** (painel da direita) esteja marcada e de que as outras opções (**Value, Percent** e **Row Percent**) estejam desmarcadas. Clique em **Add as New Entry** (painel da direita). Reponha **Pcile25** e **Region** em **Source Variables**.
4. Repita o passo 3 para **Pcile50** e **Region** e para **Pcile75** e **Region**, assegurando-se de que introduz **Pcile** antes de **Region** de cada vez. Clique em **Add as New Entry** após cada alteração (Figura 5.4.A do exercício).

FIGURA DO EXERCÍCIO 5.4.A Captura de Tela do Livro de Exercícios WesVar antes do Cálculo das Percentagens das Pontuações abaixo dos Padrões de Referência Chave Nacionais por Região

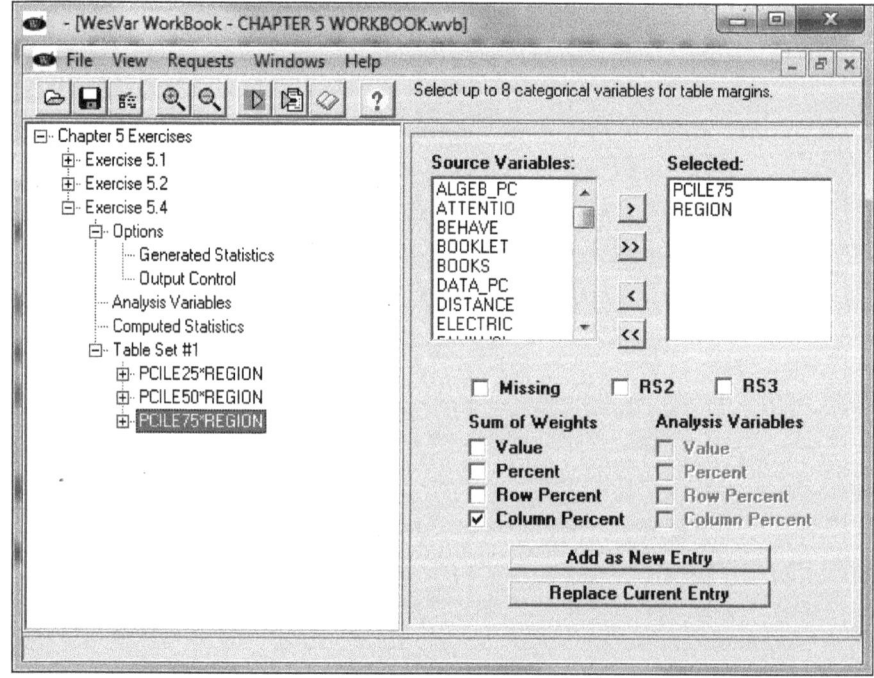

EXERCÍCIO 5.4 (continuação)

5. Selecione **Output Control** no painel da esquerda e certifique-se de que **Variable Label** e **Value Label** estejam marcadas.
6. Selecione **Generated Statistics** e certifique-se de que só **Estimate, Standard Error** e **Confidence Interval (Standard)** estejam marcadas.
7. Execute a análise, clicando em **Green Arrow** na barra de ferramentas. Visualize os resultados selecionando o ícone **Open Book** na barra de ferramentas. Expanda o lado esquerdo, expandindo **Exercise 5.4, Table Set #1** e a categoria **Pcile25*Region** para visualizar o primeiro bloco de resultados (Figura 5.4.B do exercício).

FIGURA DO EXERCÍCIO 5.4.B Resultados Parciais: Percentagens de Alunos com Pontuações abaixo dos Padrões de Referência Chave Nacionais por Região

Pcile25	Region	STATISTIC	EST_TYPE	ESTIMATE	STDERROR	LOWER 95%	UPPER 95%
Bottom 25%	Northwest	SUM_WTS	COLPCT	36.5	2.74	31.0	42.0
Bottom 25%	Metro_Area	SUM_WTS	COLPCT	14.4	2.83	8.7	20.0
Bottom 25%	Eastern_Highland	SUM_WTS	COLPCT	25.1	2.83	19.5	30.8
Bottom 25%	Southwest_Coast	SUM_WTS	COLPCT	24.4	2.30	19.8	29.0
Bottom 25%	MARGINAL	SUM_WTS	COLPCT	25.0	1.46	22.1	27.9
Top 75%	Northwest	SUM_WTS	COLPCT	63.5	2.74	58.0	69.0
Top 75%	Metro_Area	SUM_WTS	COLPCT	85.6	2.83	80.0	91.3
Top 75%	Eastern_Highland	SUM_WTS	COLPCT	74.9	2.83	69.2	80.5
Top 75%	Southwest_Coast	SUM_WTS	COLPCT	75.6	2.30	71.0	80.2
Top 75%	MARGINAL	SUM_WTS	COLPCT	75.0	1.46	72.1	77.9
MARGINAL	Northwest	SUM_WTS	COLPCT	100.0	0.00	.	.
MARGINAL	Metro_Area	SUM_WTS	COLPCT	100.0	0.00	.	.
MARGINAL	Eastern_Highland	SUM_WTS	COLPCT	100.0	0.00	.	.
MARGINAL	Southwest_Coast	SUM_WTS	COLPCT	100.0	0.00	.	.
MARGINAL	MARGINAL	SUM_WTS	COLPCT	100.0	0.00	.	.

8. Salve os resultados selecionando **File – Export – Single File – One Selection** na barra de menus. Clique em **Export**. Salve como arquivo de texto em **NAEA DATA ANALYSIS\MY SOLUTIONS\EXERCISE 5.4 – 25th** (para resultados relativos ao 25.º percentil), **EXERCISE 5.4 – 50th** (para resultados relativos ao 50.º percentil) e daí por diante. Saia do arquivo de resultados através do ícone **Open Door** na barra de ferramentas.
9. Salve o livro de exercícios WesVar clicando no ícone **Save** na barra de ferramentas (ou selecionando **File – Save** na barra de menus). Clique em **File – Close**.

Os resultados podem ser usados para determinar a percentagem de alunos em cada região com pontuações abaixo do 25.º percentil nacional (figura 5.4.B do exercício). Calcula-se que, na região Noroeste, 36,5% dos alunos registram pontuações abaixo deste percentil de referência. O erro padrão correspondente do cálculo é de 2,74 e o intervalo de confiança em 95% é de 31,0% a 42,0%. A Tabela 5.1 apresenta os dados em forma de tabela. Pode-se constatar que 36,5% dos alunos no Noroeste, comparados com 14,4% na Área Metropolitana, têm pontuações abaixo do 25° percentil de referência nacional. Nas duas regiões restantes, as Terras Altas Orientais e a Costa Sudoeste, as percentagens de pontuação nesse nível são semelhantes à percentagem nacional (25%).

Da mesma forma, é possível tabelar as percentagens dos alunos com pontuações abaixo (ou iguais ou acima) de outros padrões de referência nacionais, como o 50.° percentil (**Pcile50**) e o 75.° percentil (**Pcile75**). A Tabela 5.2 apresenta as percentagens dos alunos de mais alto desempenho (definidos como aqueles que registram pontuações dentro ou acima do 75.° percentil nacional) em cada região. Os dados desta tabela baseiam-se nos resultados do exercício 5.4 e mostram que 15,1% dos alunos no Noroeste têm pontuações dentro ou acima do 75.° percentil nacional, comparados com 35,3% de alunos na Área Metropolitana. Nas duas regiões restantes, as percentagens com desempenho dentro ou acima do 75.° percentil de referência nacional (24,7% em ambos os casos) são similares à percentagem nacional (25%).

TABELA 5.1

Percentagens de Alunos com Pontuações abaixo do 25.° Percentil de Referência Nacional por Região

Região	Alunos com pontuações abaixo do 25.° percentil de referência nacional	
	Percentagem	Erro padrão
Noroeste	36,5	2,74
Área Metropolitana	14,4	2,83
Terras Altas Orientais Highlands	25,1	2,83
Costa Sudoeste	24,4	2,30
Nacional	25,0	1,46

TABELA 5.2

Percentagem de Alunos com Pontuações no 75.º Percentil de Referência Nacional ou acima deste por Região

Região	Alunos com pontuações dentro ou acima do 75.º percentil de referência nacional	
	Percentagem	Erro padrão
Noroeste	15,1	2,24
Área Metropolitana	35,3	3,88
Terras Altas Orientais Highlands	24,7	2,53
Costa Sudoeste	24,7	2,48
Nacional	25,0	1,61

CAPÍTULO 6

ASSOCIAÇÃO ENTRE VARIÁVEIS: CORRELAÇÃO E REGRESSÃO

CORRELAÇÃO

Os formuladores de políticas podem estar interessados em identificar até que ponto a aprendizagem dos alunos está relacionada com uma gama de fatores. O coeficiente de correlação (r), que é uma medida da *associação linear* entre duas variáveis, fornece esta informação. Seguem-se exemplos de questões às quais as correlações pretendem responder:

- Existe uma associação entre a frequência escolar e o desempenho dos alunos em matemática?
- O nível de qualificações escolares dos pais está relacionado com o desempenho dos alunos no nível da leitura?
- Existe uma associação entre a distância que um aluno viaja até a escola e o seu desempenho em matemática?
- A experiência dos professores (número de anos de ensino) está relacionada com os desempenhos dos alunos em áreas-chave do currículo?

O coeficiente de correlação pode dizer-nos a direção da relação entre duas variáveis e a força ou magnitude da relação entre elas.

Direção da Relação

Os coeficientes de correlação podem ser positivos, negativos ou zero. Uma correlação positiva indica que os valores das duas variáveis tendem a mover-se na mesma direção; à medida que a pontuação de uma variável aumenta, a pontuação da outra, em média, também aumenta. Uma correlação positiva (por exemplo, 0,60) entre desempenho na leitura e na escrita indicaria que, em média, à medida que o desempenho na leitura aumenta, o desempenho na escrita também aumenta e vice-versa. Inversamente, uma correlação negativa indicaria que, à medida que o valor de uma variável aumenta, o valor da outra variável tende a diminuir. Por exemplo, uma correlação negativa (−0,28) entre ansiedade em relação à matemática e desempenho em um teste de matemática indicaria que, em geral, à medida que a ansiedade do aluno aumenta, o desempenho diminui (e vice versa). Uma correlação de zero indica que não existem dados no sentido de uma relação entre duas variáveis (tais como altura e desempenho do aluno). A Figura 6.1 ilustra graficamente as relações positiva e negativa entre variáveis. No primeiro diagrama, a relação é positiva; no segundo, é negativa.

Força ou Magnitude da Relação

Coeficientes de correlação próximos de −1,0 ou +1,0 indicam uma relação forte. Valores entre esses extremos indicam relações relativamente mais fracas.

FIGURA 6.1

Correlações Positiva e Negativa

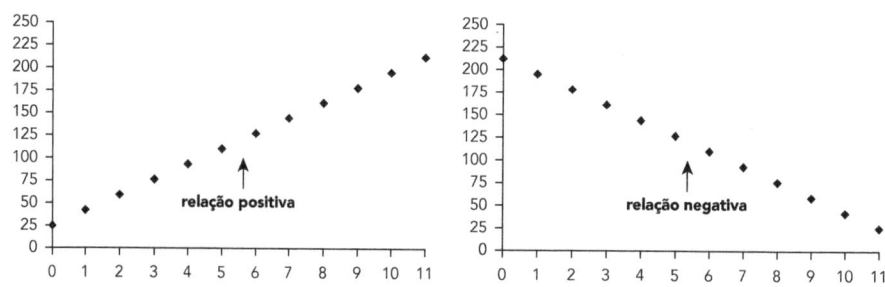

Em geral, correlações entre medidas de situação socioeconômica e desempenho tendem a variar entre 0,20 e 0,30. Correlações entre os resultados dos alunos em testes de leitura e ciência estão frequentemente na faixa de 0,80 a 0,90 (*vd.*, por exemplo, OCDE 2007), sugerindo que o desempenho em um teste (por exemplo, leitura) baseia-se nas mesmas competências que o desempenho em outro (ciências). Em avaliações nacionais ou em investigação educacional em geral, raramente são encontradas correlações que sejam perfeitas ou quase perfeitas.

Desenhar um Gráfico de Dispersão

Antes de calcular um coeficiente de correlação e avaliar a sua significância estatística, pode ser útil desenhar um gráfico de dispersão que ilustre a relação entre duas variáveis sob a forma de gráfico. Se a relação for linear, os pontos tenderão a situar-se em torno de uma linha reta que passa entre os dados. Quanto mais próximos de uma linha reta estiverem os pontos, mais forte a relação entre as variáveis. No exercício 6.1, o SPSS é usado para descrever a força da relação entre duas pontuações de subescala de matemática no banco de dados **NATASSESS**, **Impl_pc** (resultado correto em percentagem em itens relacionados com a implementação de procedimentos de matemática) e **Solve_pc** (resultado correto em percentagem na análise e resolução de problemas matemáticos).[1]

EXERCÍCIO 6.1

Desenhar um Gráfico de Dispersão em SPSS

1. Abra o arquivo de dados **NAEA DATA ANALYSIS\SPSS DATA\NATASSESS4.SAV**.
2. Selecione **Data – Weight Cases – Weight Cases by ...**, mova **Wgtpop** para a caixa identificada como **Frequency Variable**, e clique em **OK**.
3. Na barra de ferramentas, selecione **Graphs – Legacy Dialogs – Scatter/Dot – Simple Scatter – Define**.
4. Atribua **Impl_pc** a **Y Axis** e **Solve_pc** a **X Axis** (Figura 6.1.A do exercício). Clique em **OK**. Dê um tempo para o processamento. O resultado está na Figura 6.1.B do exercício.

(continua)

EXERCÍCIO 6.1 (continuação)

FIGURA DO EXERCÍCIO 6.1.A Caixa de Diálogo Parcial do SPSS antes de Desenhar o Gráfico de Dispersão

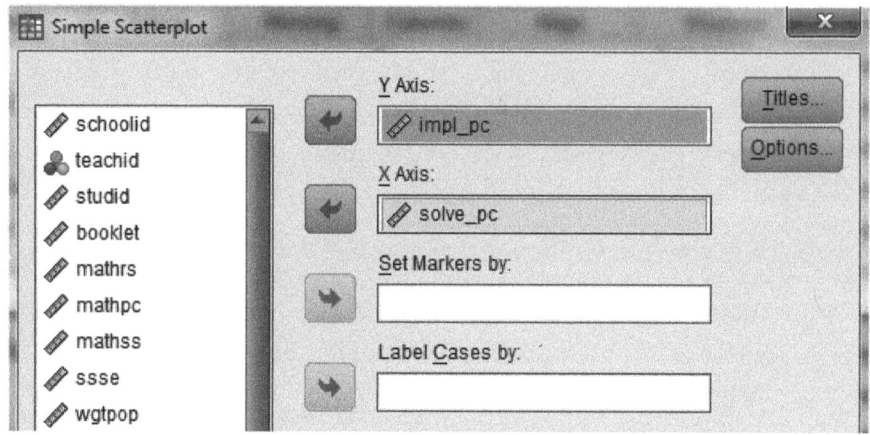

FIGURA DO EXERCÍCIO 6.1.B Gráfico de Dispersão da Relação entre Implementação de Procedimentos e Resolução de Problemas em Matemática

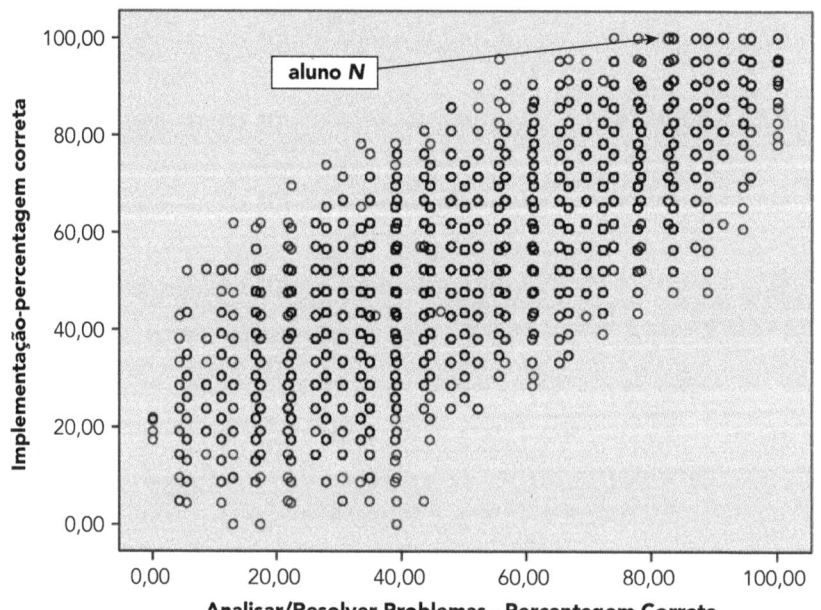

EXERCÍCIO 6.1 (continuação)

Podemos adicionar uma *linha de melhor ajuste* ao gráfico de dispersão. Trata-se da linha reta que melhor resume os dados no gráfico. Para desenhar a linha de melhor ajuste em um gráfico de dispersão em SPSS, clique duas vezes no gráfico de dispersão para entrar no **Chart Editor** e, da barra do menu, selecione **Elements – Fit Line at Total – Linear – Confidence Intervals – None**. O resultado está na Figura 6.1.C do exercício.

Em um gráfico de dispersão, um ou mais indivíduos são representados por um ponto que é a interseção dos seus resultados em duas variáveis. Por exemplo, o aluno *N* (Figura 6.1.B do exercício) obteve um resultado de 100% correto em implementação matemática (eixo dos *yy*) e 83% correto em resolução de problemas matemáticos (eixo dos *xx*). Note-se que os pontos se agrupam em uma banda, que vai do canto inferior esquerdo para o canto superior direito, uma indicação de correlação positiva entre as duas variáveis.

FIGURA DO EXERCÍCIO 6.1.C Gráfico de Dispersão Mostrando a Linha de Melhor Ajuste

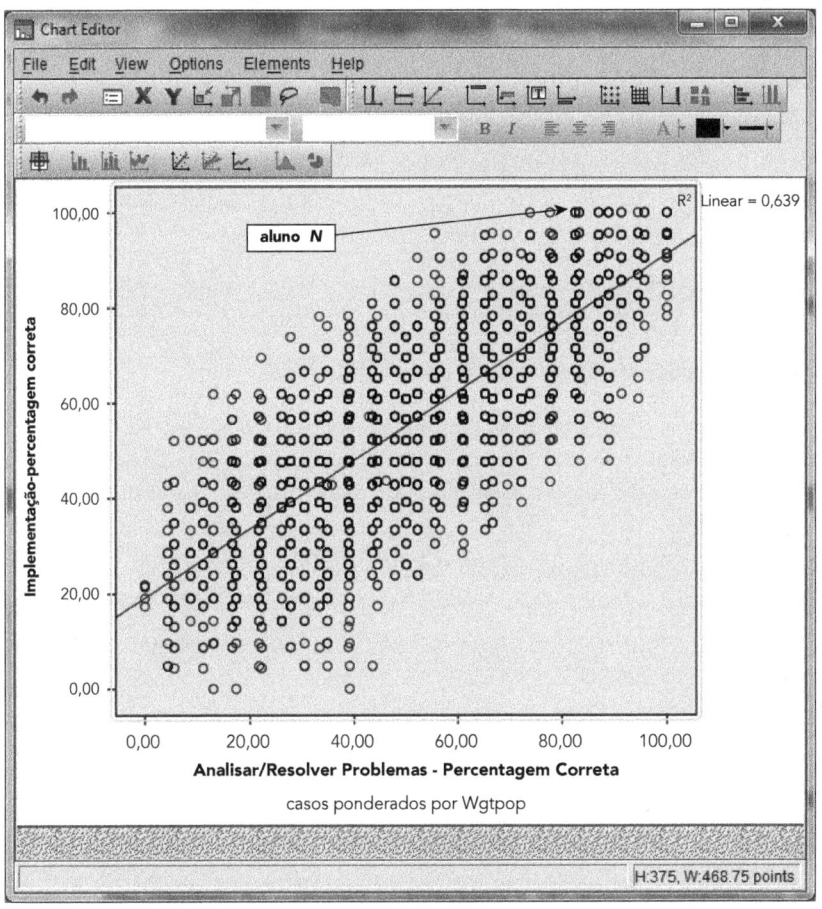

(continua)

EXERCÍCIO 6.1 (continuação)

O resultado do gráfico de dispersão (Figuras 6.1.B e 6.1.C do exercício) mostra que o desempenho em resolução de problemas matemáticos tende a aumentar à medida que o desempenho na implementação de procedimentos matemáticos aumenta (e vice versa).

5. No resultado em SPSS, clique fora da área do gráfico. Grave o resultado selecionando **File – Save As: NAEA DATA ANALYSIS\MY SOLUTIONS**, e dê ao arquivo o nome *EXERCISE 6.1.SPV*.

Calcular um Coeficiente de Correlação e Avaliar a Sua Significância Estatística

Esta seção mostra como calcular um coeficiente de correlação usando o WesVar (exercício 6.2). O objetivo é determinar a magnitude da relação entre o desempenho na implementação de procedimentos matemáticos (**Impl_pc**) e o desempenho na resolução de problemas matemáticos (**Prob_pc**). Também é necessária uma medida do erro em torno do coeficiente de correlação obtido para permitir testar se o coeficiente de correlação difere significativamente de zero.

EXERCÍCIO 6.2

Calcular um Coeficiente de Correlação em Nível Nacional

1. Abra o WesVar, e clique em **New WesVar Workbook**. Você poderá receber o seguinte aviso: *Before creating a new Workbook, you will be asked to specify a Data file that will be used as the default Data file for new Workbook requests*. Nesse caso, clique em **OK**.

2. Uma janela intitulada **Open WesVar Data File for Workbook** aparecerá. Selecione o arquivo de dados *NAEA DATA ANALYSIS\MY WESVAR FILES\NATASSESS4.VAR*.

3. Salve seu novo livro de exercícios em *NAEA DATA ANALYSIS\MY WESVAR FILES\CHAPTER 6 WORKBOOK.WVB*. Clique em **Workbook Title 1** (painel do lado esquerdo) e escreva *Chapter 6 Exercises* (painel do lado direito).

4. Clique em **Descriptive Stats**. Realce **Descriptive Request One** (painel do lado esquerdo) e escreva *Exercise 6.2* (painel do lado direito). Selecione **Options – Output Control** no painel do lado esquerdo. Certifique-se de que o número de casas decimais para **Estimates** e **Std. Error** esteja estipulado como três. Certifique-se também que **Variable Name** e **Variable Label** foram selecionados.

5. Selecione **Correlations** no painel do lado esquerdo. Ative **List 1** (painel do lado direito), e mover **Solve_pc** de **Source Variables** para **List 1**. Ativar **List 2**, e mover

EXERCÍCIO 6.2 (continuação)

Impl_pc de **Source Variables** para **List 2** (Figura 6.2.A do exercício). Se desejar, é possível acrescentar variáveis adicionais a cada lista. Cada variável em **List 1** será correlacionada com cada uma de **List 2**.

FIGURA DO EXERCÍCIO 6.2.A Livro de Exercícios WesVar antes de Executar a Análise de Correlação

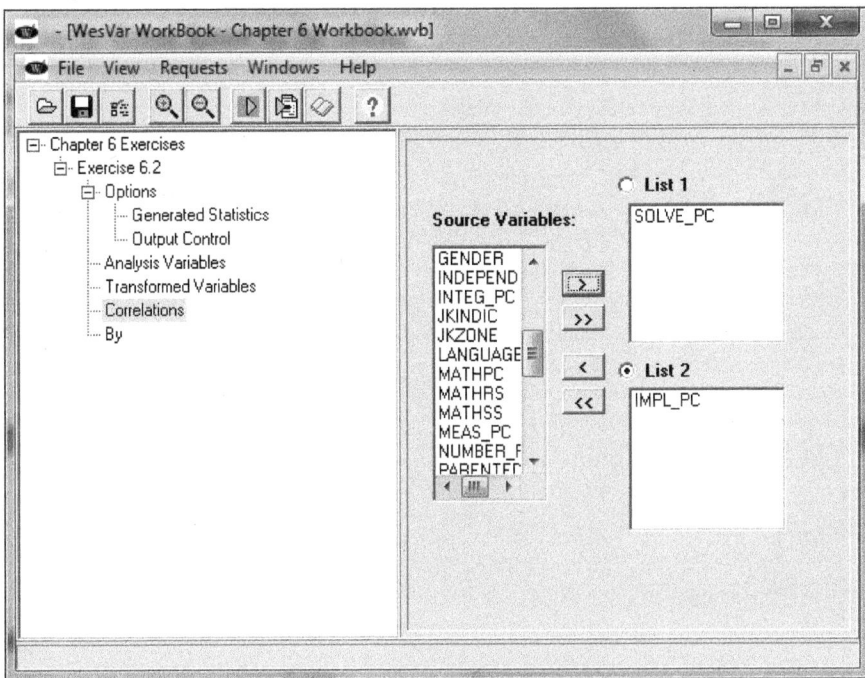

6. Execute a análise clicando em **Green Arrow** na barra de ferramentas.
7. Veja o resultado clicando no ícone **Open Book** na barra de ferramentas. Clique no sinal + (mais) para expandir **Correlations**. Selecione **Overall** (Figura 6.2.B do exercício).

FIGURA DO EXERCÍCIO 6.2.B Resultados WesVar: Correlação entre Resolução de Problemas e Implementação de Procedimentos Matemáticos

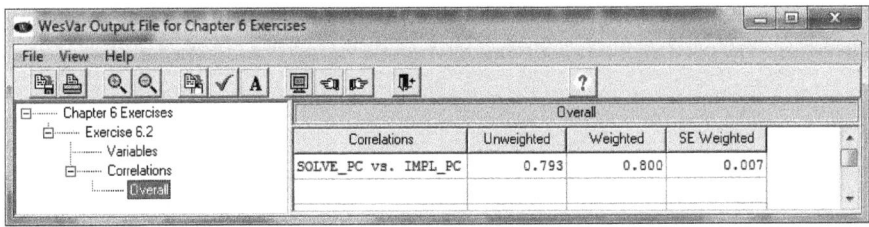

(continua)

> **EXERCÍCIO 6.2** *(continuação)*
>
> 8. Selecione **File – Export – Single File – One Selection – Export** na barra do menu, gravando o seu resultado em **NAEA DATA ANALYSIS\My Solutions** como **EXERCISE6.2.TXT**.
>
> 9. Saia dos resultados WesVar, e salve o livro de exercícios WesVar selecionando **File – Save** (ver passo 3 acima).
>
> A figura do exercício 6.2.B mostra os coeficientes de correlação não ponderados e ponderados entre **Solve_pc** e **Impl_pc**. Numa avaliação nacional, é reportado o resultado ponderado. Para determinar se a correlação de 0,800 é estatisticamente significativa, calcule uma estatística conhecida por *t* dividindo a correlação pelo seu erro padrão. Neste exemplo, *t* é igual a 0,800/0,007, ou 114,3. Uma tabela de valores de *t*[a] revela que, para 60 graus de liberdade (o número de réplicas "jackknife" na análise WesVar) em um teste bicaudal ("two-tailed test"), é necessário um valor de *t* de 2,0 ou superior para ter significância estatística ($p < 0,05$). Como 114,3 excede esse valor, é possível concluir com elevado grau de confiança que é improvável que o valor de *r* seja zero. Como o coeficiente de correlação é positivo, é possível dizer que, em geral, à medida que aumenta o desempenho dos alunos na implementação de procedimentos matemáticos, o seu desempenho em resolução de problemas também aumenta (e vice-versa).
>
> a. Veja tabela de valores de *t* em um livro padrão de estatística. Alternativamente, acesse http://surfstat.anu.edu.au/surfstat-casa/tables/t.php para tabelas de valores de *t* "online". Insira graus de liberdade (60) e probabilidade (0,05) para o teste-*t* bicaudal (o gráfico final). Clique na seta inversa para calcular o valor de *t* requerido para significância a nível 0,05. Neste exemplo, é 2.

REGRESSÃO

A regressão difere da correlação de várias maneiras. Em primeiro lugar, o modelo de correlação não especifica a natureza da relação entre variáveis. A regressão, por outro lado, modela a dependência de uma variável em relação a outra ou outras variáveis. Com base na teoria ou pesquisa, os valores de uma variável (a variável dependente, geralmente representada no eixo vertical [*y*], em um gráfico) são considerados dependentes de valores de outra variável (a variável independente, geralmente representada no eixo horizontal [*x*]). Por exemplo: podemos esperar que os resultados de um teste de leitura dependam do tempo que um aluno dedique à leitura por prazer.[2]

Em segundo lugar, na regressão, a relação funcional entre as variáveis independente e dependente pode ser formalmente definida como uma equação com valores associados que descreve quão bem a equação se ajusta aos dados. As informações sobre o desempenho de um grupo de indivíduos são usadas para especificar uma equação (conhecida como *equação de regressão*) supondo-se que a relação seja linear (isto é, uma alteração no valor de uma variável será semelhante para todos os valores da variável).

Os analistas podem precisar ir além dessa forma de regressão ao analisar dados de uma avaliação nacional. Abordagens mais sofisticadas, como modelação linear hierárquica (MLH), são geralmente mais apropriadas para se levar em consideração a estrutura hierárquica ou multinível dos dados obtidos nesses estudos (*vd*. Raudenbush e Bryk 2002; Snijders e Bosker 1999). A MLH pode separar os efeitos das variáveis nos níveis da escola e do aluno. Por exemplo, se tivermos dados sobre a situação socioeconômica nos níveis da escola e do aluno, ambos podem ser incluídos no modelo e apurados os efeitos de cada um no desempenho do aluno. Um modelo de dois níveis também nos permite identificar a proporção de variância entre escolas e a proporção dentro das escolas que as variáveis no modelo explicam. Da mesma forma, um modelo de três níveis (escolas, turmas, alunos) providencia uma estimativa da proporção de variância explicada por variáveis no nível da escola (tais como localização e dimensão), no nível de turma (tais como características do professor e recursos de sala disponíveis), e no nível de aluno (tais como idade e ansiedade com a matemática). Os modelos multinível são especialmente úteis quando a variância entre escolas da variável dependente é grande (por exemplo, quando excede 5% da variância total).

A modelação multinível está além do âmbito deste volume. No entanto, a forma de análise de regressão que é descrita oferece uma introdução a alguns dos conceitos subjacentes à modelação multinível e pode ser usada quando a modelação multinível não for apropriada.

A equação de regressão, nos casos com uma variável dependente, y, e uma variável independente, x, é seguia seguinte:

$$\hat{y} = \alpha + bX + \varepsilon,$$

onde

α = intercepção (o ponto no eixo dos yy onde x é zero)

b = gradiente ou inclinação da reta de regressão (o coeficiente de regressão)

X = valor da variável independente

ε = termo de erro (refletido nos residuais, ou diferenças entre valores esperados e observados).³

A Figura 6.2 mostra a equação de regressão e a reta de regressão em um gráfico de dispersão para duas variáveis: x (independente) e y (dependente).

A equação de regressão (a) indica se existe uma tendência para os valores de y (previsto) aumentarem ou diminuírem à medida que os valores de x (preditor) mudam, (b) pode ser usada para estimar ou prever os valores de y a partir de valores conhecidos de x, e (c) estima o valor de y quando o valor de x é zero (ver exercício 6.3).

A regressão descreve a relação entre duas ou mais variáveis na forma de uma equação. Isso torna possível prever, por exemplo, o resultado de um aluno baseado em um teste de desempenho a partir do que é conhecido sobre o contexto familiar do aluno ou outras variáveis.

Em uma avaliação nacional típica, muitas variáveis estão provavelmente correlacionadas de forma significativa com os resultados dos testes de matemática, linguísticos ou de ciência. Nessa situação, podemos usar regressão múltipla para quantificar a associação entre múltiplas variáveis independentes e uma variável

FIGURA 6.2

Reta de Regressão e Equação de Regressão em um Gráfico de Dispersão

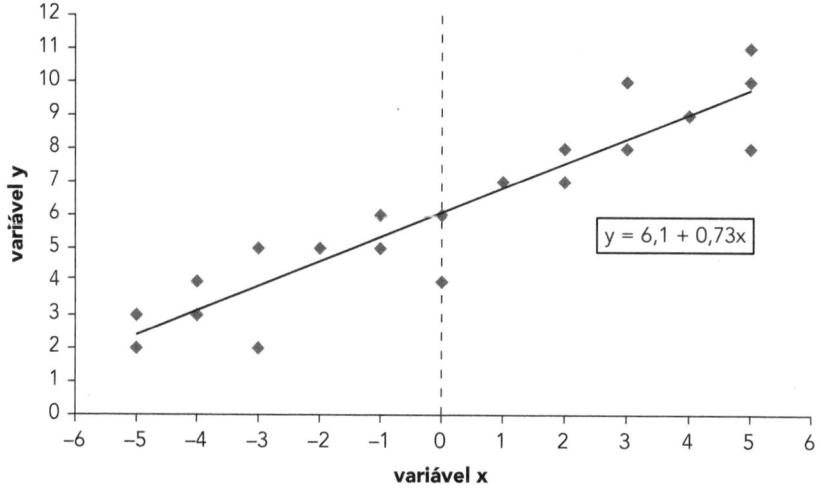

> **CAIXA 6.1**
>
> **Variáveis da Regressão Padrão**
>
> *Uma única variável dependente (resultado),* tal como desempenho na leitura ou matemática
>
> *Uma ou mais variáveis independentes (explanatórias),* tais como tamanho da turma, região geográfica, qualificações dos professores, educação dos pais, gênero dos alunos

dependente. Exemplos de variáveis dependentes e independentes que aparecem frequentemente em avaliações nacionais são apresentados na caixa 6.1.

Implementar Regressão com Uma Variável Dependente e Uma Variável Independente

As seções seguintes fornecem exemplos de como realizar análises usando regressão em WesVar e como interpretar o resultado. O WesVar é usado porque tem em consideração a complexa natureza da amostra na avaliação (ver Capítulo 3) ao avaliar níveis de significância (por exemplo, as diferenças resultantes do agrupamento de alunos em escolas e turmas). O primeiro exemplo envolve o tipo mais simples de regressão. Considera a associação entre uma variável dependente, desempenho em matemática (**Mathss**), que varia de 88 a 400, e uma variável independente, número de livros em casa (**Books**), que varia de "não tem livros" (0) a 120.

O programa de regressão linear do WesVar pede que você selecione variáveis independentes de duas listas: **Class Variables** e **Source Variables**. A lista **Class Variables** inclui variáveis categóricas que têm 255 ou menos categorias de resposta, excluindo os valores em falta (uma característica do WesVar). As **Source Variables** são variáveis contínuas. Algumas variáveis aparecem em ambas as listas **Class** e **Source Variables**. Um exemplo é **Books**. Aqui, no entanto, tratamos **Books** como uma variável **Source**. Ver o exemplo no exercício 6.3.

EXERCÍCIO 6.3

Executar uma Regressão em WesVar, Uma Variável Independente (Contínua)

1. Abra o WesVar, e abra o livro de exercícios usado no exercício 6.2, **NAEA DATA ANALYSIS\MY WESVAR FILES\CHAPTER 6 WORKBOOK.**

2. Selecione **Chapter 6 Exercises** no painel do lado esquerdo, e clique em **Regression** no painel do lado direito. Selecione **Regression Request One** (painel do lado esquerdo). Introduza **Exercise 6.3** (painel do lado direito).

3. Selecione **Options** no painel do lado esquerdo, e certifique-se de que **Linear** esteja selecionado. Dentro de **Options**, selecione **Generated Statistics – Confidence Interval**. Dentro de **Output Control**, pôr **Estimates** e **Std. Error** com três casas decimais.

4. Selecione **Models** no painel do lado esquerdo. Arraste **Mathss** da lista **Source Variáveis** para a caixa rotulada **Dependent**. Essa é a variável dependente para a sua análise de regressão. (Se conseguir ver apenas uma ou duas variáveis nas caixas do painel do lado direito, mova o seu cursor para a margem inferior e arraste para baixo para mostrar mais variáveis.)

5. Vá à caixa **Source Variables** e arraste **Books** para o primeiro espaço rotulado **Independent**. Certifique-se de que a caixa **Intercept** esteja selecionada. Clique em **Add as New Entry** (Figura 6.3.A do exercício).

6. Execute a análise de regressão (clique em **Green Arrow** na barra de ferramentas) e abra o resultado (clique no ícone **Open Book** na barra de ferramentas). Expanda **Exercise 6.3, Models, e Mathss = Books**. Clique em **Sum of Squares** (Figura 6.3.B do exercício). O valor R^2 (**R_Square Valor**) é 0,099. Isso indica que **Books** explicou quase 10% da variância nos resultados dos testes de desempenho em matemática. O valor R^2 é obtido dividindo a soma de quadrados do modelo (explicada) pela soma de quadrados total.

7. Salve esse resultado como um arquivo de texto em **MY SOLUTIONS** usando **File – Export –** Single File – One Selection. Use o nome de arquivo **EXERCISE 6.3 SUM OF SQUARES.**

8. Selecione **Estimated Coefficients** no arquivo de saída (Figura 6.3.C do exercício). Isso mostra a estimativa do parâmetro ou a alteração de valor esperada associada ao número de livros em casa do aluno. Aplicar a fórmula descrita anteriormente, $\hat{y} = \alpha + bX$, para calcular a relação ou associação entre número de livros e desempenho em matemática. Não usar ε nestes cálculos.[a] Deve-se observar que X representa o número de livros e b é a inclinação da reta de regressão. O valor da estimativa para os livros (0,515) indica que o aumento de um livro está associado a um aumento de 0,515 pontos no desempenho em matemática. O resultado esperado em matemática para um aluno que não tem livros é o valor da intercepção[b] 225,196 ou, usando a fórmula, 225,196 + 0 * 0,515. O resultado esperado para um aluno com 10 livros é 230,346 (225,196 + 10 * 0,515). Assim, ter

EXERCÍCIO 6.3 (continuação)

FIGURA DO EXERCÍCIO 6.3.A Livro de Exercícios do WesVar antes de Executar a Regressão com Uma Variável Independente

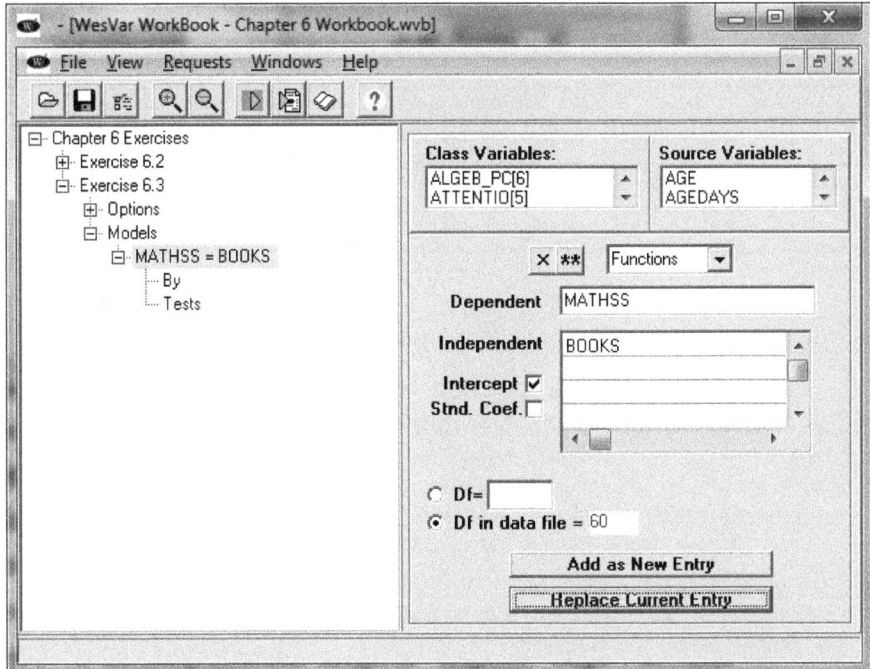

FIGURA DO EXERCÍCIO 6.3.B Resultado da Regressão em WesVar, Uma Variável Independente: Soma de Quadrados e Valor de R^2

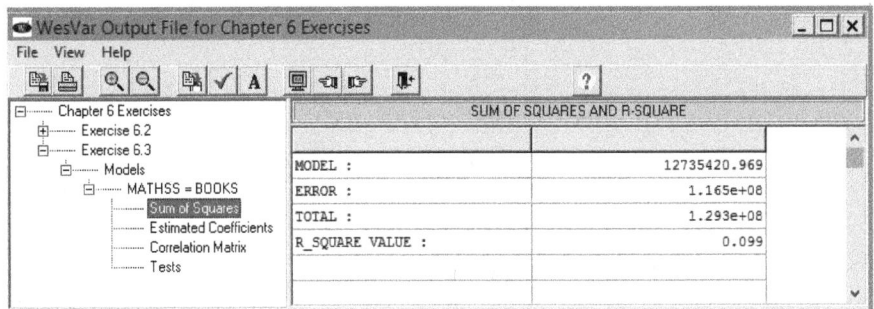

10 livros em casa está associado a um aumento de cinco pontos no desempenho em matemática. O resultado médio para *Books* é 48,2.[c] Assim, o resultado esperado em matemática para um aluno com o número médio de livros em casa é

(continua)

EXERCÍCIO 6.3 (continuação)

FIGURA DO EXERCÍCIO 6.3.C Resultado da Regressão em WesVar, Uma Variável Independente: Coeficientes Estimados

PARAMETER	PARAMETER ESTIMATE	STANDARD ERROR OF ESTIMATE	TEST FOR H0: PARAMETER=0	PROB>|T|	LOWER 95%	UPPER 95%
INTERCEPT	225.196	3.581	62.888	0.000	218.033	232.359
BOOKS	0.515	0.045	11.449	0.000	0.425	0.605

de 225,196 + 0,515 * 48,2, ou 250,019, que está muito próximo da média geral registrada dos resultados em matemática, que é de 250,0.

Os valores de *t* na figura do exercício 6.3.C são calculados dividindo cada estimativa pelo seu erro padrão. O valor de *t* é uma medida da significância estatística e testa a probabilidade de o verdadeiro valor do parâmetro não ser zero. Para **Books**, o valor de *t* é 11,449 e o valor de probabilidade (*p*) (Prob>\|T\|) é zero ou próximo de zero (0,000). Isso indica que existe uma probabilidade muito pequena de o verdadeiro valor do parâmetro **Books** ser zero. O intervalo de confiança em 95% em torno de um parâmetro é estimado aproximadamente adicionando duas vezes o seu erro padrão ao parâmetro e subtraindo duas vezes o seu erro padrão. Assim, após arredondamento, o intervalo de confiança em 95% para **Books** é de 0,425 a 0,605 (0,515 ± 2 * 0,045). Existe 95% de certeza de que a estimativa para o valor **Books** na população fica entre 0,425 e 0,59. (Esses valores são quase idênticos aos apresentados na Figura 6.3.C do exercício.)

9. Salve o resultado em **MY SOLUTIONS** usando **File – Export – Single File – One Selection**. Use o nome de arquivo **EXERCISE 6.3 ESTIMATES.TXT**.

10. Seguidamente, a "adequação de ajuste" do modelo estatístico, que estima o valor de **Mathss** com base nos dados de uma variável independente, **Books**, é importante. Selecione **Tests** (Figura 6.3.D do exercício). Observe que o ajuste geral do modelo de regressão é estatisticamente significativo (primeira linha); a probabilidade de obter um valor F^d de 131,080 aproxima-se de zero (0,000). Isso significa que o modelo de regressão obtido contendo **Books** é estatisticamente diferente de um modelo que não inclui esta variável. A linha seguinte na figura do exercício 6.3.D apresenta dados idênticos. Confirma que um modelo contendo **Books** é, de forma estatisticamente significativa, diferente de um modelo sem variáveis independentes (o modelo nulo). Em termos de políticas, essa conclusão indica que o número de livros em casa está relacionado com os resultados de desempenho do aluno em matemática.

11. Salve o resultado em **MY SOLUTIONS** usando **File – Export – Single File – One Selection**. Use o nome de arquivo **EXERCISE 6.3 TESTS.TXT**.

EXERCÍCIO 6.3 (continuação)

FIGURA DO EXERCÍCIO 6.3.D Resultado da Regressão em WesVar, Uma Variável Independente

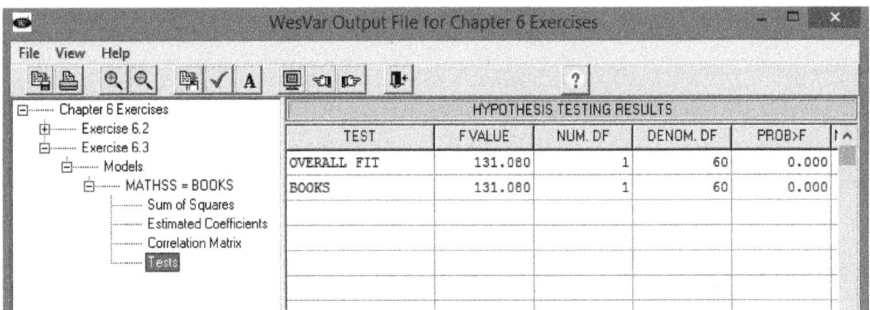

12. Volte ao seu livro de exercícios (por meio do ícone **Open Door** na barra de ferramentas). Selecione **File – Save** e depois **File – Close**. O seu livro de exercícios deve ficar gravado em *NAEA DATA ANALYSIS\MY WESVAR FILES\CHAPTER 6 WORKBOOK*.

a. Isso acontece porque os erros positivos e negativos cancelam-se mutuamente.
b. A intercepção α estima o valor médio de *y* (matemática, neste caso), quando *X* (número de livros em casa) = 0. O valor de α é o ponto em que a reta de regressão intercepta o eixo dos *yy*.
c. Para este cálculo, selecione **Descriptives** em WesVar, e mova **Books** de **Source Variables** para **Selected**, como descrito no exercício 3.1.
d. A estatística *F*, que deve ser usada quando mais do que duas variáveis são comparadas, testa a significância das diferenças entre médias.

A regressão pode ser usada com variáveis categóricas, assim como com variáveis contínuas. No exemplo do exercício 6.4, a variável independente é **Region**. Lembre-se de que, no Capítulo 4, foi estabelecido que os alunos na Área Metropolitana tinham um desempenho ligeiramente melhor do que o dos alunos nas outras três regiões de Sentz (exercício 4.2). Vale observar que, quando uma variável categórica, tal como **Region** é selecionada como a variável independente em uma análise de regressão, uma série de variáveis deve ser criada para indicar a região na qual a escola de um aluno está localizada. O WesVar cria uma série de variáveis fictícias, cada uma correspondendo a uma única região, que estão codificadas com 1 ou 0, dependendo de se o aluno pertence ou não à região. Por exemplo, quando o WesVar cria uma variável fictícia **Northwest**, todos os alunos que frequentam a escola nessa região são codificados com 1, e os alunos em cada uma das outras três regiões são codificados com 0. De forma semelhante, os alunos nas escolas na Área Metropolitana seriam codificados com 1 na variável fictícia **Metro**, e os alunos em cada uma das outras três regiões seriam codificados com 0. O mesmo se aplica a alunos nas Terras Altas Orientais. A região ou categoria final, que é conhecida por *categoria de referência* e não é codificada separadamente, está incluída na análise. No exemplo do exercício 6.4, onde **Region** é a variável categórica (de classe), o desempenho dos alunos em cada uma das três primeiras regiões (Noroeste, Área Metropolitana, Terras Altas Orientais) é comparado com o dos alunos na quarta região (Costa Sudoeste).

EXERCÍCIO 6.4

Executar a Regressão em WesVar, Uma Variável Independente (Categórica)

1. Abra o WesVar, e abra o livro de exercícios usado no exercício 6.3, *NAEA DATA ANALYSIS\MY WESVAR FILES\CHAPTER 6 WORKBOOK*.

2. Selecione **Chapter 6 Exercises** (painel do lado esquerdo), e clique em **Regression** (painel do lado direito). Selecione **Regression Request Two**[a] (painel do lado esquerdo). Escreva *Exercise 6.4* (painel do lado direito). Sob **Options – Generated Statistics**, selecione **Confidence Interval**. Sob **Options – Output Control**, defina o número de pontos decimais para estimativa e erro padrão como três casas decimais.

3. Selecione **Models** no painel do lado esquerdo.

4. Arraste **Mathss** da lista **Source Variables** para a caixa rotulada como **Dependent** no painel do lado direito. Esta é a variável dependente para a sua análise de regressão.

5. Vá para a caixa **Class Variables** e arraste **Region[4]** para baixo, para a linha da primeira variável independente. Certifique-se de que a caixa **Intercept** esteja selecionada. Clique em **Add as New Entry**. Aqui, **Region[4]** é retirada da lista **Class Variables** por ser uma variável categórica (porque cada aluno foi incluído em uma de quatro regiões).

6. Execute a análise de regressão (clique em **Green Arrow** na barra de ferramentas), e abra o resultado (clique no ícone **Open Book** na barra de ferramentas). Expanda **Exercise 6.4, Models**, e **Mathss = region[4]**. Selecione **Sum of Squares** no painel do lado esquerdo. O valor de R^2 é 0,054. Isso indica que **Region[4]** explicou ou justificou 5% da variância nos resultados dos testes de desempenho em matemática.

7. Clique em **Estimated Coefficients** no painel do lado esquerdo.

   São dadas as estimativas dos parâmetros para três das quatro regiões (ver Figura 6.4.A do exercício). A estimativa dos parâmetros para a região de referência é a intercepção (251,248). Isso corresponde ao resultado médio na Costa Sudoeste no exercício 4.2. A estimativa dos parâmetros para **Region.1** (Noroeste) é −17,898

EXERCÍCIO 6.4 *(continuação)*

FIGURA DO EXERCÍCIO 6.4.A Resultado da Análise de Regressão em WesVar: Variável Independente Categórica

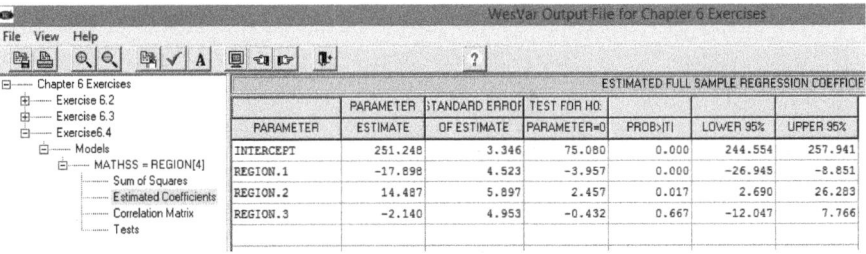

(isto é, 17,898 pontos abaixo da categoria de referência). Assim, o valor esperado de um aluno com desempenho médio no Noroeste é 233,350 (251,248 − 17,898). Isso corresponde ao resultado médio estimado para o Noroeste no exercício 4.2. O valor esperado de um aluno com desempenho médio na Área Metropolitana (**Region.2**) é 265,735 (isto é, 14,487 pontos acima do de um aluno na região de referência). Finalmente, o valor esperado de um aluno com desempenho médio nas Terras Altas Orientais (**Region.3**) é 249,108, que está 2,140 pontos abaixo da região de referência. O valor de *t* não significativo associado à estimativa de parâmetros para as Terras Altas Orientais (Prob|T| = 0,667) indica que −2,14 não é significativamente diferente de zero e, consequentemente, o desempenho de um aluno médio nesta região não é, de forma estatisticamente significativa, diferente do de um aluno médio na região de referência (Costa Sudoeste).

8. Salve esse resultado como arquivo de texto em *MY SOLUTIONS* usando **File − Export − Single File − One Selection**. Use o nome de arquivo *EXERCISE 6.4 ESTIMATES.TXT*.

a. Este número pode variar. Por exemplo, se já tiver executado uma regressão e a tiver apagado, o número será superior.

Implementar Regressão Múltipla com Uma Variável Dependente e Duas ou Mais Variáveis Independentes

Nesta seção, descreve-se o efeito que aumentar o número de variáveis independentes tem na explicação ou justificação dos resultados do teste de matemática. Três variáveis independentes são consideradas:

- **Books**, o número de livros em casa de um aluno, uma variável discreta
- **Distance**, a distância em quilômetros entre a casa e a escola de um aluno, uma variável contínua

- **Parented [6]**, o mais elevado nível de educação alcançado por cada um dos pais, uma variável categórica com seis categorias: 1 = sem educação formal; 2 = anos de escolaridade 1–3; 3 = anos de escolaridade 4–6; 4 = anos de escolaridade 7–9; 5 = ensino secundário; e 6 = grau acadêmico

As intercorrelações entre as variáveis independentes devem ser examinadas antes de executar uma regressão. É particularmente importante a *multicolinearidade*, que emerge quando duas ou mais variáveis independentes estão fortemente correlacionadas. Quando isso acontece, os erros padrão das regressões aumentam, tornando mais difícil a avaliação do papel único de cada variável independente na explicação do desempenho.[4] O exercício 6.5 mostra como os coeficientes de correlação podem ser estimados em WesVar.

EXERCÍCIO 6.5

Calcular Coeficientes de Correlação

1. Abra o WesVar, e abra o livro de exercícios usado no exercício 6.4, **NAEA DATA ANALYSIS\MY WESVAR FILES\CHAPTER 6 WORKBOOK**.

2. Selecione **Chapter 6 Exercises** (painel do lado esquerdo), e clique em **Descriptive Stats** (painel do lado direito). Selecione **Descriptive Request Two** no painel do lado esquerdo, e escreva *Exercise 6.5* no espaço no painel do lado direito.

3. Selecione **Options – Output Control**, e defina o número de casas decimais para **Estimates** e **Std. Error** como três casas decimais.

4. Selecione **Correlations** (painel do lado esquerdo). Selecione **List 1** (painel do lado direito). Mova três variáveis, **Books, Distance**, e **Parented**, para **List 1**.

5. Execute correlações (clique em **Green Arrow** na barra de ferramentas). Abra o resultado (clique no ícone **Open Book** na barra de ferramentas). Selecione e expandir **Exercise 6.5** no painel do lado esquerdo. Selecione **Correlations – Overall**.

    Os dados de saída na coluna **Weighted** (Figura 6.5.A do exercício) mostram que não existem dados de multicolinearidade, visto que nenhuma das correlações se aproxima de 0,80 (*vd.* Hutcheson e Sofroniou 1999). A correlação negativa entre **Books** e **Distance** (–0,077) indica que à medida que a distância entre casa e escola tende a aumentar, o número de livros em casa de um aluno tende a diminuir. A correlação entre **Books** e **Parented** (tratada aqui como uma variável contínua) é de 0,331. Isso indica que níveis mais elevados de educação parental estão associados a um maior número de livros em casa.

EXERCÍCIO 6.5 (continuação)

FIGURA DO EXERCÍCIO 6.5.A Resultados de Correlações entre Variáveis Independentes

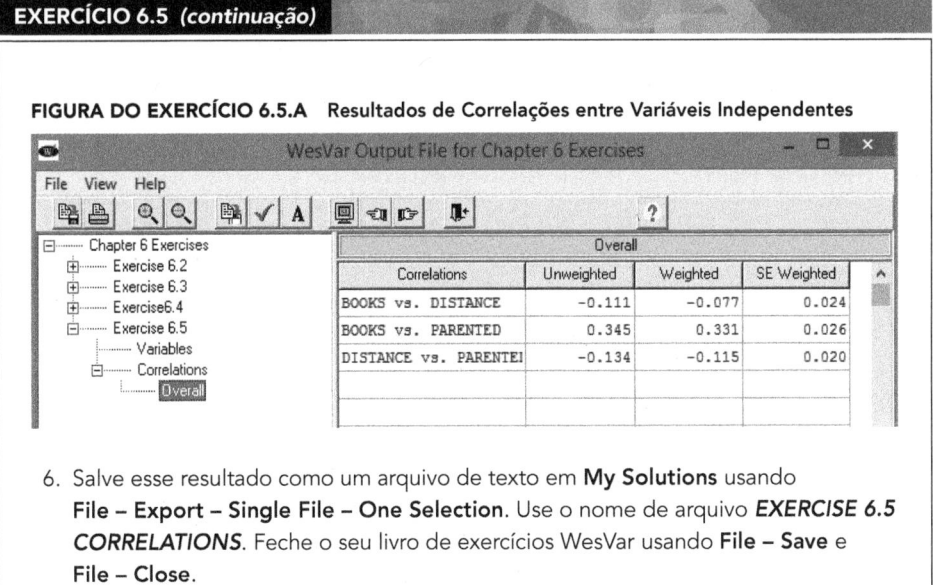

6. Salve esse resultado como um arquivo de texto em **My Solutions** usando **File – Export – Single File – One Selection**. Use o nome de arquivo *EXERCISE 6.5 CORRELATIONS*. Feche o seu livro de exercícios WesVar usando **File – Save** e **File – Close**.

Como as três variáveis não estão muito intercorrelacionadas, pode agora executar uma regressão com uma variável dependente (**Mathss**) e três variáveis independentes (**Books, Distance, Parented [6]**) (exercício 6.6).

Em resumo, os dados mostram que um modelo com três variáveis independentes (**Books, Distance, Parented [6]**) explica 24% da variação no desempenho em matemática. O modelo sugere uma associação positiva entre o número de livros na casa de um aluno e o desempenho em matemática, mesmo após levar as outras duas variáveis em consideração. Também sugere que o nível de educação parental está associado ao desempenho do aluno em matemática; os alunos com pais com um nível educacional mais elevado tendem a ter resultados esperados mais altos do que os alunos com pais com nível mais baixo, levando em consideração os outros dois fatores (número de livros e distância). Finalmente, o modelo indica uma associação negativa entre a distância da escola e o desempenho em matemática, levando em consideração o número de livros e a educação parental; os alunos que vivem mais longe da escola tendem a ter piores resultados do que os alunos que vivem perto da escola.

EXERCÍCIO 6.6

Executar a Regressão em WesVar, Mais Do Que Uma Variável Independente

1. Abra o livro de exercícios WesVar **CHAPTER 6 WORKBOOK** que foi gravado em **MY WESVAR FILES** (usado pela última vez no exercício 6.5).
2. Selecione **Chapter 6 Exercices** (painel do lado esquerdo), e clique em **Regression** (painel do lado direito). Selecione **Regression Request Three** (painel do lado esquerdo). Escreva *Exercise 6.6* (painel do lado direito).
3. Em **Options – Output Control**, definir **Estimates** e **Std. Error** com três casas decimais. Clique em **Models** (painel do lado esquerdo).
4. Arraste **Mathss** da lista **Source Variables** para a caixa rotulada como **Dependent**.
5. Vá para **Source Variables** e arraste **Books** e **Distance** para a lista de variáveis independentes de modo que haja uma variável em cada linha. Depois vá à caixa **Class Variables** e arraste **Parented [6]** para a linha da terceira variável independente.[a]
6. Certifique-se de que a caixa **Intercept** (painel do lado direito) esteja selecionada. Clique em **Add as New Entry** (painel do lado direito) (Figura 6.6.A do exercício). Execute a análise de regressão (clique em **Green Arrow** na barra de ferramentas).
7. Veja o resultado (clique no ícone **Open Book** na barra de ferramentas). Expanda **Exercise 6.6** (painel do lado esquerdo) até ver **Sum of Squares**. Isso mostra que o novo modelo de três variáveis justifica 24% da variância no desempenho em matemática ($R^2 = 0,242$). Isso é uma melhoria do modelo anterior, em que **Books**, como uma única variável independente, justificava apenas menos de 10% da variância no desempenho em matemática (*vd.* Figura 6.3.B do exercício).
8. Salve o resultado da figura do exercício 6.6.B selecionando **File – Export – Single File One Selection – Export** as *My Solutions\EXERCISE 6.6 SUM OF SQUARES*.
9. Selecione **Estimated Coefficients** no arquivo resultante (painel do lado esquerdo, expandindo à medida da necessidade). O resultado dá estimativas dos parâmetros de **Intercept, Books, Distance**, e cinco dos seis níveis de **Parented**. Observe que todos os parâmetros no modelo são estatisticamente significativos; o valor de Prob>|T|) é zero ou próximo de zero. Isso indica uma probabilidade muito baixa de qualquer dos parâmetros ser zero.
10. A estimativa do parâmetro para **Intercept** é 278,909. Isso corresponde ao resultado esperado de um aluno que não tem livros (**Books**) em casa, que vive a distância (**Distance**) zero da escola (zero quilômetro), e que tem pelo menos um dos pais com o mais elevado nível educacional (**Parented.6**, a categoria de referência para **Parented [6]**). A estimativa do parâmetro para **Books** é 0,309. Esse é o incremento em desempenho associado a um livro adicional em casa. Assim, um aluno com o número médio de livros (**Books**) em casa (48,191), que vive a menos de um quilômetro da escola, e que tem pelo menos um dos pais com um grau acadêmico teria um

EXERCÍCIO 6.6 (continuação)

FIGURA DO EXERCÍCIO 6.6.A Tela do WesVar antes de Executar Regressão com Mais de Uma Variável Independente

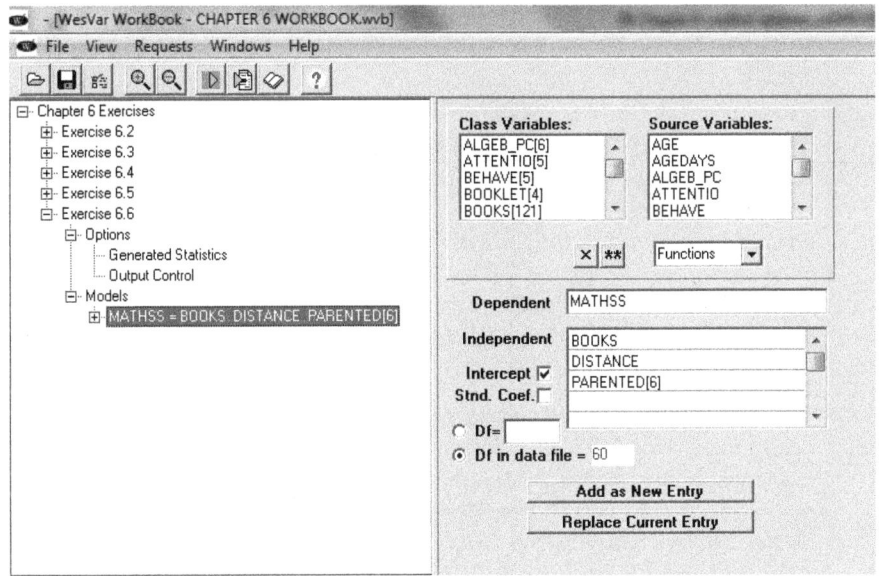

FIGURA DO EXERCÍCIO 6.6.B Resultado da Regressão em WesVar, Mais de Uma Variável Independente: Soma de Quadrados

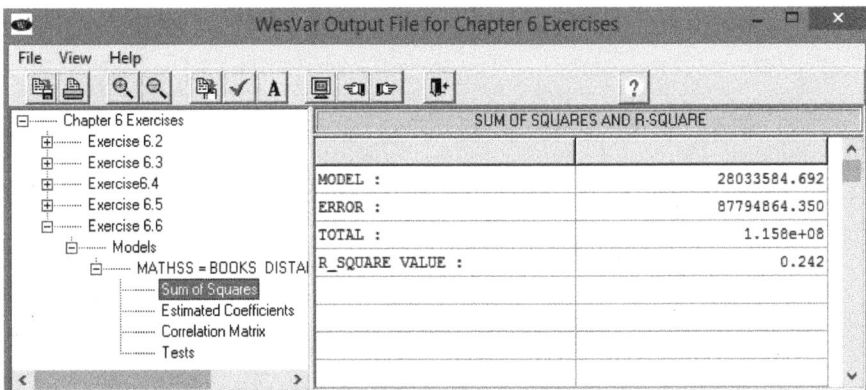

resultado estimado de 278,909 + (0,309 * 48,191) + (–5,620 * 0), ou 293,800. (Observe que **Parented [6]** tem peso zero neste cálculo porque é a categoria de referência.)

11. A estimativa do parâmetro para **Distance** é –5,620. O sinal negativo significa que os resultados esperados dos alunos em matemática decrescem quanto mais longe da

(continua)

EXERCÍCIO 6.6 (continuação)

escola. A distância média da escola é 4,257 quilômetros.[b] Então, o resultado esperado em matemática para um aluno que vive a 4,257 quilômetros da escola, que tem zero livros em casa, e que tem pelo menos um dos pais na categoria de referência de **Parented [6]**, é de 278,909 + (−5,620 * 4,257) + (0,309 * 0), ou 254,985.

12. As estimativas dos parâmetros são providenciadas para cinco níveis de **Parented [6]**. Tal como observado anteriormente, **Parented.6** (pelo menos um dos pais tem grau acadêmico), a categoria de referência, é o mais alto nível de educação parental. As estimativas negativas dos parâmetros estão associadas a níveis mais baixos de educação parental. Por exemplo, a estimativa do parâmetro para **Parented.2** (anos de escolaridade 1–3 completados) é de −30,156 (vd. Figura 6.6.C do exercício). Assim, o resultado esperado de um aluno que não tem livros em casa, que vive ao lado ou muito perto da escola, e que tem pelo menos um dos pais com o ano de escolaridade 3 (**Parented.2**) é 278,909 − 30,156, ou 248,753.

13. De forma semelhante, pode gerar resultados esperados para os alunos que tenham diferentes números de livros em casa, que vivam a diferentes distâncias da escola, e que tenham pais com diferentes níveis de educação. Assim, o resultado esperado para um aluno que tenha 50 livros (**Books**) em casa, que viva à distância (**Distance**) de 5 quilômetros da escola, e cujo mais elevado nível de educação parental corresponda aos anos 7–9 (**Parented.4**) é igual a 278,909 + (0,309 * 50) + (−5,620 * 5) + (−15,615), ou 250,644.

14. Salve o resultado em **MY SOLUTIONS** usando **File – Export – Single File – One Selection**. Use o nome de arquivo **EXERCISE 6.6 ESTIMATES.TXT**.

15. Selecione **Tests** no resultado. É possível ver aqui (primeira linha da Figura 6.6.D do exercício) que o ajuste global do modelo de regressão é estatisticamente significativo, com a probabilidade de obter um valor de F de 134,636 aproximando-se de zero (0,000). Isso significa que pelo menos uma das variáveis **Books**, **Distance** ou

FIGURA DO EXERCÍCIO 6.6.C Resultado da Regressão em WesVar, Mais Do Que Uma Variável Independente: Coeficientes Estimados

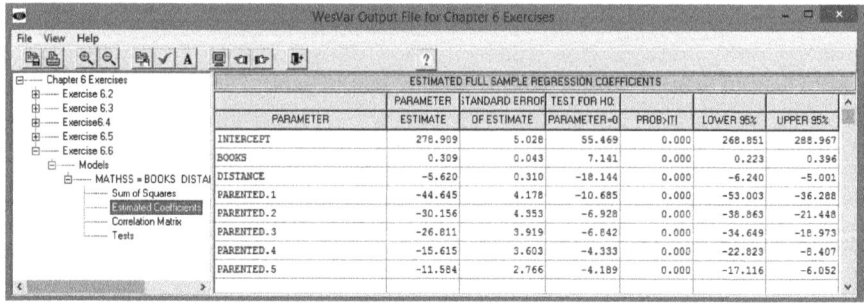

EXERCÍCIO 6.6 (continuação)

FIGURA DO EXERCÍCIO 6.6.D Resultado da Regressão em WesVar, Mais Do Que Uma Variável Independente: Teste de Ajuste do Modelo

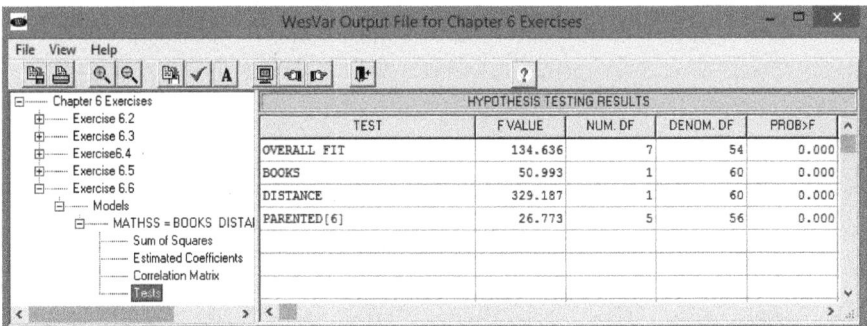

Parented [6] é estatisticamente significativa. Os valores de *p* para **Books**, **Distance** e **Parented [6]** mostram que, para cada uma destas variáveis, o coeficiente de regressão difere significativamente de zero, após controlar para os outros. Por exemplo, **Distance** é estatisticamente significativa mesmo depois de considerar os efeitos de **Books** e **Parented [6]**.

16. Salve esse resultado como um arquivo de texto em **My Solutions** usando **File – Export – Single File – One Selection**. Use o nome de arquivo *EXERCISE 6.6 TESTS.TXT*.

17. Volte ao seu livro de exercícios (por meio do ícone **Exit Door** na barra de ferramentas). Selecione **File – Save** e depois **File – Close**. O seu livro de exercícios deve ser gravado em *NAEA DATA ANALYSIS\MY WESVAR FILES\CHAPTER 6 WORKBOOK*.

a. Vale ressaltar que **Parented** também aparece na lista **Source Variables** Neste exemplo, no entanto, deve-se selecionar **Parented [6]** da lista **Class Variables** porque é tratado como uma variável categórica em uma regressão.
b. Para este cálculo, selecione **Descriptives** em WesVar, e mover **Distance** de **Source Variables** para **Selected**, de acordo com o procedimento apresentado no exercício 3.1.

CORRELAÇÃO E CAUSALIDADE

Na maioria das avaliações nacionais, são obtidas informações sobre uma gama de variáveis pessoais e situacionais em questionários preenchidos por alunos, professores e (algumas vezes) pais. As variáveis são geralmente selecionadas com a convicção de que estão relacionadas com o desempenho do aluno (apoiadas por pesquisa ou não). Os formuladores de políticas também podem incluir variáveis para orientar a escolha de intervenções feitas para melhorar o desempenho do aluno.

A associação entre uma variável de contexto e o desempenho do aluno pode ser representada em uma correlação. A conclusão de que as variáveis estão correlacionadas (até fortemente) em uma avaliação nacional, no entanto, não significa que uma variável seja a causa de outra. Há várias razões para afirmar isso. Em primeiro lugar, a maioria das avaliações nacionais é de natureza transeccional. Os dados relacionados com fatores de contexto e desempenho são recolhidos ao mesmo tempo. Assim, a sequência temporal entre eventos, na qual a causa antecede o efeito, que é normalmente requerida para apoiar uma inferência de causalidade, não estará presente. Esse problema pode ser contornado quando algumas variáveis de contexto descrevem eventos passados (por exemplo, a quantidade de tempo despendido para ensinar uma área do currículo). Esse assunto também é abordado nos raros casos em que os dados sobre os alunos são recolhidos em momentos diferentes. Levar em conta as características dos alunos em uma fase anterior das suas carreiras educacionais (incluindo desempenhos anteriores e dados de contexto) irá fortalecer as inferências que podem ser feitas com relação aos efeitos das suas experiências escolares (Kellaghan, Greaney e Murray 2009).

Um segundo problema na identificação de relações causais em uma avaliação nacional é que os fatores que afetam o desempenho do aluno são complexos e inter-relacionados. Uma vasta literatura identificou uma extensa gama de fatores associados ao desempenho, incluindo características pessoais dos alunos, família e fatores da comunidade, e práticas de instrução de professores a título individual. As análises estatísticas em que uma única variável está relacionada com o desempenho irão não apenas falhar no reconhecimento dessa complexidade, mas também resultar em uma conclusão enganadora. Um exemplo simples servirá para ilustrar esse ponto. A conclusão de que os alunos de escolas privadas têm níveis superiores de desempenho aos dos alunos de escolas públicas pode ser interpretada como significando que a educação dada nas escolas privadas é superior à dada nas escolas públicas. No entanto, tal conclusão necessitaria ser modificada se as medidas de outros fatores, como o nível de desempenho dos alunos quando se inscreveram na escola ou as circunstâncias da sua casa (por exemplo, o nível socioeconômico dos pais), fossem incluídas nas análises.

A complexidade dos fatores que afetam o desempenho do aluno é abordada na análise de regressão múltipla quando os "efeitos" de uma variável são isolados pela remoção ou ajuste sistemáticos dos "efeitos" de outras variáveis. Uma inferência relacionada com a causalidade é reforçada se, após o ajuste, forem encontradas relações significativas.

Uma variedade de métodos de regressão mais elaborados (cuja descrição ultrapassa o âmbito do presente trabalho), nos quais os padrões de correlações entre as variáveis preditoras e resultantes são examinados para identificar vias causais, serve para fortalecer ainda mais as inferências referentes à causalidade. Esses métodos são concebidos para identificar variáveis que podem ser consideradas *moderadoras*, que afetam a direção e a força da relação entre variáveis de critério e independentes (por exemplo, gênero, idade, situação socioeconômica), e *mediadoras*, que explicam como ou por que razão os efeitos acontecem (Bullock, Green e Ha 2010).

Mesmo os mais sofisticados métodos de análise, no entanto, falham ao lidar com outro problema que surge ao inferir causalidade com base em dados obtidos em um estudo transversal (como a avaliação nacional). Por exemplo, pode não haver dados disponíveis sobre informações importantes, frequentemente incontroláveis e obscuras que provavelmente afetam o desempenho do aluno. Este assunto só pode ser abordado em concepções de pesquisas randomizadas e controladas, nas quais a influência direta de uma condição sobre a outra é estudada depois que todas as outras causas possíveis de variação são eliminadas.

Apesar de as inferências causais baseadas em dados de avaliações nacionais serem problemáticas, a informação relacionada com correlatos de desempenho revelada em uma avaliação ainda pode ter valor pragmático. Os dados recolhidos em uma avaliação relacionada com, por exemplo, gênero, localização ou pertencimento a um grupo étnico podem agir como sinais importantes, identificando áreas problemáticas no sistema educacional que merecem atenção na formação de políticas, possivelmente apontando para intervenção ou ação de correção. Determinar a natureza de tal intervenção ou ação de correção, no entanto, requer a consideração de condições e recursos locais, o envolvimento das partes interessadas, e a consideração de relevantes descobertas de investigação (*vd*. Kellaghan, Greaney e Murray 2009).

NOTAS

1. Se a etiqueta de uma variável (**Implement – Percent Correct**) aparece na coluna da esquerda de **Simple Scatterplot** em vez do nome da variável (**Impl_pc**), selecione **Cancel** e depois selecione **Edit – Options – General – Variable Lists – Display Names – Apply – OK** (mensagem) **– OK**.

2. Trocar os dois resultaria em diferentes retas de melhor ajuste. Isto é, a reta que melhor calcula y a partir de x não é a mesma que melhor calcula x a partir de y.

3. O termo de erro ou "ruído" reflete o fato de fatores além daqueles incluídos no modelo de regressão influenciarem a variável dependente.

4. Ao preparar-se para executar uma regressão, o analista deve também procurar pontos isolados ou resultados extremos de uma variável (*vd*. Capítulo 2), porque esses podem distorcer os resultados. Também é importante determinar se algumas das variáveis na equação de regressão são altamente assimétricas. Os pontos isolados ou resultados extremos podem contribuir para distorções de parâmetros e estimativas estatísticas.

CAPÍTULO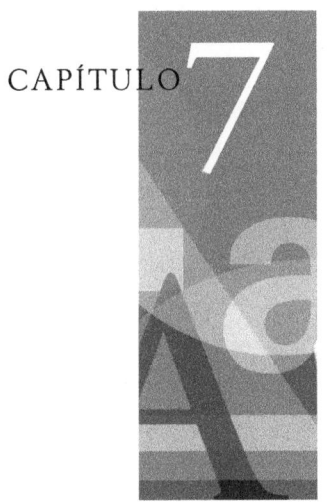

APRESENTAÇÃO DE DADOS UTILIZANDO DIAGRAMAS E GRÁFICOS

"Uma imagem vale mais do que mil palavras." É provável que muitos leitores de relatórios de avaliação nacional compreendam mais facilmente os dados quando os mesmos são apresentados na forma de um diagrama ou gráfico do que quando apresentados em formato de tabela. Os capítulos anteriores continham gráficos de dispersão, histogramas e diagramas de caixa produzidos por programas de computador durante diversas análises. (Por exemplo, o exercício 6.1 demonstrou como o SPSS constrói um gráfico de dispersão.) Este capítulo fornece exemplos de uma série de abordagens gráficas para preparação e apresentação de resultados de avaliação nacional. Concentra-se em diagramas e gráficos de linha que podem ser produzidos em Excel e podem ser construídos e colados em um relatório de avaliação nacional. À medida que se familiariza com estas técnicas, vai-se deparando com *software* adicional que pode ser utilizado para apresentar os dados de forma pictórica. Os diagramas e os gráficos não se destinam a substituir as tabelas. Apresentam os dados de maneira diferente. Se incluídos em um relatório, as tabelas correspondentes – as tabelas de dados em que os diagramas e os gráficos baseiam-se – também devem ser incluídas, quer no corpo do texto quer em um anexo (por exemplo, um anexo eletrônico). Os gráficos da seção seguinte são bidimensionais (2-D).

DIAGRAMAS

Um gráfico de colunas tem barras retangulares verticais de comprimentos geralmente proporcionais às frequências que representam. É possível, por exemplo, utilizar um gráfico de colunas para comparar as populações em quatro regiões ou as pontuações médias dos alunos em diferentes tipos de escola em uma área curricular específica. No exercício 7.1, os dados sobre os níveis de aptidão dos alunos em matemática são apresentados na forma de um gráfico de colunas, onde a altura da barra indica a percentagem de alunos por nível. Os dados baseiam-se em uma avaliação nacional que reportou resultados utilizando cinco níveis de aptidão (níveis 1-4 e abaixo do nível 1). O procedimento para a criação de um gráfico de colunas em Excel também está descrito no exercício 7.1.[1]

Também é possível reportar a percentagem de alunos por nível de aptidão por região de determinado país. Desta vez, os dados regionais sobre os níveis de aptidão serão representados por um gráfico de barras (ver exercício 7.2), que é muito semelhante a um gráfico de colunas, só que representa os dados na horizontal.

EXERCÍCIO 7.1

Desenho de um Gráfico de Colunas para Mostrar o Desempenho por Nível de Aptidão, Dados Nacionais

1. Organize os dados em uma folha Excel (figura do exercício 7.1.A). Copie os seus dados de uma tabela existente, ou simplesmente digite os dados em uma folha Excel.

FIGURA DO EXERCÍCIO 7.1.A Percentagens de Alunos em Cada Grupo de Desempenho

Nível	Percentagem de alunos
Abaixo do nível 1	19,8
Nível 1:	20,4
Nível 2:	23,6
Nível 3:	19,2
Nível 4:	17,1

EXERCÍCIO 7.1 (continuação)

2. Realce os dados (figura do exercício 7.1.A). Na barra de menus, selecione Insert e Column (Figura do exercício 7.1.B). ᵃ

3. Selecione **2-D Column** e **Clustered Column** – o primeiro gráfico de colunas. Para denominar o eixo (y) vertical, coloque o cursor à esquerda onde se veem os valores (0 a 25) e clique com o botão direito do mouse. Na barra de ferramentas, selecione Chart Tools (parte superior da tela) **– Layout – Axis Titles Primary Vertical Axis Title – Rotated Title**. Clique na caixa ao lado do eixo vertical, realce o texto da caixa e digite *Percentage of students* (Figura do exercício 7.1.C).

4. Para denominar o eixo (x) horizontal, coloque o cursor na parte inferior do gráfico e clique com o botão direito do mouse. (Os diferentes níveis de aptidão serão realçados.) Na barra de ferramentas, selecione **Chart Tools** (parte superior da tela) **– Layout – Axis Titles – Primary Horizontal – Axis Title Title Below Axis**. Realce o texto (**Título do Eixo**) na caixa e digite *Proficiency levels* (figura do exercício 7.1.C).

FIGURA DO EXERCÍCIO 7.1.B Inserir Opções de Gráfico no Excel

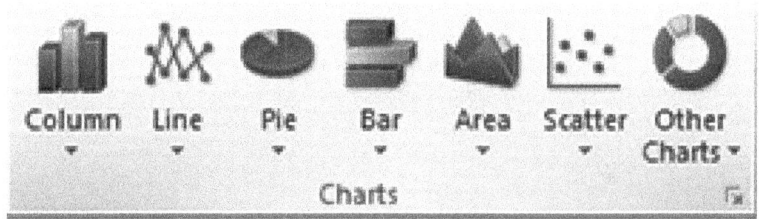

FIGURA DO EXERCÍCIO 7.1.C Percentagem de alunos por Nível de Aptidão em Matemática

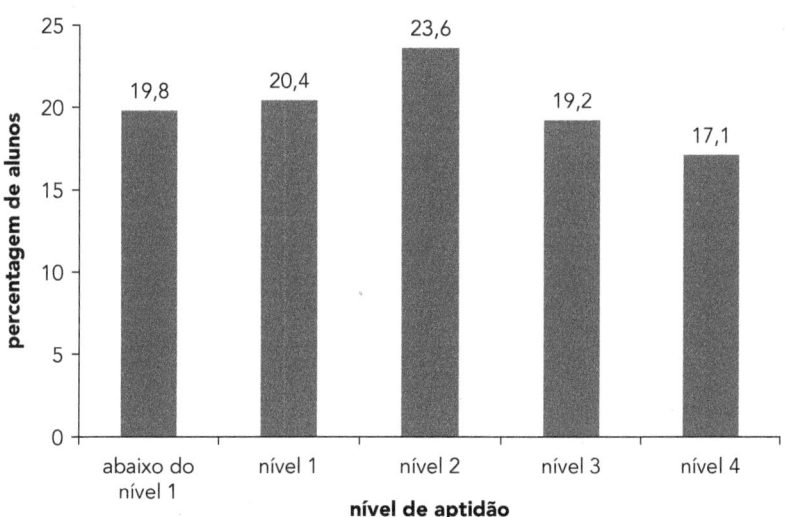

(continua)

EXERCÍCIO 7.1 (continuação)

5. Se o Excel atribuiu um título de gráfico, é possível alterá-lo realçando-o e mudando o texto. Para atribuir um título, se nenhum foi atribuído, coloque o cursor sobre o gráfico e clique para realçá-lo. Na barra de ferramentas, selecione **Chart Tools** (parte superior da tela) – **Layout – Chart Title – Above Chart**. Realce o texto, e digite *Percentage of Students at Each Mathematics Proficiency Level*. O título foi colocado acima do gráfico na figura do exercício 7.1.C.

6. É possível alterar várias características do gráfico (tais como tamanho da fonte e estilo), clicando na área apropriada do gráfico e utilizando a ferramenta de edição (clique com o botão direito do mouse) ou utilizando **Design** e **Layout** (em **Chart Tools**). Caso deseje mostrar os valores (percentagens) por coluna, clique com o botão direito do mouse em uma das colunas (esse procedimento deve realçar todos eles). Em seguida, selecione **Chart Tools – Layout – Data Labels – Outside End**. Esse procedimento mostra a percentagem de alunos por nível de aptidão.

7. Realce a área do gráfico no Excel, clicando no perímetro, e selecione Copy. Cole o gráfico no seu relatório.

8. Salve a folha de trabalho Excel em **MY SOLUTIONS**, utilizando o nome do arquivo *EXERCISE 7.1.XLS*.

a. As versões anteriores de Excel podem direcionar para o Assistente de Gráficos onde também se pode selecionar um gráfico de colunas.

EXERCÍCIO 7.2

Desenho de um Gráfico de Barras para Mostrar a Percentagem por Nível de Aptidão por Região

1. Copie os dados da Figura do exercício 7.2.a para um arquivo Excel.

2. Realce os dados, como mostrado na Figura do exercício 7.2.A. Clique em **Insert** (ou selecione **Insert – Charts**) **– Bar – 2-D Bar – 100% Stacked Bar** (terceira opção) (Figura do exercício 7.2.B). Esse gráfico permite comparar as percentagens de alunos por diferentes níveis de aptidão e regiões. É possível modificar várias características desse gráfico para torná-lo mais apresentável.

FIGURA DO EXERCÍCIO 7.2.A Percentagem de Alunos por Nível de Aptidão em Matemática

	Abaixo do 1	Nível 1	Nível 2	Nível 3	Level 4
Noroeste	27,8	23,8	22,9	16,8	8,7
Área metropolitana	13,5	13,9	16,9	23,8	31,9
Terras altas orientais	17,3	21,6	23,1	25,9	12,1
Cosa sudoeste	18	16,9	24,7	30,5	9,9

EXERCÍCIO 7.2 (continuação)

FIGURA DO EXERCÍCIO 7.2.B Opções Gráfico de Barras 2-D em Excel

FIGURA DO EXERCÍCIO 7.2.C Percentagem de Alunos por Nível de Aptidão em Matemática por Região

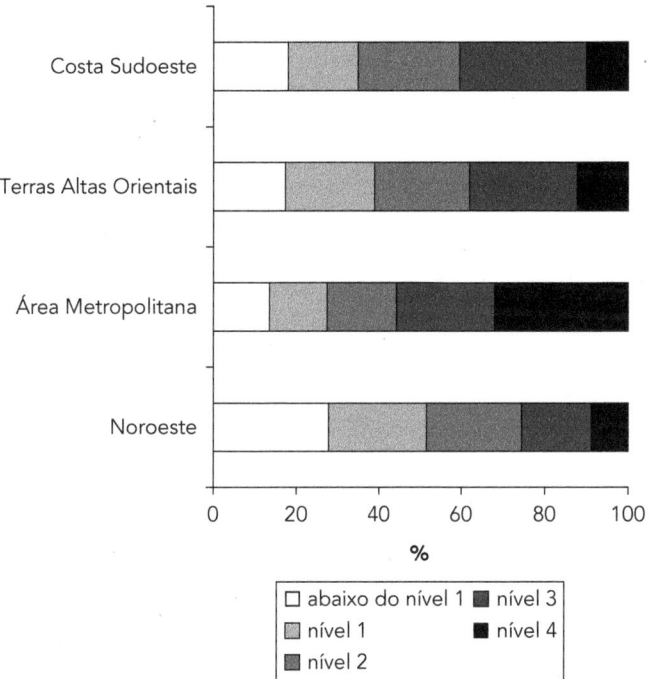

- Se os resultados obtidos (ver Figura do exercício 7.2.C) apresentam as regiões na ordem incorreta (por exemplo, Costa Sudoeste em cima em vez de Noroeste), clique no gráfico e nas denominações no eixo vertical (regiões). Selecione **Chart Tools – Format – Current Selection – Format Selection – Axis Options.** Caixa de seleção **Categories in Reverse Order – Close.**

- Se os níveis aparecem no eixo-y, e as regiões no eixo-x (isto é, o inverso do que se mostra na figura do exercício 7.2.C), volte para o Excel. Clique com o botão direito do mouse na área do gráfico. Selecione **Data.** Clique **Switch Row/Column** (figura do exercício 7.2.D).

(continua)

EXERCÍCIO 7.2 (continuação)

FIGURA DO EXERCÍCIO 7.2.D Opção Transpor Linhas/Colunas em Ferramentas de Gráfico/Design em Excel

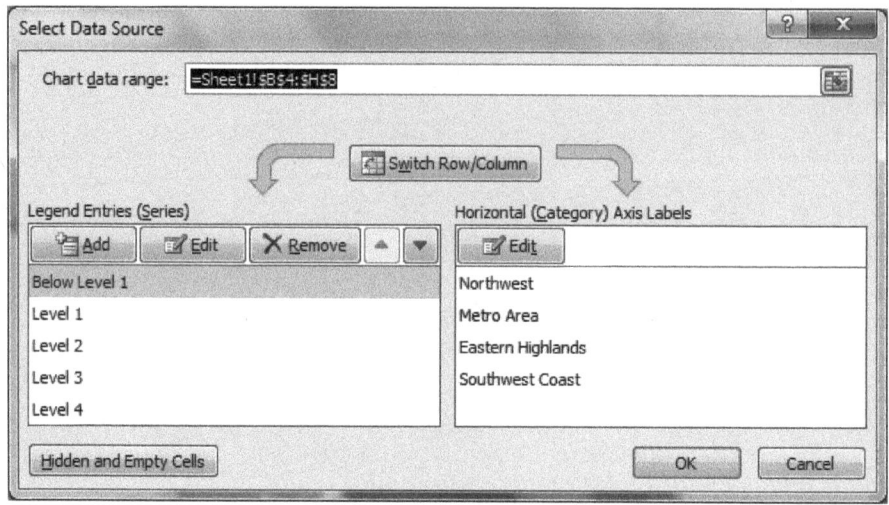

Caso se deseje, é possível mostrar as percentagens de alunos por nível de aptidão por região. Clique na barra Abaixo do Nível 1 na primeira região. Esse procedimento realçará as barras Abaixo do Nível 1 para todas as regiões. Clique com o botão direito do mouse e selecione **Add Data Labels** (ou selecione **Layout – Labels – Data Labels – Center**). Repita o processo para os outros níveis (figura do exercício 7.2.E).

- Se o eixo horizontal (com os valores percentuais) aparece no topo do gráfico, e não na parte inferior, selecione o eixo horizontal (o eixo com as percentagens) clicando com o botão direito do mouse em qualquer denominação. Em seguida, clique com botão direito do mouse nas Denominações de Eixo AL ou BX (dependendo da posição atual dos valores percentuais) e selecione **Format Axis – Horizontal Axis Crosses – Automatic**.
- Se as regiões estão na ordem inversa, selecione o eixo vertical, clicando com o botão esquerdo do mouse em qualquer denominação. Em seguida, clique com o botão direito do mouse em **Format Axis** e selecione **Categories in Reverse Order**.
- Caso deseje adicionar um título aos eixos x ou y, realce a área do gráfico em que as percentagens apareçam. Em seguida, selecione **Insert – Layout – Axis Titles – Primary Horizontal Axis Title – Title Below Axis**. Realce **Título do Eixo** e digite o novo título (por exemplo, **Percentage of students**) na barra de fórmulas ou diretamente na caixa de texto recém-criada.[a] Siga o mesmo procedimento para

EXERCÍCIO 7.2 (continuação)

FIGURA DO EXERCÍCIO 7.2.E Percentagem de Alunos por Nível de Aptidão em Matemática por Região

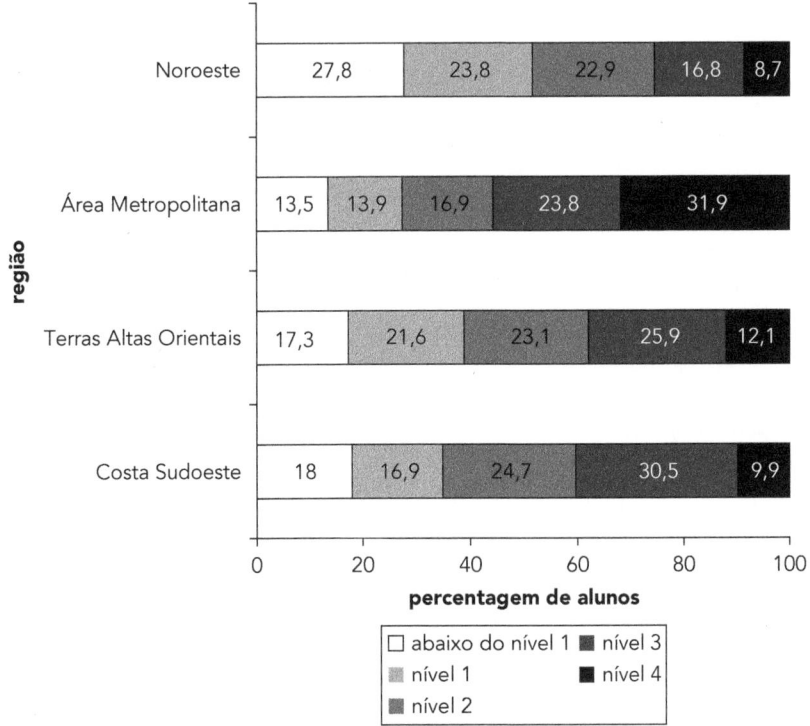

adicionar um título aos outros eixos. Para adicionar um título ao gráfico, siga as instruções no passo 5 do exercício 7.1

3. Realce a área do gráfico em Excel, clicando uma vez no perímetro; selecione **Home – Copy**. Em seguida, cole o gráfico no seu relatório, dando-lhe um título adequado.

4. Salve a folha de trabalho Excel (***NAEA DATA ANALYSIS\MY SOLUTIONS\ EXERCISE 7.2.XLS***).

5. Selecione **File – Save** e **File – Close**.

a. Algumas versões recentes de Excel utilizam **Chart Layout** seguido de **Axis Title** e **Chart Title** para a denominação.

GRÁFICOS DE LINHA COM INTERVALOS DE CONFIANÇA

Um gráfico que mostra uma série de pontuações médias, juntamente com os seus intervalos de confiança em 95%, permite ao leitor não técnico saber quais foram as regiões que tiveram bom desempenho, comparativamente com outras, e também se uma pontuação média e o seu intervalo de confiança em uma região coincide com uma pontuação média e o seu intervalo de confiança em outra região.

EXERCÍCIO 7.3

Desenho de Intervalos de Confiança em 95% para uma Série de Pontuações Médias

1. Abra o Excel. Digite os dados manualmente na folha Excel, organizando-a como mostrado na figura do exercício 7.3.A.[a] Como alternativa, é possível transferir esses dados para o arquivo Excel a partir de **NAEA DATA ANALYSIS\MY SOLUTIONS\ EXERCISE 3.3.TXT**. Isso vai exigir a eliminação de alguns dados desnecessários (tais como erros padrão e as linhas que dão dados percentuais) da folha Excel.

2. Realce os dados, como indicado na figura do exercício 7.3.A. Selecione **Insert – Other Charts** (ou **Insert Chart**) – **Stock – High-Low-Close** (primeira opção).

3. Realce os números no eixo vertical. Clique com o botão direito do mouse, selecione **Format – Axis**. Em seguida, em **Axis Options**, selecione **Fixed** para **Minimum** (ou **Scale**) e insira 220. Da mesma forma, defina **Maximum** a 280 (figura do exercício 7.3.B). Clique em **Close** (ou **OK**). Observe que estes valores estão logo abaixo e acima dos valores mais elevados da figura do exercício 7.3.A.

4. No gráfico do Excel, clique com o botão esquerdo do mouse sobre o limite inferior da linha para a primeira região (Noroeste). Esse procedimento deve realçar o limite inferior de todas as quatro regiões. Na barra de menus, selecione **Format Selection – Marker Options** (ou **Marker Style**) – **Built In - Type**. Escolha uma opção

FIGURA DO EXERCÍCIO 7.3.A Pontuações Médias de Matemática e Pontuações em Intervalos de Confiança Superiores e Inferiores por Região

Região	IC Superior	Médi	IC Inferior
Noroeste	239,9	233,3	226,8
Área	274,7	265,7	256,8
Terras altas	256,3	249,1	241,9
Costa sudoeste	257,9	251,2	244,6

Nota: IC = intervalo de confiança

EXERCÍCIO 7.3 *(continuação)*

FIGURA DO EXERCÍCIO 7.3.B   Opções Formatar Eixos em Excel

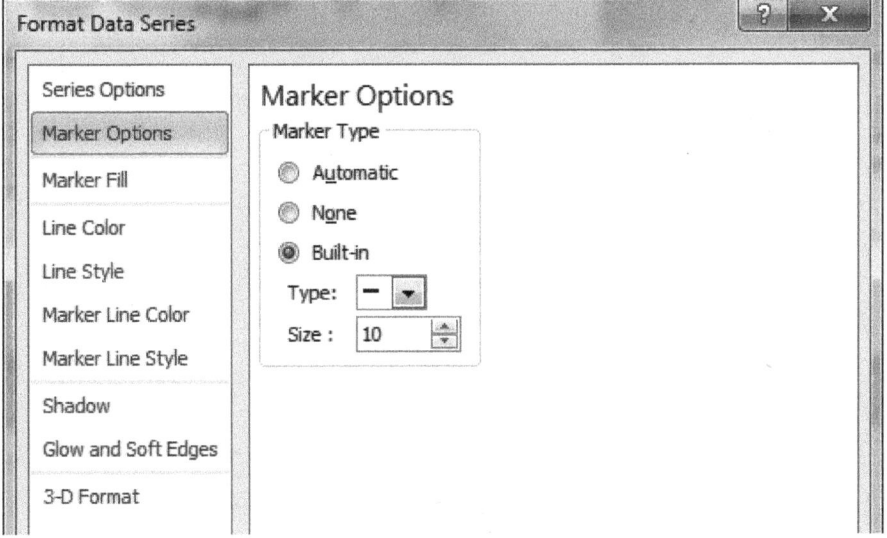

FIGURA DO EXERCÍCIO 7.3.C   Opções Formatar Séries de Dados em Excel

adequada (tal como "–") a partir da seleção em **Type** (figura do exercício 7.3.C) (ou utilize a janela suspensa **Style**). Aumente **Size** para 10 ou superior, garantindo que o tamanho seja suficientemente grande para destacar-se no gráfico. Clique em **Close**. Repita o processo para os limites superiores.

5. Realce o ponto central de cada linha (a pontuação média), clicando sobre a linha para a primeira região e siga o mesmo procedimento do passo 4 para selecionar um marcador adequado. Utilize o tamanho 20 para distinguir o marcador da pontuação média dos outros marcadores. Observe que a legenda no lado esquerdo do gráfico

(continua)

EXERCÍCIO 7.3 (continuação)

FIGURA DO EXERCÍCIO 7.3.D Gráfico de Linhas para Pontuações Médias de Matemática e Intervalos de Confiança em 95% por Região

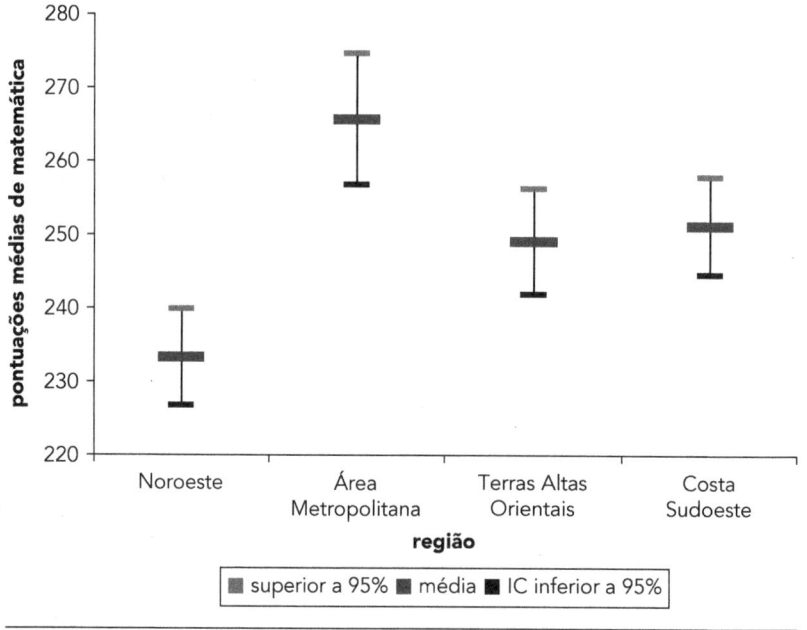

Nota: IC = intervalo de confiança

é produzida automaticamente, com base na folha de cálculos inicial. Os eixos e as caixas de série no lado direito têm que ser denominados, além de ser preciso decidir o título do gráfico.

Copie o gráfico (figura do exercício 7.3.D) para o relatório, utilizando **Copy** e **Paste**.

6. Salve a folha Excel em **NAEA DATA ANALYSIS\MY SOLUTIONS** utilizando um nome adequado (como por exemplo, **EXERCISE 7.3.XLS**).

O gráfico da figura do exercício 7.3.D descreve as diferenças de desempenho médio entre regiões. Onde não há sobreposição entre os intervalos de confiança, pode-se dizer que as médias são significativamente diferentes. Assim, não existe sobreposição entre o intervalo de confiança em 95% para o Noroeste nem para nenhuma das outras regiões. As pontuações médias de matemática nas Terras Altas Orientais e da Costa Sudoeste não diferem significativamente entre si (porque existe uma sobreposição substancial entre as respectivas linhas).

a. Como observado no Capítulo 3, o WesVar utiliza 2,00 em vez de 1,96 no cálculo do intervalo de confiança em 95%.

GRÁFICOS DE LINHAS PARA REPRESENTAR DADOS SOBRE TENDÊNCIAS

O exercício 7.4 ilustra como um gráfico de linhas pode ser utilizado para apresentar dados sobre tendências. O gráfico resume o desempenho de meninos e meninas para os quatro anos em que foi administrada uma avaliação nacional (2004, 2007, 2010 e 2013).

EXERCÍCIO 7.4

Mostrar Dados sobre Tendências com um Gráfico de Linhas

1. Abra o Excel. Organizar os dados em uma folha de trabalho Excel (figura do exercício 7.4.A).[a]

2. Realce os dados e as denominações a incluir no gráfico (figura do exercício 7.4.A). Na barra de ferramentas, selecione **Insert – Line – Line with Markers**[b] (primeira opção, segunda fila) para criar o gráfico de linhas mostrado na figura do exercício 7.4.B. Pode-se modificar o estilo das linhas clicando em uma delas. Selecione **Format – Data Series** (ou **Current Selection – Format Selection**) –**Line Style**. Utilize a seta para baixo **Dash Type** para selecionar o estilo de linha desejado. Clique em **Close**.[c]

   FIGURA DO EXERCÍCIO 7.4.A Folha de Trabalho Excel com Pontuações Médias de Matemática por Gênero, 2004-13

	Meninos	Meninas
2004	225	245
2007	240	245
2010	245	250
2013	250	250

3. É possível adicionar títulos aos eixos x e y, e ao gráfico como um todo, seguindo o processo do exercício 7.1. Para adicionar um título ao eixo-y, clique na escala adjacente (210 a 255). Selecione **Chart Tools – Layout** (ou **Chart Layout**) – **Axis Titles** (ou **Labels – Axis Titles**) – **Primary Vertical Axis Title – Rotated Title**. Clique na barra de espaços para o título do eixo e digite **Mean Mathematics Score**.

4. Do mesmo modo, denomine o eixo horizontal x **Year**.

(continua)

EXERCÍCIO 7.4 (continuação)

FIGURA DO EXERCÍCIO 7.4.B Pontuações Médias de Matemática por Gênero, 2004-13

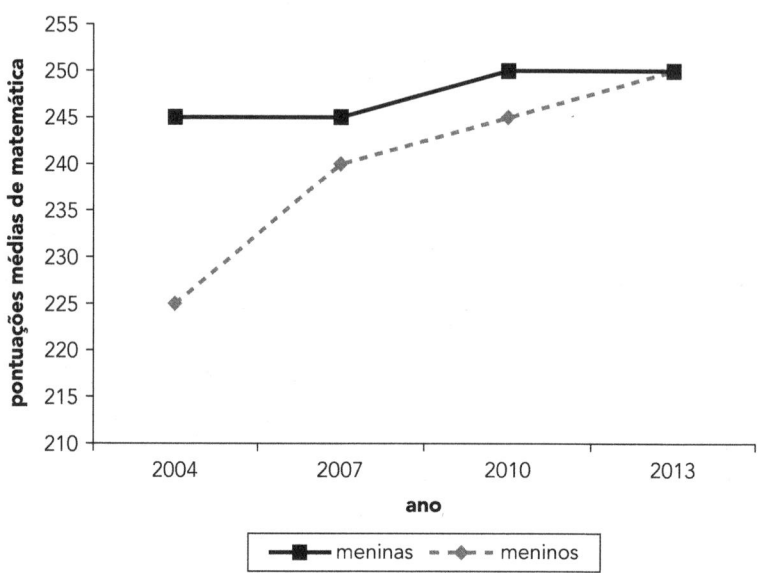

5. Utilize o ícone **Chart Title** para criar uma denominação de título (tal como *Mean Mathematics Scores by Gender, 2004-13*).

6. Copie o gráfico (figura do exercício 7.4.B) para o relatório. Em seguida, salve a folha Excel utilizando um nome adequado (**NAEA DATA ANALYSIS\MY SOLUTIONS\ EXERCISE 7.4.XLS**).

7. Em **Excel**, selecione **File – Close**.

a. Observe que os dados da figura do exercício 7.4.A não são retirados do arquivo de dados **NATASSESS4.VAR**.
b. Em algumas versões do Excel, surge **Marked Line**.
c. Em algumas versões do Excel, pode ser necessário: **Format – Data Series – Line – Weights** & **Arrows – Dashed**. Utilize a seta descendente para selecionar o estilo da linha escolhida. Clique em **OK**.

NOTA

1. As instruções podem apresentar algumas variações, dependendo da versão de Excel que está sendo utilizada. O Excel para Mac e o Excel para Windows têm algumas pequenas diferenças nas funções, dependendo da plataforma e versão utilizadas.

ANEXO
I.A

ANÁLISE DE DADOS NAEA: ESTRUTURA DO DIRETÓRIO DE ARQUIVOS

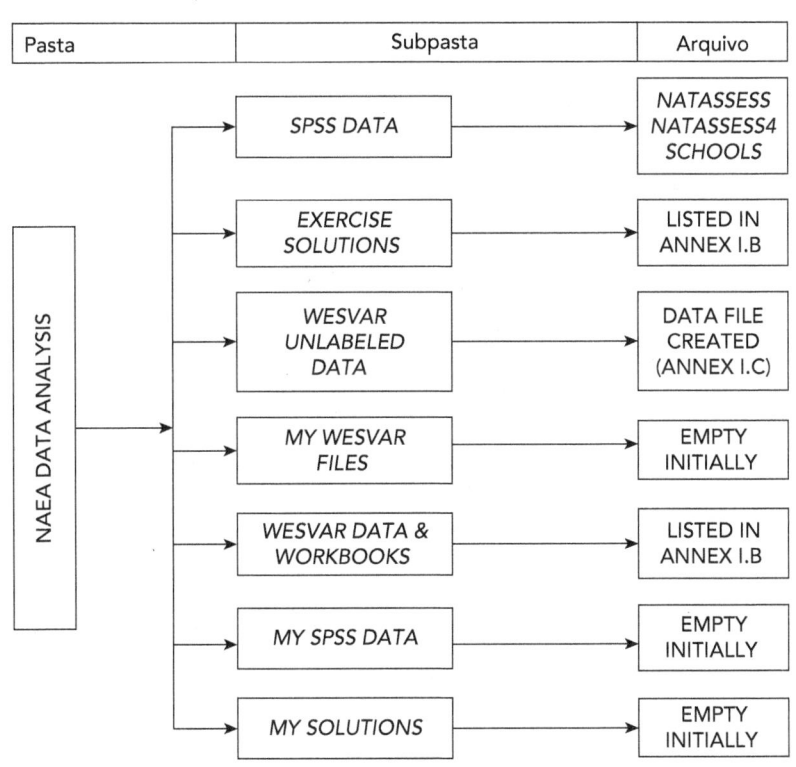

Pasta	Subpasta	Arquivo
NAEA DATA ANALYSIS	SPSS DATA	NATASSESS NATASSESS4 SCHOOLS
	EXERCISE SOLUTIONS	LISTED IN ANNEX I.B
	WESVAR UNLABELED DATA	DATA FILE CREATED (ANNEX I.C)
	MY WESVAR FILES	EMPTY INITIALLY
	WESVAR DATA & WORKBOOKS	LISTED IN ANNEX I.B
	MY SPSS DATA	EMPTY INITIALLY
	MY SOLUTIONS	EMPTY INITIALLY

ANEXO I.B
ANÁLISE DE DADOS NAEA: SUBPASTAS E ARQUIVOS

Subpastas	Ficheiros	Descrição
SPSS DATA	**NATASSESS.SAV**	O arquivo inclui identificadores, variáveis de contexto, classificações, situação atual da participação e peso do modelo para cada estudante selecionado, mais identificadores de turma, escola e região.
	NATASSESS4.SAV	O arquivo inclui identificadores, variáveis de contexto, classificações, situação atual da participação e peso do modelo para cada estudante selecionado, mais identificadores de turma, escola e região. Inclui também os estratos (zonas) «jackknife» (JK) e replicações de JK (indicadores).
	SCHOOLS.SAV	O arquivo inclui números de identificação de escolas, estratos JK (zonas) e replicações de JK (indicadores). Fundir com **NATASSESS.SAV** para criar **NATASSESS4.SAV**.
EXERCISE SOLUTIONS	**EXERCISE 1.1.SPV**	Estatística descritiva SPSS para **Mathss** (média, desvio padrão) usando Descriptives.
	EXERCISE 2.1.SPV	Estatística descritiva SPSS para **Mathss** (vários) usando Explore (nacional).

(continua)

Subpastas	Ficheiros	Descrição
	EXERCISE 2.2.SPV	Estatística descritiva SPSS para **Mathss** (vários) usando Explore (por região).
	EXERCISE 3.1.TXT	Estatística descritiva **Mathss** WesVar.
	EXERCISE 3.2.TXT	Classificação média **Mathss**, erro padrão e intervalo de confiança (nacional).
	EXERCISE 3.3.TXT	Classificações da média **Mathss**, erros padrão e intervalos de confiança (por região).
	EXERCISE 4.1A.TXT	Classificações médias **Mathss** de estudantes com e sem eletricidade em casa.
	EXERCISE 4.1B.TXT	Classificações médias **Mathss** e intervalos de confiança de estudantes com e sem eletricidade em casa (comparação entre dois grupos).
	EXERCISE 4.2A.TXT	Classificações médias **Mathss** (por região).
	EXERCISE 4.2B.TXT	Significância estatística das diferenças na classificação média regional **Mathss** (comparação entre dois ou mais grupos).
	EXERCISE 5.1.TXT	Valores de percentil **Mathss** (nacional).
	EXERCISE 5.2.TXT	Valores de percentil **Mathss** (por região).
	EXERCISE 5.425TH.TXT	Percentagem **Mathss** de alunos abaixo do 25º percentil (erros padrão [EPs] e intervalos de confiança [ICs]) (por região).
	EXERCISE 5.450TH.TXT	Percentagem **Mathss** de alunos abaixo do 50º percentil (EPs e ICs) (por região).
	EXERCISE 5.475TH.TXT	Percentagem **Mathss** de alunos abaixo do 75º percentil (EPs e ICs) (por região).
	EXERCISE 6.1.SPV	Gráfico de dispersão da **implementação** matemática e classificações de **análise/resolução de problemas**.
	EXERCISE 6.2.TXT	Correlação entre **implementação** matemática e **análise/resolução de problemas**.
	EXERCISE 6.3 SUM OF SQUARES.TXT	Soma da regressão dos quadrados e valor de R2, uma variável independente (**livros**).
	EXERCISE 6.3 ESTIMATES.TXT	Coeficiente de estimativa de regressão, uma variável independente (**livros**).
	EXERCISE 6.3 TESTS.TXT	Regressão, testes de significância, uma variável independente (**livros**).
	EXERCISE 6.4 ESTIMATES.TXT	Coeficiente de regressão estimada, uma variável independente (**livros**).
	EXERCISE 6.5 CORRELATIONS.TXT	Intercorrelações entre três variáveis (**livros, pais, distância**).

Subpastas	Ficheiros	Descrição
	EXERCISE 6.6 SUM OF SQUARES .TXT	Soma da regressão dos quadrados e valor de R2 (para três variáveis independentes).
	EXERCISE 6.6 ESTIMATES.TXT	Coeficientes da estimativa de regressão (para três variáveis independentes).
	EXERCISE 6.6 TESTS.TXT	Testes de significância (para três variáveis independentes).
	EXERCISE 7.1.XLS	Gráfico: Percentagem de estudantes em cada nível de aptidão matemática (nacional).
	EXERCISE 7.2.XLS	Gráfico: Percentagem de estudantes em cada nível de aptidão matemática (por região).
	EXERCISE 7.3.XLS	Gráfico de linha: Classificações de média **Mathss** e intervalos de confiança em 95% (por região).
	EXERCISE 7.4.XLS	Gráfico de linha: Médias **Mathss** (por gênero)
WESVAR UNLABELLED DATA	**NATASSESS4.VAR (NATASSESS4.LOG)**	O arquivo de dados inclui identificadores, variáveis de contexto, classificações, situação atual de participação e peso do modelo para cada estudante selecionado, com identificadores de turma, escola e região; estratos JK (zonas) e replicações de JK (indicadores). Não estão incluídos os rótulos das variáveis e as variáveis criadas.
MY WESVAR FILES	Inicialmente, a subpasta está vazia. O usuário utiliza os arquivos de dados e livros de exercícios WesVar criados quando concluiu os exercícios nos capítulos 3-6 desta subpasta.	
WESVAR DATA & WORKBOOKS	**NATASSESS4.VAR (NATASSESS4.LOG)**	O arquivo de dados inclui identificadores, variáveis de contexto, classificações, situação atual de participação e peso do modelo para cada estudante selecionado, com identificadores de turma, escola e região; estratos JK (zonas) e replicações de JK (indicadores). Estão incluídos alguns rótulos das variáveis e algumas variáveis criadas.
	CHAPTER 3 WORKBOOK.WVB	Os arquivos são livros de exercícios concluídos para executar os exercícios nos capítulos 3-6.

(continua)

Subpastas	Ficheiros	Descrição
	CHAPTER 4 WORKBOOK.WVB	
	CHAPTER 5 WORKBOOK.WVB	
	CHAPTER 6 WORKBOOK.WVB	
MY SPSS DATA	Inicialmente, a subpasta está vazia. O usuário salva arquivos de dados SPSS novos ou modificados nesta subpasta.	
MY SOLUTIONS	Inicialmente, a subpasta está vazia. O usuário salva todas as soluções dos exercícios nesta subpasta.	

ANEXO I.C

ABRIR UM ARQUIVO SPSS NO WESVAR

Depois de ter preparado um conjunto de dados de avaliação nacional no SPSS com o item de teste e os dados do questionário e ponderações calculadas para o questionário, será preciso fazer algumas modificações nos dados antes de transferir o seu arquivo para o WesVar.

O seguinte conjunto de instruções orienta a criação de ponderações «jackknife» para um questionário de duas fases. É possível obter informações mais detalhadas sobre o método «jackknife» no volume 3 desta série (Dumais and Gough 2012b, Anexos IV.C e IV.D).

O SPSS é usado para criar a informações relevantes de amostragem que o WesVar requer para criar as ponderações de replicação para a análise dos dados de avaliação nacional. Como as ponderações de replicação são criadas para escolas, é preciso criar um registro para cada escola participante. Este registro tem que incluir o *Schoolid* real para cada escola. Se não houver um arquivo com um ID por escola, é preciso usar o procedimento a seguir para criar um.

Se já não tiver transferido **NATASSESS.SAV** para **MY SPSS DATA**, é preciso copiá-lo de **SPSS DATA** para **MY SPSS DATA**. (Note que é **NATASSESS.SAV** e não **NATASSESS4.SAV**.)

1. Vá a **NAEADATAANALYSIS\MYSPSSDATA** e abra o arquivo **NATASSESS.SAV**. Isso pode ser feito fazendo duplo clique no nome do arquivo. Se esse arquivo não estiver em **MY SPSS DATA**, abra-o em **NAEA DATA ANALYSIS\SPSS DATA** e guarde-o em **NAEA DATA ANALYSIS\MYSPSS DATA** usando **File – Save As**.

2. Na barra de ferramentas SPSS, selecione **Data – Aggregate**. Mova *Schoolid* para **Break Variable(s)**. Mova MATHRS para a caixa **Aggregated Variables** (figura I.C.1). Em **Save**, selecione **Write a new data file using only the aggregated variables**. Selecione File (logo abaixo). Selecione *NAEA DATA ANALYSIS\MY SPSS DATA* como o diretório onde salvar o novo arquivo usando o nome de arquivo **SCHOOLS**.

3. Em **Options for Very Large Datasets**, assinale **Sort file before aggregating**. Clique em **OK**.

4. Vá a *NAEA DATA ANALYSIS\MY SPSS DATA* e abra Schools. Abra **Variable View** na parte inferior e elimine a linha **Mathrs_Mean** usando **Edit – Clear**. Selecione **Data – Sort Cases** e mova **Schoolid** para a caixa **Sort by**; selecione **Ascending** e clique em **OK**. (Se tiver que sair da tela de resultados em SPSS, selecione Window na barra de ferramentas e depois o conjunto de dados relevante.)

5. Neste passo, os valores 1 ou 2 são atribuídos a cada escola participante. 1 Selecione **Transform – Compute Variable** e introduza *Jkzone* em Target Variable. Depois, introduza **RND($Casenum/2)** e **Numeric Expression** e clique em **OK**. Em seguida, selecione **Transform – Compute Variable**. Selecione **Reset**. Depois, introduza ***Randompick*** e **Target Variable** e **RV.Uniform(0,1)** em **Numeric Expression**. Clique em **OK**. A essa altura, em **Data View**, será possível ver 120 escolas em 60 pares numerados de 1 a 60 e cada escola deverá também ter um número aleatório entre 0 e 1. Se esses números aleatórios forem apresentados como zeros e uns, aumente o número de casas decimais a partir da barra **Variable View**. Agora, você já pode criar as replicações de JK.

6. Os passos 5 e 6 atribuem um de dois valores a cada escola dentro desse par (zona). Selecione **Data – Sort Cases** e mova **Jkzone** e **Randompick** para **Sort by**. Clique em **Ascending** e **OK**. Agora, selecione **Data – Identify Duplicate Cases** e mova **Jkzone** para **Define matching cases by**. Em **Variables to Create**, verifique

FIGURA I.C.1
Agregar dados em SPSS

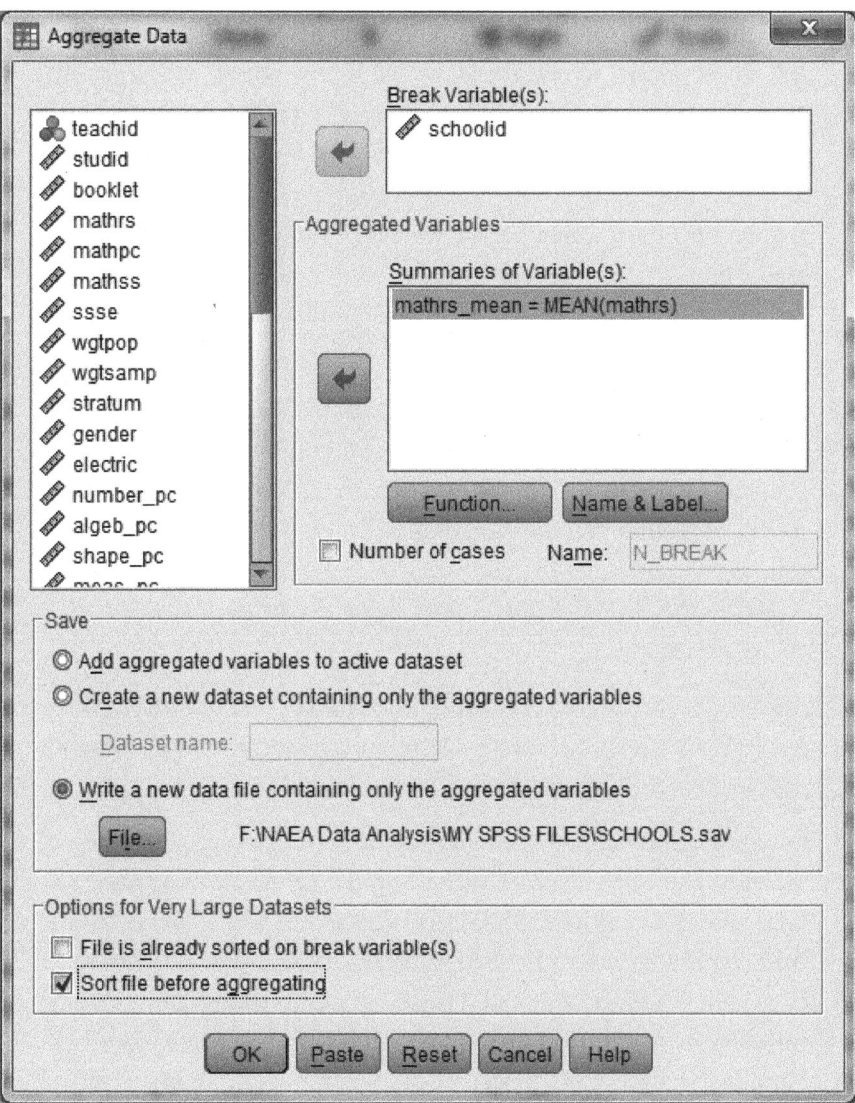

Indicator of Primary Cases, e assinale Last case in each group is primary (PrimaryLast). Clique em OK.

7. Como o WesVar espera que as replicações sejam numeradas a partir de 1, e não de 0, os códigos de replicação precisam de ser modificados usando **Transform – Recode into Different Variables**. Mova **PrimaryLast** para **Input Variable,** e introduza *Jkindic* em **Output Variable Name.** 2. Se desejar, introduza um rótulo. Clique em **Change** e depois em **Old and New Values**. Em **Old Value**, clique em **Value** e introduza *0* em **Value**. Em **New Value** (no lado direito), introduza *1* e clique em **Add**. Em **Old Value**, clique em **All other values**. Agora, em **New Value**, introduza *2*. Clique em **Add, Continue,** e **OK**. Todos os valores **PrimaryLast** *0* foram agora transformados em valores *JKINDIC* de *1*, e todos os valores de *1* tornaram-se *2*. (Note que o fato de os valores reais de 0 e 1 aparecerem na sua tela para a variável PrimaryLast depende das suas configurações de dados SPSS.) Selecione **Data – Sort Cases** do menu. Selecione **Reset**. Mova **Schoolid** para a caixa **Sort by**; clique em **Ascending** e **OK**.

8. Abra **Variable View** e elimine as variáveis **RANDOM PICK** e **PrimaryLast**. Selecione **File – Save** para voltar a salvar o arquivo de dados *SCHOOLS*. Não feche o arquivo. Nessa altura, os números da zona JK e o indicador JK (replicação) foram atribuídos às escolas participantes. Essa informação tem de ser agora anexada a *NATASSESS.SPV*, o arquivo onde foram salvos os dados e ponderações da pesquisa.

9. Abra o arquivo *NAEA DATA ANALYSIS\MY SPSS DATA\ NATASSESS.SAV*. Selecione **Data, Sort Cases**, e mova **Schoolid** para a caixa **Sort by**. Selecione **Ascending** e **OK**.

10. Em seguida, as variáveis **Jkzone** e **Jkindic** (atualmente, no arquivo *SCHOOLS.SAV*) fundem-se no arquivo de dados *NATASSESS. SAV* . Ainda em *NATASSESS.SAV*, selecione **Data – Merge files – Add variables**. Selecione *SCHOOLS.SAV* em **Open Dataset** e clique em **Continue**. Assinale a caixa ao lado de **Match cases on key variables in sorted files**. Selecione *SCHOOLID* e mova para **Key Variables** (figura I.C.2). Selecione **Non-active dataset is keyed table**.

11. Clique em OK. Você receberá um aviso: *Keyed Match will fail if data are not sorted in ascending order of Key Variables*. Se ambos os arquivos (**NATASSESS** e **SCHOOLS**) tiverem sido ordenados por **Schoolid**, clique em OK. Em *NATASSESS.SAV*, abra a **Variable View**. As variáveis **Jkzone** e **Jkindic** devem estar visíveis até o final do conjunto de dados. Selecione Save As e salve *NATASSESS.SAV* e *NATASSESS4.SAV* em *NAEA DATA ANALYSIS\MY SPSS DATA*

12. Feche os arquivos abertos *SCHOOLS.SAV* e *NATASSESS4.SAV*.

13. Agora, *NATASSESS4.SAV* é trazido para o WesVar e transformado em um arquivo de dados WesVar. Abra o WesVar. Clique em **New WesVar Data File**. Em **Input Database**, selecione *NAEA*

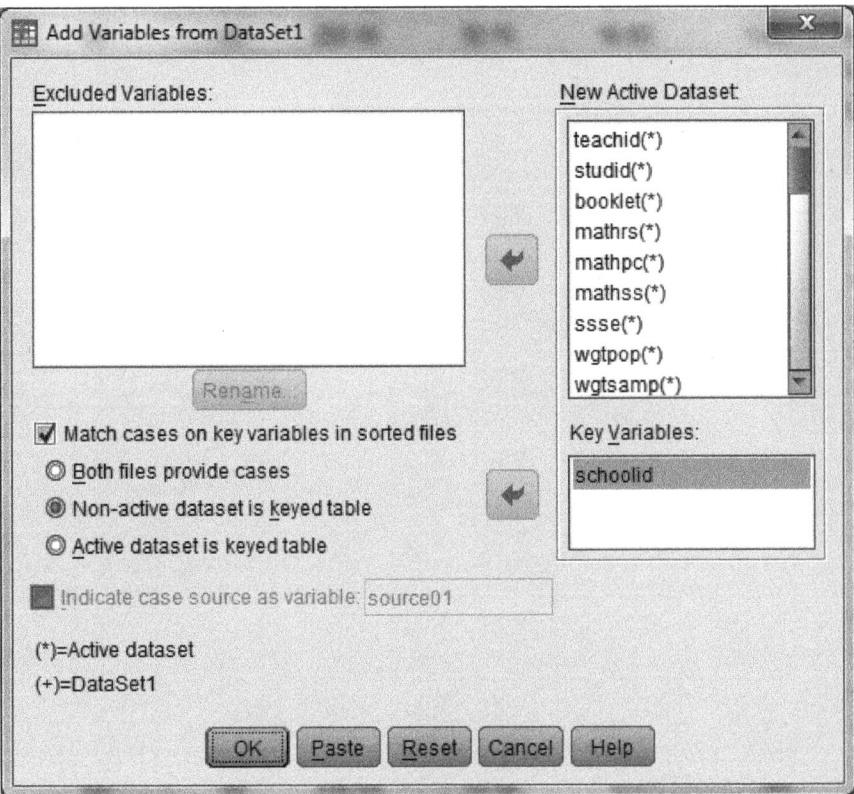

FIGURA I.C.2

Acrescentar Variáveis a um Arquivo SPSS

DATA ANALYSIS\MY SPSS DATA\NATASSESS4.SAV. Clique em **Open**. Aparecerá a mensagem: *Create extra formatted variables*. Clique em **Done**.

14. Em **Source Variables**, selecione **Wgtpop** (a variável que faz a ponderação dos dados segundo a sua representação na população). Selecione **Full Sample**. Mova **Wgtpop** para **Full Sample** usando a seta **>**. Depois, selecione **Studid** em **Source Variables**. Clique em **ID** (no lado direito) e mova **Studid** para **ID**, usando novamente a seta **>**. Agora, selecione as restantes variáveis em **Source Variables**. Selecione **Variables** e clique nas setas **>>** para mover as variáveis restantes para a caixa **Variables** (figura I.C.3).

15. Salve o seu arquivo de dados (**File – Save As**) em *NAEA DATA ANALYSIS\MYWESVARFILES* usando o nome de arquivo *NATASSESS4.VAR*. (É possível usar o mesmo nome porque o

FIGURA I.C.3

Lista de Variáveis Disponíveis no Arquivo de Dados WesVar

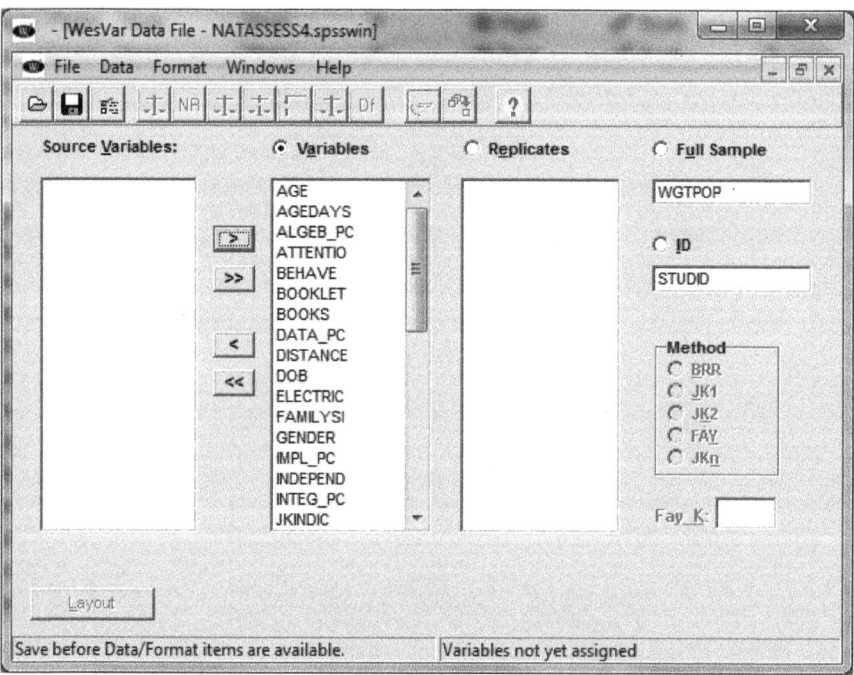

formato e extensão são exclusivos do WesVar; não serão confundidos com os SPSS originais.)

16. Antes que seja possível fazer qualquer tabela, o WesVar tem de criar ponderações de replicação para calcular o erro de amostragem. Ainda na mesma tela, clique no botão de escala ou selecione **Data – Create weights**. A partir de **Source Variables**, mova **Jkzone** para **VarStrat**, e **Jkindic** para **VarUnit**. Clique em **JK2** em **Method** (Figura I.C.4). Clique em **OK**. O WesVar fornece a mensagem: *"This operation will create a new VAR file". Você será solicitado a especificar um nome de arquivo.* Clique em **OK**. Salve o arquivo em ***NAEA DATA ANALYSIS\MYWESVARFILES*** usando o nome de arquivo ***NATASSESS4.VAR***. Talvez você seja solicitado a *"Confirm Save As"*. Clique em **Yes**. O WesVar acrescentou ponderações de replicação para a estimativa do erro de amostragem e o arquivo tem agora a aparência da Figura I.C.5.

FIGURA I.C.4

Criar Ponderações no WesVar

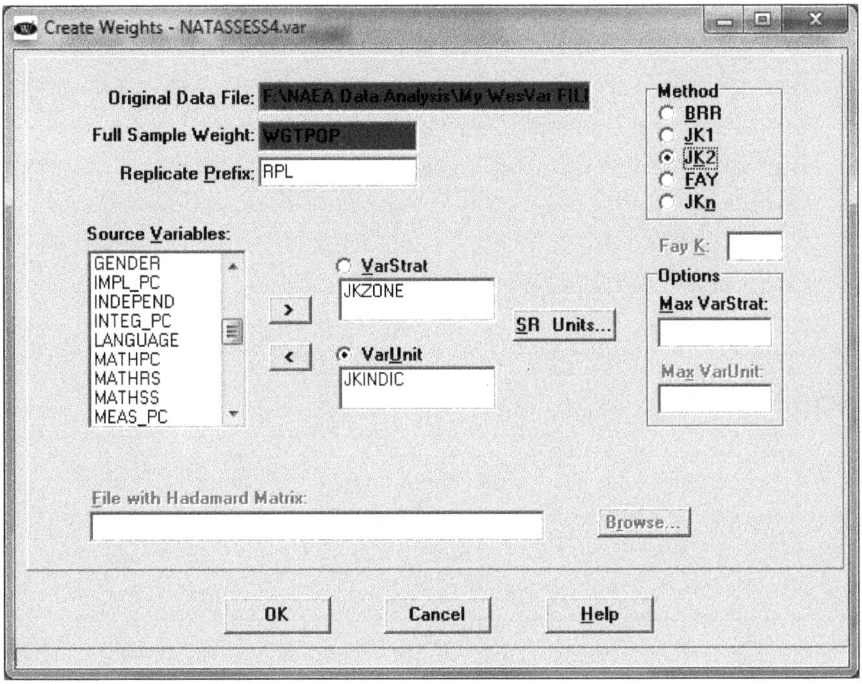

FIGURA I.C.5

Ponderações de Replicação Criadas pelo WesVar

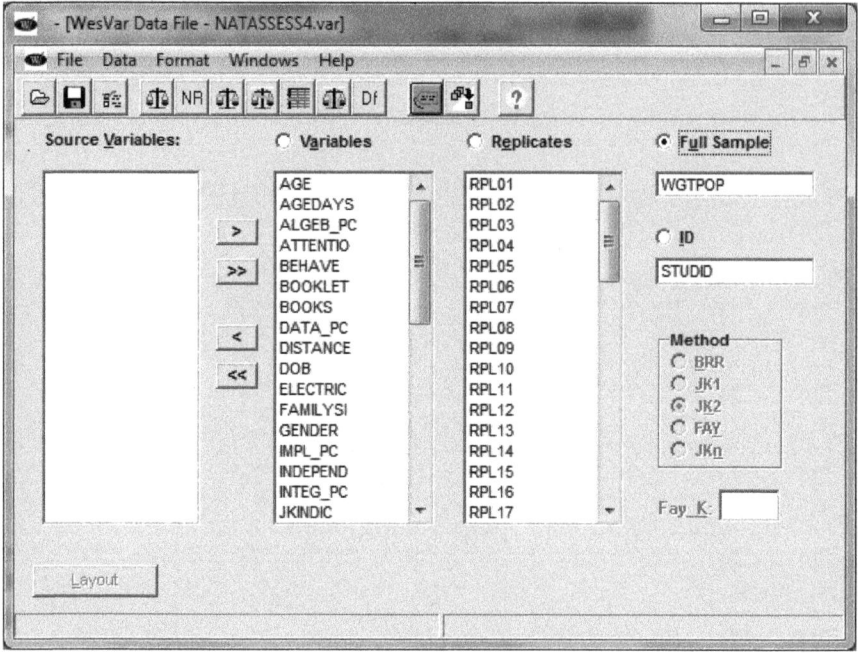

17. Para encerrar o arquivo de dados WesVar, selecione **File – Close**. É possível agora executar as análises no Capítulo 3, usando o arquivo de dados WesVar, ***NATASSESS4.VAR***. Note que esse arquivo é o mesmo que o arquivo previamente criado ***NATASSESS4.VAR*** em ***NAEA DATA ANALYSIS\ WESVAR DATA & WORKBOOKS***.

NOTAS

1. No conjunto de dados atual, existe um número par de unidades primárias de amostragem (PSUs) (escolas, neste caso). Se houver um número ímpar de escolas, a zona «jackknife» (JK) final consistirá em 3 escolas (1, 2 e 3). Quando isso ocorre, é necessário selecionar JK como o método de análise (passo 15) porque a JK2 requer um número par de PSUs.

2. **Jkindic** é o nome da variável do Indicador «Jackknife».

PARTE  II

ANÁLISE DE ITEM E DE TESTE

Fernando Cartwright

CAPÍTULO  INTRODUÇÃO AO IATA

Este capítulo fornece uma descrição dos requisitos de dados para a Análise de Item e de Teste (IATA, pela sua sigla em inglês) e uma visão geral dos tipos de informação fornecidos no IATA. É fornecida uma introdução à interface no IATA, incluindo interfaces de tarefas, menu principal e navegação de fluxo de trabalho.

INSTALAR O IATA

Para executar o IATA, o computador dever ter os requisitos mínimos de sistema do Windows XP (SP3) ou um sistema operacional mais novo, baseado no Windows, como o Windows Vista, Windows 7 ou Windows 8. Se uma versão anterior do IATA estiver instalada no computador, deve ser desinstalada e a pasta de amostra do IATA apagada do ambiente de trabalho antes do início da nova instalação. Durante o processo de instalação, o sistema pode precisar ser atualizado com a mais recente estrutura .NET da Microsoft (.NET 4 ou mais recente). A estrutura .NET é uma parte normal do sistema operacional do Windows e, normalmente, é atualizada automaticamente pelo Windows. No entanto, se o acesso à Internet é pouco frequente ou se a funcionalidade de atualizações automáticas do Windows tiver sido desligada, o sistema operacional pode estar desatualizado. Se estiver instalando o IATA a partir de um CD ou USB, o arquivo de instalação para *.NetFx40_Full_x86_x64.exe* pode ser encontrado no CD, no mesmo diretório que o arquivo *IATASETUP.exe*. A atualização também pode ser descarregada e executada da seguinte URL: http://www.microsoft.com/en-us/download/details.aspx?id=17718.

Para instalar o IATA, é preciso estar conectado como administrador do sistema ou como usuário com direitos de instalação de software. Abra o CD, abra a pasta do IATA, depois clique duas vezes no arquivo *IATASETUP.exe*. Copie esse arquivo e cole-o no ambiente de trabalho do Windows, que pode ser acessado clicando no ícone de ambiente de trabalho no canto inferior direito da barra de tarefas do Windows ou abrindo o "Explorer" e clicando duas vezes no ícone de ambiente de trabalho. Você pode ser solicitado a dar autorização para o *IATASETUP* acessar ou modificar seu computador. Clique em **Allow** ou **Yes** para continuar. Em seguida, verá a tela de boas-vindas que confirma que está instalando o IATA. Em qualquer altura durante a instalação é possível clicar em **Cancel** para desistir da instalação; nenhuma alteração será efetuada no seu computador. Clique em **Next>>** para continuar. Leia o contrato e selecione **I accept the agreement** para confirmar que cumprirá os seus termos. Continue com o resto da instalação clicando **Next>>**. É possível deixar as definições de instalação predefinidas inalteradas ou alterá-las se tiver diferentes diretórios para os seus arquivos ou menus. Antes de a instalação ser efetuada, aparecerá um resumo das especificações de instalação. Clique em **Install**. Uma vez concluída a instalação, aparecerá a tela de confirmação. Se pretender executar o IATA imediatamente, marque a caixa de seleção denominada **Launch IATA**. Clique **Finish** para sair do assistente de instalação.

DADOS DE AVALIAÇÃO

Dois tipos principais de dados são produzidos, e usados, na análise de avaliações: dados de resposta e dados de item. Alunos individuais produzem dados de resposta ao responderem a perguntas em um *teste* (um conjunto específico de perguntas que avaliam um domínio comum de aptidão ou conhecimento). As perguntas individuais de um teste são referidas como *itens*, os quais podem ser de múltipla escolha, resposta curta, pergunta aberta, ou execução de tarefas. Os dados de item são produzidos pela análise ou revisão de itens e pelo registro das suas propriedades estatísticas ou cognitivas. Cada fila de um arquivo de dados de resposta descreve as características de quem faz o teste, enquanto cada fila de um arquivo de dados de item descreve as características de um item de teste.

IATA pode ler e gravar uma variedade de formatos de tabelas de dados (por exemplo, Access, Excel, SPSS [Pacote Estatístico para as Ciências Sociais], arquivos de texto delimitados) se esses estiverem corretamente formatados. Se os dados não estiverem formatados com a estrutura correta, não será possível realizar a análise no IATA. Formatos compatíveis com Bases de Dados, tais como Access ou SPSS, tratam da maioria dos problemas de formatação de dados. No entanto, se os dados estiverem armazenados em um formato menos restritivo, como Excel ou arquivo de texto, devem ser seguidas as seguintes convenções:

- Os nomes das variáveis devem aparecer na célula no topo de cada coluna (conhecida como *cabeçalho*). Cada coluna com dados deve ter um cabeçalho comum. O nome de cada variável dever ser diferente dos nomes de outras variáveis de um arquivo de dados. O nome de uma variável deve começar com uma letra e não deve ter espaços.
- A *gama de variação de dados* é o retângulo de células que contém os dados, começando com o nome da primeira variável a aparecer no arquivo de dados e acabando, na fila mais abaixo de todas, com o valor da última variável. O retângulo de células que forma a gama de variação de dados não deve conter filas ou colunas vazias.
- A gama de variação de dados deve começar na primeira célula da folha ou arquivo de cálculo. No Excel, essa célula é denominada A1. Em arquivos de texto, ela corresponde à posição do cursor no topo do lado esquerdo do arquivo.

Os dois exemplos na Figura 8.1 ilustram formatos incorretos e corretos. No formato incorreto (a) há uma fila em branco acima do

FIGURA 8.1

Exemplos Corretos e Incorretos de Formatação de Dados

a. Formato incorreto: Filas e colunas vazias dentro e em torno dos dados

	A	B	C	D	E	F	G
1							
2		Var_A		Var_B	Var_C		Var_E
3							
4		1		1	1	1	1
5		2		2	2	2	2
6		3		3	3	3	3
7		4		4	4	4	4
8							
9		5		5	5	5	5

b. Formato correto: Gama de variação de dados no topo esquerdo sem nenhuma fila ou coluna vazia

	A	B	C	D	E	F	G
1	Var_A	Var_B	Var_C	Var_D	Var_E		
2	1	1	1	1	1		
3	2	2	2	2	2		
4	3	3	3	3	3		
5	4	4	4	4	4		
6	5	5	5	5	5		
7							
8							
9							

retângulo de dados e uma coluna em branco à sua esquerda. Filas e colunas em branco também aparecem dentro do retângulo e uma coluna contendo dados não tem cabeçalho. No formato correto (b) todos os dados estão reunidos em um único retângulo no topo esquerdo da folha de cálculo sem nenhuma fila ou coluna em branco.

Dados de Resposta

Os dados de resposta incluem a resposta de cada estudante a cada item do teste. Os resultados do teste importados para o arquivo de dados de resposta devem permitir pontuações automatizadas, isto é, o item de dados de resposta deve incluir os códigos que representam como os estudantes realmente responderam aos itens. Por exemplo, se os dados de resposta forem de testes de múltipla escolha, os dados devem registrar códigos representando as opções aprovadas por cada aluno (por exemplo, A, B, C, D). O IATA transformará as respostas codificadas em pontuações usando a chave de respostas introduzida manualmente ou fornecida como um arquivo de chave de respostas.

Em um arquivo de dados de resposta, é possível armazenar outras informações que podem ser úteis na análise de resultados de testes. Os exemplos incluem informações demográficas em variáveis como idade, nota, gênero, escola e região. Mais informações úteis podem ser coletadas em questionários (tais como questionários de aluno e professor) ou obtidas de registros administrativos. Se foi usada uma amostra estratificada de estudantes, o peso de amostragem para cada estudante deve ser incluído nesse arquivo.

Deve-se fornecer um identificador único para cada estudante; se não for fornecido um identificador único, o IATA produzirá automaticamente identificadores únicos baseados na ordem de registro. No entanto, se os resultados deverão ser ligados a outras fontes de dados, tais como pesquisas de acompanhamento ou registros administrativos, é uma boa ideia utilizar um identificador previamente definido, como o nome ou número do estudante, para facilitar ligações futuras entre conjuntos de dados.

Devem ser atribuídos códigos a todas as respostas. Para os itens de múltipla escolha esse procedimento é simples, porque cada opção de resposta já está codificada como correta ou incorreta. Para os itens de pergunta aberta, é necessária uma rubrica de pontuação para pontuar respostas de itens usando uma estrutura comum de código. Os itens de pergunta aberta podem ser pontuados tanto como corretos/incorretos ou com crédito parcial dado a diferentes respostas. Um item de teste de crédito parcial tem mais de uma pontuação mais alta do que zero. As respostas às perguntas abertas devem ser previamente codificadas durante a preparação de dados de resposta. Os Volumes 2 e 3 desta série descrevem procedimentos de codificação para itens de teste (Anderson e Morgan 2008; Greaney e Kellaghan 2012). Na maioria das análises, para pontuar os dados de resposta, uma chave de respostas deve ser carregada dentro do IATA. Uma *chave de respostas* é uma lista de códigos de resposta que indica a resposta ou respostas correta(s) para cada item de teste. A chave de respostas pode ser importada como arquivo de dados ou inserida manualmente. Se a análise estiver usando parâmetros de item ancorados (por exemplo, para ligar diferentes versões de um teste), os parâmetros devem ser incluídos no arquivo da chave de respostas; não podem ser inseridos manualmente (ver abaixo "Dados de Item").

Tratamento de dados em falta e omitidos

Os dados em falta ocorrem quando um aluno não fornece resposta a um item do teste. Quando isso acontece, em vez de deixar o arquivo de dados em branco, é usado um código do valor em falta para registrar porque a resposta está em falta. Há dois tipos de respostas em falta: *em falta* e *omitidas*.

São atribuídos códigos *em falta* às variáveis quando os estudantes poderiam ter respondido a um item mas não o fizeram, deixando a pergunta em branco. Esse tipo de dados em falta é pontuado como incorreto. Em contraste, códigos de dados *omitidos* são usados quando um item não foi administrado aos estudantes, como quando um modelo de cadernos de prova rotativos é usado em uma avaliação.

Dependendo das circunstâncias de administração do teste ou do processamento de dados, deve-se decidir se os códigos a aplicar às respostas dos estudantes que não eram legíveis ou foram respondidas inapropriadamente, como, por exemplo, a seleção de duas opções de múltipla escolha, devem ser processados como dados em falta ou omitidos. Em termos gerais, se estes dados resultam de um erro do estudante, os códigos devem ser considerados em falta e pontuados como incorretos. No entanto, se os erros resultam de limitações do processamento de dados, tais como imprecisão não verificada ao filtrar os boletins de pontuação, os códigos devem ser considerados omitidos.

Outro uso dos códigos de dados omitidos ocorre quando um modelo equilibrado de cadernos de prova rotativos é usado. O modelo equilibrado de cadernos de prova rotativos implica atribuir amostras equivalentes aleatórias de itens a estudantes diferentes, de modo que nem todos os estudantes respondam aos mesmos itens de teste (ver Anderson e Morgan 2008). Esses modelos permitem uma extensa cobertura do assunto em causa ao mesmo tempo que limitam o tempo de duração do teste do estudante. Num modelo de cadernos de prova rotativos, os códigos omitidos devem ser atribuídos a todos os itens de um estudante exceto os que estejam contidos dentro do caderno de prova apresentado ao aluno. Os códigos de omissão não costumam ser atribuídos a itens em situações onde todos os estudantes têm de responder a todos os itens.

As convenções comuns usam valores específicos para os diferentes tipos de dados de não resposta (ver Freeman e O'Malley 2012 para informação sobre dados de resposta). São usados os seguintes valores comuns:

- 9 para uma resposta em falta, quando os estudantes não responderam a um item
- 8 para uma resposta não pontuada, que tipicamente ocorre em um teste de múltipla escolha, no qual os estudantes fornecem múltiplas respostas e, em itens de pergunta aberta, quando as respostas não são legíveis
- 7 para itens omitidos ou não apresentados, que podem ser usados em um modelo de cadernos de prova rotativos

Independentemente dos códigos específicos usados, deve-se especificar como o IATA deve considerar cada não resposta, se em falta ou omitida.

Dar nome aos itens

Num programa de avaliação nacional, é importante atribuir um nome único a cada item (ver Anderson e Morgan 2008; Freeman e O'Malley 2012). Todas as análises estatísticas realizadas em um item de teste devem ser claramente ligadas ao nome ou denominação de um item. Se um item é repetido em vários ciclos de uma avaliação nacional, deve, para cada ciclo, manter o mesmo nome no arquivo de dados. Por exemplo, um item matemático, usado pela primeira vez em 2009, pode ter o nome **M003**, para indicar ter sido o terceiro item a aparecer no teste de 2009. Se esse mesmo item for usado em um teste de 2010, deve continuar a receber o nome **M003**, independentemente de onde aparece no teste. Dar nome aos itens por posição em um teste pode causar confusão quando os itens são reutilizados. Por essa razão, é mais útil atribuir nomes permanentes a itens de teste quando estes são originalmente criados do que atribuir nomes quando são usados pela primeira vez em uma avaliação.

Usar nomes consistentes também facilita a ligação de resultados de diferentes testes. Quando o IATA calcula ligações estatísticas entre testes, combina itens no procedimento de ligação usando o nome de itens. Se um nome de item refere-se a itens diferentes nos dois últimos testes a serem ligados, os resultados da ligação não serão precisos. Apesar de os itens poderem ser renomeados para facilitar o processo de ligação, manter nomes únicos de itens desde o início é mais simples e é menor a probabilidade de introduzir erros.

Variáveis reservadas pelo IATA

Durante a análise dos dados de resposta, o IATA calcula a variedade das variáveis de trabalho ou de resultado. Os nomes destas variáveis são restritos e não devem ser usados como nomes de itens de teste ou variáveis de questionário. Essas variáveis, que o IATA adiciona aos arquivos de dados de pontuação de teste, estão listadas na tabela 8.1.

TABELA 8.1

Variáveis Produzidas ou Usadas pelo IATA para Descrever a Aptidão e o Desempenho no Teste do Aluno

Nome de Pontuação	Descrição
PesoX	Este é o peso do modelo do caso que é usado durante a análise (se não especificado, o valor é igual a 1 para todos os alunos).
EmFalta	Esta variável descreve o número de itens que são omitidos para um aluno.
PercentagemdePontuação	A percentagem de pontuação é o número de itens a que um aluno respondeu corretamente expresso por uma percentagem do número total de itens administrados ao aluno (excluindo dados de resposta omitidos).
PercentagemdeErro	Este é o erro de medição para a percentagem de pontuação. Este cálculo é específico para cada aluno; o seu valor depende da percentagem de pontuação e do número de itens a que um aluno respondeu.

TABELA 8.1
(continuação)

Nome de Pontuação	Descrição
Percentil	A categoria de percentil (um número entre 0 e 100) descreve, para cada estudante, a percentagem de outros estudantes com pontuações mais baixas.
PontuaçãoZBruta	A PontuaçãoZBruta é a percentagem de pontuação, transformada para, dentro da amostra, ter uma média de 0 e um desvio padrão de 1.
PontuaçãoZ	Esta pontuação é a distribuição normal equivalente à pontuação de percentil. Também é referida como *pontuação na curva campanular*. Enquanto a distribuição da PontuaçãoZBruta depende da distribuição de percentagens de pontuação precisas, a distribuição da PontuaçãoZ tende a ser mais precisamente moldada em forma de sino.
PontuaçãoTRI	A PontuaçãoTRI é o cálculo da aptidão do aluno. Tipicamente, esta pontuação tem uma média e desvio padrão, respectivamente, de 0 e 1. Facilita a generalização, superior a uma amostra de itens específica, porque o seu cálculo leva em consideração as propriedades estatísticas dos itens de teste.[a]
ErroTRI	O erroTRI é o erro de medição para a pontuaçãoTRI.
AssimetriadeTRI	A assimetria de cálculo de aptidão indica se o teste é melhor ao medir o limite superior ou inferior da aptidão de um aluno. (Por exemplo, um teste fácil pode descrever exatamente se os alunos alcançaram um nível mínimo de aptidão, mas poderá não ser capaz de dar um cálculo exato de níveis de aptidão mais elevados.)
CurtoseTRI	O cálculo de curtose de aptidão descreve o quão preciso o cálculo é para um determinado nível de erro. (Por exemplo, para duas pontuações com as mesmas medidas de erro, a que tem a maior curtose é mais exata.)
PontuaçãoVerdadeira	Esta pontuação é um cálculo de uma percentagem de pontuação que é calculada a partir da pontuação TRI. É preferível à percentagem de pontuação bruta porque corrige diferenças em medição de erro entre itens. Esta percentagem é calculada como a média da probabilidade da resposta correta para cada item, dada a pontuação de TRI de cada aluno e os parâmetros para os itens de teste.
Nível	Esta variável é um cálculo do nível de aptidão para um aluno que tenha sido incluído com base em procedimentos de normalização. (Se não tiverem sido executados procedimentos de normalização, o padrão é ser atribuído a todos os alunos o valor 1.)

Nota: TRI = teoria de resposta ao item
a. Opções adicionais de escalonamento de TRI estão disponíveis na funcionalidade avançada do IATA; consulte o guia de instalação que acompanha o CD.

Além de evitar esses nomes específicos, evite usar nomes que contenham o símbolo @, o qual está reservado para o processamento de itens de crédito parcial, que são itens de teste que têm mais do que um valor de pontuação possível maior do que zero.

Dados de Item

O IATA produz e usa arquivos de dados de item com um formato específico. Um arquivo de dados de item contém todas as informações necessárias para realizar análises estatísticas de itens e pode conter os parâmetros usados para descrever as propriedades estatísticas dos itens. Um banco de itens produzido ou usado pelo IATA deve conter as variáveis listadas na tabela 8.2.

A Tabela 8.3 apresenta exemplos para um arquivo de banco de itens contendo informações sobre cinco itens de ciência denominados **C1Sci31**, **C1Sci32**, **C1Sci33**, **C1Sci34**, e **C1Sci35**. Observe que o item **C1Sci35** não tem qualquer dado nas colunas denominadas **a**, **b**, **c**, e **Level**. Como indicado na tabela, os únicos campos de dados que são obrigatórios são **Name** and **Key**. Se os parâmetros **a**, **b**, ou **c** estiverem em falta, serão calculados durante a análise. Muitas situações poderão requerer a inserção de um arquivo de dados de item no IATA que tenha esses parâmetros em falta. A situação mais comum ocorre quando os dados de resposta para os itens nunca foram analisados; nesse caso, o arquivo de dados em branco é simplesmente usado como uma chave de respostas. Outra situação ocorre quando alguns itens têm parâmetros que foram calculados em uma análise de dados anterior e pretendemos definir os valores desses itens em vez de fazermos o IATA recalculá-los; nessa situação, deixaríamos os valores **a**, **b**, e **c** vazios apenas para itens para os quais desejávamos calcular novos parâmetros. Valores para **Level** e **Content** podem ser inseridos manualmente na interface IATA ou deixados vazios.

Um arquivo de dados de item também pode incluir variáveis adicionais. Por exemplo, informações adicionais normalmente armazenadas com dados de item incluem a pergunta de origem do banco de dados, estatísticas descrevendo o número de vezes que o item foi usado e uma lista dos testes em que cada item aparece. No entanto,

TABELA 8.2
Variáveis em um Arquivo de Dados de Item

Variável	Descrição
Nome	(OBRIGATÓRIO) o nome único de cada item de teste
Chave	(OBRIGATÓRIO) as informações usadas para atribuir uma pontuação numérica a cada resposta de item, a qual é um único código correspondente à resposta correta ou um conjunto de valores que define uma variedade de respostas aceitáveis e a sua correspondente pontuação numérica
A	(OPCIONAL) o primeiro de três parâmetros, que descreve como o desempenho em um item de teste se relaciona com a aptidão no domínio do desempenho, referido como parâmetro de *inclinação* ou de *discriminação*
B	(OPCIONAL) o segundo parâmetro de item, referido como parâmetro de *localização* ou de *dificuldade*
C	(OPCIONAL) o terceiro parâmetro de item, referido como parâmetro de *acerto casual* [a]
Nível	(OPCIONAL) um nível de aptidão anteriormente atribuído a um item baseado na especificação inicial do item e verificação de perito (os valores devem ser números naturais, começando em 1)
Conteúdo	(OPCIONAL) um código ou descrição usado para descrever o subdomínio do currículo, também conhecido como vertente ou segmento, com o qual cada item está mais fortemente alinhado

a. O Uso do parâmetro **c** para descrever itens pode fazer com que certas funções, como equacionar, não funcionem adequadamente. Para a maioria dos usos, os itens são mais úteis se o valor do parâmetro **c** for igual ou programado para zero. O modelo de três parâmetros só deve ser usado por peritos que estejam cientes das suas limitações. Os cálculos e uso do parâmetro **c** são fornecidos pela funcionalidade avançada do IATA. O registro do IATA, que é gratuito, dá acesso a essa funcionalidade avançada. Para instruções de registro, consulte o guia de instalação que acompanha o CD.

TABELA 8.3
Seção de Amostra de um Arquivo de Dados de Item

Nome	a	b	c	Chave	Nível	Conteúdo
C1Sci31	0,34	0,83	0,01	3	3	Fundamentação Científica
C1Sci32	0,46	0,40	0,12	4	2	Física
C1Sci33	0,32	0,31	0,06	3	2	Física
C1Sci34	0,18	0,75	0,16	1	3	Biologia
C1Sci35				5		Ambiente

o IATA não utilizará nenhuma variável exceto os sete campos de dados necessários da tabela 8.3.

A equipe de avaliação nacional pode usar informações de qualquer fonte se esta tiver os dados de item no formato apresentado na tabela 8.2. Por exemplo, as avaliações nacionais podem ter permissão para usar itens de uma avaliação de larga escala tal como a administrada pela Associação Internacional para a Avaliação do Desempenho Educacional, que inclui o TIMSS (Tendências Internacionais no Estudo da Matemática e das Ciências, pela sua sigla em inglês,) e o PIRLS (Estudo Internacional de Progresso na Compreensão de Leitura, pela sua sigla em inglês) (http://timss.bc.edu/). Se forem incluídos itens de avaliações de larga escala existentes, o parâmetro de item das avaliações existentes pode ser usado para criar um arquivo de dados de item que o IATA pode importar.

Formatos de Chave de respostas

Na coluna com o cabeçalho **Key** em um arquivo de dados em branco, deve-se fornecer ao IATA informações que ele possa usar para pontuar cada item. No caso mais simples, para testes de múltipla escolha com apenas uma opção correta, o valor em cada coluna deve ser um caráter alfanumérico correspondendo à opção correta. O valor é sensível a maiúsculas e minúsculas, o que significa que, por exemplo, se a resposta correta for codificada como um A maiúsculo, então a letra maiúscula A deve ser dada na chave de respostas; se for dado um valor de chave a, então, quaisquer respostas com o valor A serão marcadas como incorretas.

Em casos raros, durante um processo de revisão de teste, um item de teste pode ser definido para ter mais do que uma resposta correta. Para atribuir mais do que um valor de chave a uma chave de respostas, deve-se inserir uma lista de valores corretos, separados por vírgulas sem espaços entre os valores ou depois das vírgulas. Por exemplo, se as respostas de A e C forem aceitáveis como corretas para um item de testes, o valor da chave para o item deve ser A,C.[1]

Formatos de Item de Dados para Itens de Crédito Parcial

Itens de Crédito parcial (ou de resposta graduada) são itens de teste que têm mais do que um valor de pontuação. Por exemplo, em vez de ser pontuado como 0 ou 1, um item com diversos níveis de exatidão pode ser pontuado como 0, 1, ou 2, onde 0 representa uma tentativa de resposta, 1 uma resposta parcialmente correta e 2 uma resposta totalmente correta. Para acomodar diferentes valores, a chave de respostas deve ser inserida para cada valor de pontuação maior do que 0. Se o esquema de marcação usado para itens de crédito parcial usar pontuações que são todas maiores do que 0, então, a informação da chave de respostas não deve ser inserida para o valor pontuado mais baixo. Por exemplo, se os possíveis itens de pontuação forem 1, 2, e 3, a chave de respostas deve dar informação só para valores 2 e 3. O formato para uma resposta de crédito parcial é <pontuação1>:<lista valores 1>;<pontuação 2>:<lista valores 2>; ... <pontuação *n*>:<lista valores *n*>. Por exemplo, para um item de crédito parcial com três valores, codificados como A, B, e C, com pontuações, respectivamente, de 1, 2, e 3, a chave de respostas deve ser inserida como 1:A;2:B;3:C.

Se um item de crédito parcial já tiver sido analisado, terá um maior número de parâmetros do que um item de teste normal. Cada valor de pontuação terá um valor distinto para o parâmetro b, apesar de o parâmetro ter o mesmo para todos os valores de pontuação. Esses dados de itens devem ser inseridos em um formato especial. Além de darem a entrada principal com a chave de respostas completa, é necessário acrescentar uma nova entrada para cada valor de pontuação (exceto para o valor de pontuação mais baixo) como se cada valor de pontuação fosse um item de teste individual. Os campos de parâmetro para a entrada principal devem ser deixados em branco. Por exemplo, se um item tem pontuações de 0, 1 e 2, então, deverá ser necessário um total de três filas no arquivo de dados de item: uma fila para a globalidade do item, que terá apenas o nome do item e a chave de respostas; e duas entradas específicas de pontuação para 1 e 2 com as informações de nome, chave de respostas, e parâmetro.

O valor do campo do nome para cada entrada específica de pontuação é o nome original do item seguido de @<valor pontuação>. Por exemplo, se o nome original do item é **TestItem**, o nome para uma pontuação de item de 1 é **TestItem@1**. O IATA utiliza um modelo de resposta de item que requer que os valores dos parâmetros

TABELA 8.4

Seção de Amostra para Um Arquivo de Dados de Um Item de Crédito Parcial

Nome	a	B	C	Chave	Nível	Conteúdo
PCItem001				1:1;2:2;3:3		Partes de discurso
PCItem001@1	0,61	−0,43	0	1,2,3	1	Partes de discurso
PCItem001@2	0,61	0,22	0	2,3	1	Partes de discurso
PCItem001@3	0,61	0,74	0	3	2	Partes de discurso

b estejam na mesma ordem que as pontuações. Como tal, se houver duas entradas de pontuação, 1 e 2, o valor do parâmetro **b** para a pontuação 2 deve ser maior do que o parâmetro **b** para a pontuação 1 (ver tabela 8.4).

Quando é inserida uma fila para pontuação de cada item de crédito parcial, os valores do campo da chave de respostas devem ser especificados de modo diferente. A análise de um item de crédito parcial pressupõe que um estudante que consegue uma determinada pontuação em um item também domina o nível de competências associado a uma menor pontuação desse item. Em outras palavras, se cada pontuação é tratada como um item de teste individual, considera-se que um estudante com um alto item de crédito parcial teve desempenho correto nas pontuações mais baixas de créditos parciais. Para gerir essa relação no IATA, a chave de respostas para cada valor de pontuação deve listar o seu próprio valor ou valores de chave assim como os valores de quaisquer pontuações mais altas.

Um exemplo correto de formatação de dados de um item de crédito parcial com pontuações de 0, 1, 2, e 3 é dado na tabela 8.4. Note que nenhuma informação de pontuação é dada para a pontuação mais baixa (0). A entrada principal de item não tem valores de parâmetro ou um valor para **Level** (Nível). Como cada valor de pontuação poderia corresponder a um padrão diferente de desempenho, não há sentido em especificar o nível para a totalidade do item. Mesmo se as respostas já tiverem sido pontuadas, a informação de pontuação ainda deve ser especificada usando o formato de chave de respostas correto. Para o IATA pontuar as respostas corretamente, a chave de respostas deve dar tanto o valor encontrado nos dados como a pontuação atribuída a cada valor.

DADOS PRODUZIDOS PELO IATA

O IATA produz várias tabelas de dados que contêm as especificações da análise atual e dos resultados da análise. Em geral, os resultados devem ser arquivados para referência futura. A Tabela 8.5 resume a lista de tabelas de dados produzidos pelo IATA. As tabelas podem ser salvas individual ou coletivamente, diretamente do IATA em vários formatos comuns, incluindo Excel (*.xls/*.xlsx), SPSS (*.sav), delimitados por vírgula (*.csv), ou delimitados por tabulação (*.txt).

TABELA 8.5
Tabelas de Dados Produzidas pelo IATA

Tabelas de Dados	Descrição
Respostas	Dados originais de resposta (incluindo dados não teste) importados para o IATA
Valores	Códigos de resposta únicos para todos os itens de teste e indicação se cada valor de resposta é codificado como em falta válido (omissão válida) ou em falta
Pontuação	Os dados de resposta foram pontuados como corretos (1) ou incorretos (0) usando a resposta especificada, assim como todos os resumos de pontuações e os seus erros padrão
Itens1[a]	Chaves de respostas de item e estatísticas relacionadas com a atual análise e parâmetros de item
Itens2	Chaves de respostas de item e parâmetros do arquivo de parâmetro de item de referência usado para ligação
ItensIntegrados	Correspondência item a item, tanto no novo arquivo como no de parâmetro de item de referência usado pelo processo de ligação
ValoresPróprios	A proporção de variância explicada por cada uma das dimensões subjacentes às respostas de item
MatrizPadrão	A proporção de variância para cada item explicada por cada uma das dimensões subjacentes às respostas de item
Níveis	Os valores limite usados para definir os níveis de aptidão
ConstantesdeLigação	Constantes de transformação de pontuação usadas para ajustar a escala de caráter latente entre populações ou amostras
DadosdeMarcadordeLIvro	Uma lista ordenada de itens que possa ser usada para facilitar a configuração padrão ou a criação de definições para níveis de desempenho
FDI_<especificações>	Os resultados da análise do funcionamento diferencial dos itens, onde o nome da parte da tabela <especificações> resume a variável e grupos comparados na análise

(continua)

TABELA 8.5
(continuação)

Tabelas de Dados	Descrição
TesteComum<nome>	Um conjunto de itens escolhidos para minimizar o erro de medição sobre uma gama específica de aptidão, o <nome> é um valor especificado para cada usuário

a. A tabela de dados Itens1 produzida pelo IATA após uma análise dos dados de resposta não apenas serve como um arquivo de dados de banco de itens, como também gera várias estatísticas adicionais. As estatísticas adicionais são descritas em seções posteriores sobre análise de dados de resposta. Elas descrevem o comportamento dos itens em uma amostra específica e são úteis para orientar a análise e a elaboração de testes, mas não precisam ser mantidas e um arquivo de banco de itens que será usado pelo IATA.

Além das tabelas de dados descritas na tabela 8.5, o IATA produz vários gráficos, resumos de texto e tabelas de resultados que só são apresentadas na interface IATA. Esses resultados podem ser copiados diretamente do IATA e colados em outros documentos para referência futura. O método de copiar as saídas depende do tipo de saída.

Para gráficos, clicar no botão do lado direito do mouse no corpo do gráfico abre um menu suspenso com as opções para (a) copiar a imagem para a área de transferência, (b) salvar a imagem do gráfico diretamente em um arquivo, ou (c) imprimir a imagem. Para apresentar resultados em formato de tabulação, deve-se primeiro selecionar as células, linhas ou colunas a serem copiadas, depois copiar os dados selecionando **Copy** (Copiar) do menu suspenso que se acessa ao clicar com o botão direito do mouse ou escrevendo **Ctrl+c**. Os dados copiados podem ser colados em um arquivo de texto ou diretamente em software de folhas de cálculo como Excel ou SPSS.

INTERPRETAR OS RESULTADOS DO IATA

Sempre que o IATA produz resultados de análise para itens individuais, também apresenta um resumo de indicadores de "tráfego de símbolo" que fornece uma ideia geral de como interpretar os resultados. O IATA usa três símbolos (ver Tabela 8.6). Os símbolos (círculo, losango, triângulo) aparecem em cor na tela do computador.

TABELA 8.6

Símbolos de Tráfego no IATA e o Seu Significado

Símbolo	Significado
●	Um círculo indica que não existem maiores problemas
◆	Um losango indica que os resultados não são os ideais. Este indicador é usado para sugerir que podem ser necessárias modificações às especificações da análise ou aos itens em si mesmos. No entanto, os itens não estão introduzindo nenhum erro significativo nos resultados da análise
△	Um triângulo aparece ao lado de qualquer item potencialmente problemático. É usado para indicar itens que não puderam ser incluídos na análise devido a problemas com os dados ou especificações ou para recomendar um exame mais detalhado das especificações ou dos dados subjacentes e item de teste. Quando este indicador aparece, não significa necessariamente que exista um problema, mas sugere que os resultados gerais da análise podem ser mais precisos se o item de teste indicado for removido ou se a análise for redefinida

No caso de análises em que são considerados várias informações ao interpretar os resultados para um item específico, como a análise de item e a dimensionalidade de resultados de teste, o IATA gera afirmações interpretativas que pretendem resumir as diferentes estatísticas. Essas afirmações pretendem ser uma sugestão útil de como proceder. No entanto, em qualquer caso em que o IATA recomende uma modificação, quer às especificações da análise quer aos itens de teste, é preciso verificar se a recomendação é apropriada examinando os resultados estatísticos, os verdadeiros cadernos de prova, ou ambos, ou discutindo os itens com um especialista do currículo.

DADOS DE AMOSTRA

Quando o IATA é instalado em um computador, ele cria uma pasta no ambiente de trabalho chamada IATA. Essa pasta contém dados de amostra que são necessários para os exemplos guiados deste livro. A pasta de dados de amostra contém sete arquivos entre os quais seis conjuntos de dados de resposta, cada um em formato Excel, e um arquivo Excel contendo chaves de respostas para cada um dos conjuntos de dados de resposta. Os arquivos estão no formato *.xls para serem compatíveis com software mais antigo e aberto (dependendo das configurações do computador, a extensão de arquivo .xls pode não estar visível). Os nomes e conteúdos dos arquivos são os seguintes:

- *PILOT1*: um conjunto de dados de resposta correspondente a um teste piloto contendo itens de múltipla escolha
- *CYCLE1*: um conjunto de dados de resposta correspondente à administração de uma avaliação nacional
- *PILOT2*: um conjunto de dados de resposta correspondente a um teste piloto contendo itens de múltipla escolha em um modelo equilibrado rotativo
- *PILOT2PartialCredit*: um conjunto de dados de resposta correspondente a um teste piloto contendo itens de múltipla escolha e de crédito parcial em um modelo equilibrado rotativo
- *CYCLE2*: um conjunto de dados de resposta correspondente à administração de uma avaliação nacional com itens em comum com uma administração anterior
- *CYCLE3*: um conjunto de dados de resposta correspondente a uma administração de avaliação nacional com itens em comum com uma administração anterior
- *ItemDataAllTests*: um arquivo Excel com várias folhas contendo chaves de respostas e informações sobre os itens em cada um dos arquivos de dados de resposta

Esses dados de amostra são conjuntos de dados ficcionais desenvolvidos com o único propósito de fornecer exemplos concretos e aplicações deste software. Apesar de refletirem os padrões típicos de respostas de um aluno e a relação nos dados ser semelhante à encontrada na maioria das avaliações de larga escala, os resultados e discussões das conclusões da análise não representam qualquer avaliação nacional real.

Se algum dos arquivos de dados de amostra for apagado, pode ser recuperado executando-se o programa IATASetup.exe do CD ou a partir do website do IATA (http://polymetrika.com/home/IATA).

FLUXOS DE TRABALHO E INTERFACES DE ANÁLISE DO IATA

O IATA difere dos programas de análise estatística que fornecem uma variedade de funções de análise que podem ser acessadas individualmente. Em contraste, todas as funções de análise no IATA são acessadas através de fluxos de trabalho, nos quais os resultados de cada passo do fluxo de trabalho podem ser usados para instruir as especificações ou interpretações de resultados de passos subsequentes. Cinco fluxos de trabalho estão disponíveis no IATA:

- Análise de dados de resposta
- Análise de dados de resposta com ligação
- Ligação de dados de item
- Selecionar itens de teste ideais
- Desenvolver e atribuir padrões de desempenho

Cada fluxo de trabalho reflete as necessidades de objetivos específicos que podem surgir no contexto de uma avaliação nacional. As seguintes diretrizes relacionam-se com certas situações associadas a fluxos de trabalho:

- Se um teste piloto tiver sido realizado e forem necessárias informações detalhadas sobre o comportamento dos itens para determinar o conteúdo do teste final, deve-se usar o fluxo de trabalho **Response data analysis**.
- Se for realizada uma coleta de dados para a primeira avaliação nacional de uma série planejada de avaliações deve-se usar o fluxo de trabalho **Response data analysis**.
- Se estiverem sendo atribuídas novas pontuações de escala a uma amostra de estudantes aos quais foi administrado o mesmo teste utilizado em uma avaliação nacional anterior, deve ser usado o fluxo de trabalho **Response data analysis**.
- Se foi realizada uma avaliação nacional que compartilha itens com uma avaliação anterior e é desejada uma comparação dos resultados de ambas, deve ser usado o fluxo de trabalho **Response data analysis with linking** ou o fluxo de trabalho **Linking item data**.

- Se o objetivo é modificar um teste e é preciso identificar os melhores itens para ficarem no novo teste de modo a manter a compatibilidade com o teste anterior, deve ser usado o fluxo de trabalho **selecting optimal test items**.
- Se a avaliação nacional já foi realizada e se pretende interpretar os resultados de um modo que seja consistente com as expectativas do currículo em vez de simplesmente comparar estudantes uns com os outros, deve-se usar o fluxo de trabalho **Developing and assigning performance standards**.

Para realizar análises com o IATA, deve-se selecionar um desses fluxos de trabalho a partir do menu principal. O menu principal pode ser acessado clicando **Main Menu** no canto inferior direito da tela de seleção de idiomas e de registro que carrega junto com o IATA (Figura 8.2). Não é preciso introduzir informações nesta tela

FIGURA 8.2

Seleção de Idioma Inicial e Registro Ideal para o IATA

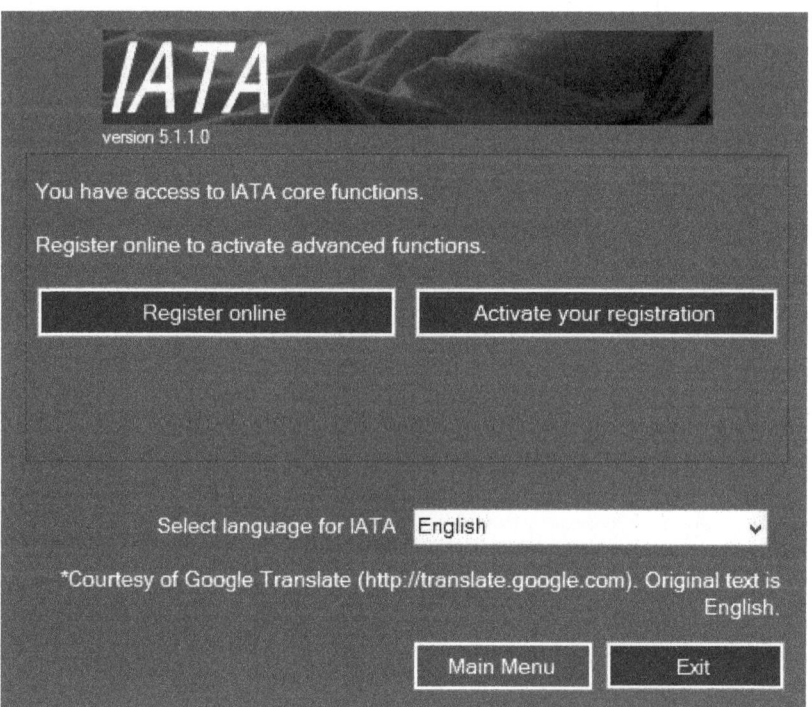

para executar o IATA. O idioma padrão para o IATA é o inglês e o registro é opcional. O registro permite o acesso a funções avançadas de análise e receber notificações quando há atualizações disponíveis para o IATA.

A Figura 8.3 mostra o menu principal do IATA.

Cada fluxo de trabalho é composto por um conjunto de tarefas que são realizadas por ordem. A maioria dos fluxos de trabalho compartilha muitas das mesmas tarefas. O IATA desempenha 10 tarefas, cada qual com a sua interface que, regra geral, aparecem na ordem listada na Tabela 8.7. Nem todas as tarefas aparecem em todos os fluxos de trabalho. Os fluxos de trabalho são concebidos de modo que o usuário seja solicitado a realizar apenas as tarefas que sejam relevantes para os objetivos da sua análise. A Tabela 8.7 combina tarefas com fluxos de trabalho.

Os dois primeiros fluxos de trabalho (A, B) são muito semelhantes em termos de tarefas. Por outro lado, os três últimos (C, D, E) só

FIGURA 8.3

O Menu Principal do IATA

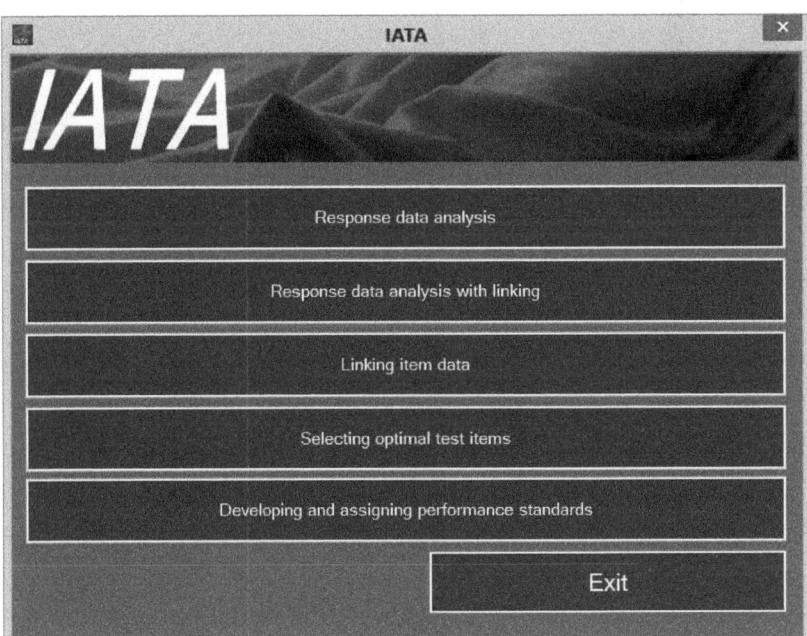

TABELA 8.7
Tarefas do IATA e os Fluxos de Trabalho em que são Usadas

Tarefa	Fluxos de Trabalho				
	Análise de dados de resposta A	Análise de dados de resposta com ligação B	Ligação de dados de item C	Selecionar itens de teste ideais D	Desenvolver/ atribuir padrões de desempenho E
Carregar dados	•	•	•	•	•
Configurar especificações de análise	•	•			
Analisar itens de teste	•	•			
Analisar dimensionalidade do teste	•	•			
Tarefa	Fluxos de Trabalho				
	Análise de dados de resposta A	Análise de dados de resposta com ligação B	Ligação de dados de item C	Selecionar itens de teste ideais D	Desenvolver/ atribuir padrões de desempenho E
Analisar funcionamento diferencial dos itens	•	•			
Ligação			•	•	
Escalonamento de resultados de teste	•	•			
Selecionar itens de teste ideais	•	•		•	
Dar informações sobre o desenvolvimento de padrões de desempenho	•	•			•
Salvar resultados	•	•	•	•	•

analisam dados de item. Todos os fluxos de trabalho requerem que os dados sejam carregados no IATA e permitem que os resultados sejam salvos.

NAVEGAR NOS FLUXOS DE TRABALHO DO IATA

Após selecionar um fluxo de trabalho do menu principal do IATA, o usuário será direcionado para o conjunto de tarefas que integram o fluxo de trabalho. Cada tarefa tem sua própria interface que permite especificar como o IATA deve realizar a tarefa e, se aplicável, rever os resultados.

A caixa de instruções do IATA e os botões de navegação são mostrados na Figura 8.4. A caixa de instruções fornece um breve resumo das especificações necessárias para cada tarefa e sugestões interpretativas. Clicar no botão denominado <<Back permite rever um tarefa prévia, clicar Next>> leva à próxima tarefa. Vale ressaltar que, apesar de o IATA não impedir o usuário de andar para trás e para a frente através dos fluxos de trabalho, se as tarefas menos recentes não tiverem sido corretamente executadas, as tarefas mais recentes do fluxo de trabalho podem não fornecer dados significativos.

Independentemente do fluxo de trabalho onde aparecem, as especificações gerais para cada tarefa permanecem as mesmas. As interfaces de tarefa são descritas em detalhe nos exemplos guiados dos Capítulos 9 a 14 deste volume.

Os exemplos nos capítulos seguintes demonstram como usar o IATA para realizar análises de dados de item e de teste para uma

FIGURA 8.4

Caixa de Interface de Instruções de Tarefa e Botões de Navegação do IATA

avaliação nacional usando dados a partir da pasta IATA no seu ambiente de trabalho. Para analisar os seus próprios dados de avaliação nacional, crie uma nova pasta e atribua-lhe um nome relevante, como **NATIONAL_ASSESSMENT_YEAR_1**. (ao dar nome aos arquivos e pastas, evite usar espaços ou caracteres especiais exceto _). Você deve armazenar seus dados de resposta de alunos nesta pasta e salvar quaisquer resultados produzidos pelas suas análises na mesma pasta. Apesar de o IATA conseguir analisar dados em diferentes formatos, tais como Excel e SPSS, os arquivos de dados que você usa devem seguir a mesma estrutura e convenções de nomes descritas nas Tabelas 8.2 e 8.3. Os nomes dos arquivos de dados devem identificar sem margem de dúvida a fonte dos dados.[2]

NOTAS

1. Essa exigência em termos de formatação significa que as vírgulas nunca devem ser usadas como valores de chave de respostas.

2. Informações adicionais sobre o IATA podem ser encontradas em http://polymetrika.com/home/IATA.

CAPÍTULO 9

ANÁLISE DE DADOS DA APLICAÇÃO DE UM TESTE PILOTO

Utilize o conjunto de dados de amostra *PILOT1* para realizar este exercício. A chave de respostas para este teste encontra-se no livro de exercícios Excel, *ItemDataAllTests*, na folha com o nome *PILOT1*.

Este capítulo introduz a análise de dados de testes piloto utilizando o software de Análise de Item e de Teste (IATA). O fluxo de trabalho **Response data analysis** será utilizado para a análise dos dados de resposta através da utilização de um arquivo de chave de respostas. As fases do fluxo de trabalho incluem o carregamento de dados, a especificação da análise, a análise de itens, a análise dimensional, a análise de funcionamento diferencial dos itens e a seleção dos itens. As pontuações de escala ou os padrões de desempenho não são calculados, uma vez que é improvável que a distribuição de aptidões na amostra piloto seja representativa da população.

Considere o seguinte cenário. Uma equipe de avaliação nacional e os respectivos especialistas em currículo escolar criaram um conjunto de novos itens de múltipla escolha para avaliar as capacidades no nível de Matemática dos alunos do 5.º ano. Os novos itens do teste, que foram considerados adequados para representar o currículo escolar nacional, foram criados para refletir as principais categorias de conteúdo (conhecimentos no nível de números, forma e espaço, relacionamentos, resolução de problemas e incerteza) determinadas por um comitê diretor nacional. A versão final do teste, que deve conter 50 itens, deve ser aplicada a alunos do 5.º ano de todos os níveis de aptidão.

Como primeiro passo, a equipe de avaliação nacional aplicou um teste de 80 itens a um total de 262 alunos provenientes de sete escolas em cada uma das três regiões. A equipe utilizou um número de itens superior ao que será incluído no teste final, prevendo que, como é comum, muitos dos itens propostos para o teste não funcionem devidamente por várias razões. (Os itens podem, por exemplo, ser demasiadamente fáceis ou difíceis ou as instruções podem ser confusas.) Alguns itens podem ter sido rejeitados pelos painéis de revisão antes da realização do teste prévio. Para prevenir itens problemáticos adicionais, deve ser realizado o teste prévio para um número de itens superior em pelo menos 50% ao que será necessário para o teste final. Note-se também que um teste piloto destina-se a testar os protocolos operacionais para um questionário e a determinar a composição de itens no teste final.

O arquivo de dados de resposta dos alunos contém as respostas dadas por cada aluno aos 80 itens de múltipla escolha, assim como algumas variáveis no nível da escola (identificação da região, identificação da escola, tipo de escola, dimensão da escola) e algumas informações no nível dos alunos (gênero dos alunos, idioma falado em casa dos alunos).

No menu principal, clique na primeira opção do menu, **Response data analysis**, para acessar o fluxo de trabalho da análise (Figura 9.1). Se ocorrer um erro ou aparecerem resultados inesperados em alguma fase do fluxo de trabalho, volte ao passo anterior ou reinicie a análise a partir do menu principal.

FIGURA 9.1

Fluxo de Trabalho da Análise dos Dados de Resposta

PASSO 1: CARREGAMENTO DOS DADOS DE RESPOSTA

Independentemente do caminho de análise escolhido, é necessário carregar os dados anteriormente recolhidos ou produzidos para o IATA (por exemplo, os dados do teste piloto de avaliação nacional ou um arquivo de dados de itens). O IATA é flexível e tem procedimentos e botões simples para efetuar o carregamento de dados de resposta, dados de itens ou ambos. Qualquer que seja o caminho de análise ou o tipo de dados é necessário indicar ao IATA qual é o arquivo de dados que deve importar e quais são os dados desse arquivo que deve utilizar. O IATA pode importar dados nos formatos SPSS (Pacote Estatístico para as Ciências Sociais) (*.sav), Excel (*.xls/*.xlsx), delimitados por tabulações (*.txt) e separados por vírgulas (*.csv). É necessário fazer a especificação de uma tabela quando esta é importada, uma vez que os arquivos de dados do Excel podem conter várias tabelas separadas.

A primeira tela neste caminho de análise requer que o usuário faça a importação de um arquivo de dados de resposta para o IATA. A interface de carregamento de dados é apresentada na Figura 9.2. As

FIGURA 9.2

Interface de Carregamento de Dados de Resposta

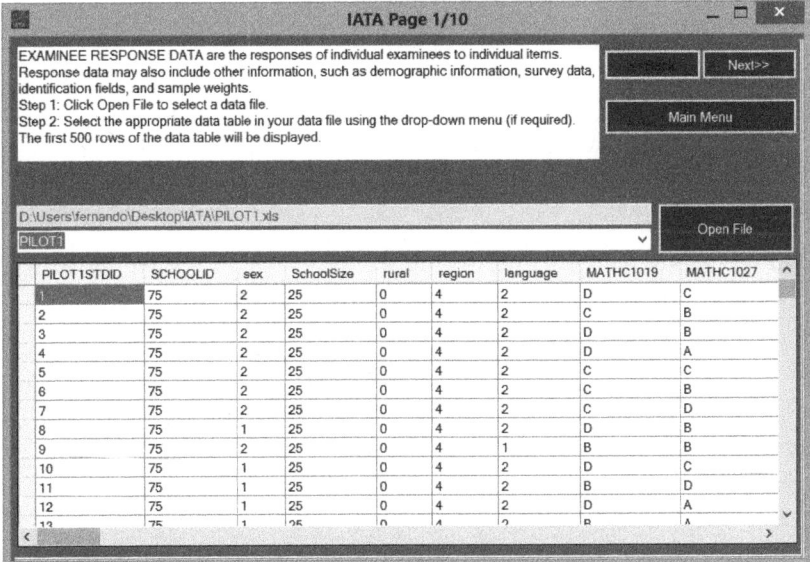

instruções começam com as palavras **EXAMINEE RESPONSE DATA** para indicar que estão sendo importados dados que contêm as respostas de alunos individuais a itens individuais. Abaixo das instruções, há duas caixas: um resumo do caminho do arquivo e um menu suspenso para a seleção das tabelas de dados no arquivo selecionado. À direita dessas caixas, encontra-se o botão **Open File**. A tabela na parte inferior da interface apresenta os dados para uma fonte de dados selecionada. Se existirem mais de 500 linhas de dados, apenas serão apresentadas as primeiras 500. Se o formato de dados selecionado permitir múltiplas tabelas, como no caso dos formatos Excel ou Access, o nome da primeira tabela no arquivo de dados vai ser apresentado na caixa suspensa. Caso contrário, vai aparecer o nome do arquivo. Para arquivos de dados com múltiplas tabelas, os dados desejados podem não estar presentes na primeira tabela. Analisando o conteúdo da tabela de dados que vai aparecer no espaço grande na parte inferior da interface, verifique se os dados adequados estão selecionados. Se a tabela ativa não contém os dados desejados, selecione uma tabela diferente clicando no menu suspenso.

Para este exemplo, carregue o arquivo **PILOT1.xls**.

1. Clique em **Open File** para selecione o arquivo de dados. No navegador de arquivos, navegue até a pasta no ambiente de trabalho que contém os dados de amostra do IATA.
2. Selecione (ou digite) ***PILOT1.xls***.
3. Clique em **Open** ou pressione a tecla **Enter**.

Quando o arquivo abrir, uma caixa de diálogo suspenso vai pedir para você confirmar se os dados selecionados contêm os dados de resposta dos itens corretos. Clique em **OK** para continuar. Confirme que os dados piloto de amostra foram carregados corretamente; a interface deve ser semelhante à Figura 9.2. Os dados da figura apresentam os registros de cada aluno que realizou o teste piloto. As primeiras sete variáveis à esquerda descrevem informações demográficas e de amostragem sobre os alunos.

- **PILOT1STDID**: código individual de identificação do aluno
- **SCHOOLID**: código individual de identificação da escola

- **Sex**: sexo (gênero) do aluno (1 = feminino, 2 = masculino)
- **SchoolSize**: número total de alunos na escola
- **Rural**: localização da escola (0 = urbana, 1 = rural)
- **Region**: identificador numérico para a região geográfica
- **Language**: identificador numérico sobre se o idioma do ensino é falado em casa do aluno

O primeiro item do teste de matemática aparece na coluna 8 com o nome **MATHC1019**. Percorra todo o conjunto de dados para confirmar que o arquivo contém dados nos 80 itens; o item na última coluna tem o nome **MATHC1041**. Os nomes dos itens são arbitrários e não refletem a respectiva posição no teste. A maioria das células tem os valores A, B, C ou D, que indicam a opção selecionada pelos alunos. As células que mostram o valor 9 indicam que o aluno não respondeu ao item.

Como acontece com a maioria das amostras piloto, os alunos representam uma amostra de conveniência, em vez de uma amostra de probabilidade da população total. Assim sendo, o arquivo de dados de resposta não tem pesos amostrais.

Após verificar que o arquivo de dados de resposta correto foi carregado, clique em **Next>>**.

PASSO 2: CARREGAMENTO DA CHAVE DE RESPOSTAS

O item da chave de respostas tem que ser carregado neste momento. Tal como acontece com os dados de resposta, os dados de item estão no formato Excel, na pasta de dados do IATA, no ambiente de trabalho.

1. Clique em **Open File** para selecionar o arquivo de dados. No navegador de arquivos, navegue até a pasta no ambiente de trabalho que contém os dados de amostra do IATA.
2. Selecione (ou digite) ***ItemDataAllTests.xls***.
3. Clique em **Open** ou pressione a tecla **Enter**.

Quando o arquivo abrir, uma caixa de diálogo suspenso vai dizer que o IATA vai fazer uma estimativa dos parâmetros dos itens em falta. Clique em **OK** para continuar. O arquivo de dados selecionado contém tabelas para todos os exemplos presentes neste livro. Certifique-se de que a tabela **PILOT1** foi corretamente selecionada no menu suspenso. Confirme que os dados corretos dos itens foram carregados corretamente; a interface deve ser semelhante à Figura 9.3. Para encontrar informações sobre itens específicos é possível ordenar os itens clicando no cabeçalho da coluna **Name**.

Após confirmar que os dados corretos dos itens foram carregados, clique **Next>>** para continuar.

PASSO 3: ESPECIFICAÇÕES DA ANÁLISE

Todos os fluxos de trabalho que utilizam dados de resposta requerem certas especificações que vão afetar os resultados de todas as análises seguintes. Essas especificações incluem informações relacionadas com a chave de respostas, a identificação dos respondentes, a ponderação do modelo de amostragem e o tratamento de códigos de dados em falta. A interface que disponibiliza essas especificações é apresentada na Figura 9.4. O painel grande à esquerda contém uma tabela dos

FIGURA 9.3

Dados dos Itens para os Dados de Resposta PILOT1

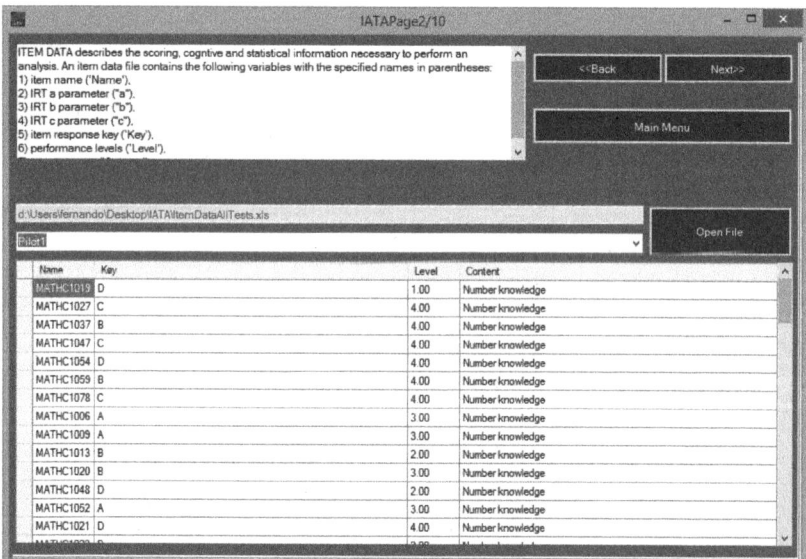

FIGURA 9.4

Especificações da Análise para os Dados PILOT1

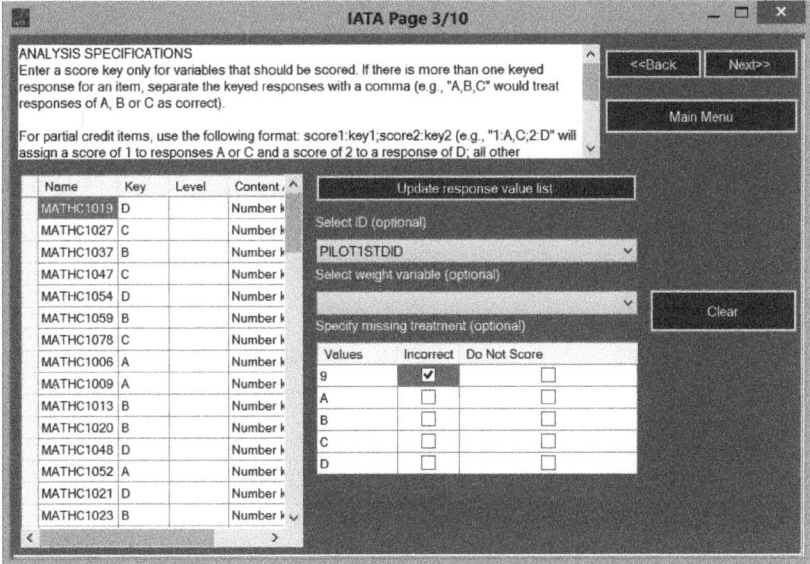

itens de teste no arquivo de dados de resposta com os cabeçalhos das colunas **Name, Key, Level** e **Content**. Se um arquivo de dados de itens foi carregado, a tabela vai apenas conter as variáveis que foram identificadas como itens de teste; caso contrário, a tabela vai conter todas as variáveis. Se tiver pulado o passo de carregamento de um arquivo de dados de itens, será necessário adicionar manualmente as especificações da chave de respostas para cada item na tabela (consulte "Formatos de chave de respostas" no Capítulo 8 deste volume).

Na seção central da interface há um botão com o nome **Update response value list**. Clique nesse botão para alterar as especificações da chave de respostas, adicionando manualmente as chaves de respostas ou eliminando as que já existem. Quando se clica nesse botão, o IATA preenche os dois menus pendentes com uma lista de variáveis para os dados de resposta à qual não foi atribuída uma chave de resposta e vai também criar uma lista de todos os valores de resposta presentes para as variáveis que são identificadas como itens de teste. Se você realizou o carregamento de um arquivo de dados de itens, esses menus já estarão preenchidos com valores.

Abaixo do botão **Update response value list** encontram-se vários controles para o fornecimento de especificações adicionais: um menu suspenso para a especificação da variável de identificação (ID), um menu suspenso para a seleção da variável de peso e uma tabela para a especificação do tratamento de códigos de valores em falta. Pode ser necessário fazer a especificação da variável ID para juntar os resultados dos testes produzidos pelo IATA com outras fontes de dados. A variável ID deve identificar individualmente cada aluno; se a especificação da variável ID não for feita, o IATA vai produzir uma variável com o nome **UniqueIdentifier** para desempenhar essa função. A variável de peso é utilizada para assegurar que as estatísticas produzidas durante a análise sejam adequadas para o modelo de amostragem da avaliação nacional, mas, como foi mencionado, esta não vai ser aplicada na análise de dados piloto. Quando não é fornecida uma variável de peso, o IATA assume que todos os alunos recebem o mesmo peso, igual a 1.

É possível informar ao IATA que o valor de resposta é um código de resposta em falta clicando em uma das caixas junto ao valor, na tabela **Specify missing treatment**. Por predefinição, o IATA assume que todos os valores de resposta representam respostas reais dos alunos. Se a caixa na coluna **Incorrect** for selecionada, o IATA vai tratar esse valor como uma resposta inválida, que será pontuada como incorreta. Se a caixa na coluna **Do Not Score** for selecionada, o IATA vai tratar esse valor como omitido e este não vai afetar os resultados do aluno no teste. Por predefinição, se os dados de resposta contêm células completamente vazias ou em branco, o IATA vai tratar essas células como incorretas, exceto se a opção **Do Not Score** foi manualmente especificada.

A chave de respostas e os dados de resposta foram adicionados a este tutorial. Como tal, a lista de itens apresentada na Figura 9.4 contém apenas as variáveis com chaves de respostas nos dados de itens. É recomendado fazer uma revisão da tabela de chaves de respostas para confirmar que as chaves e os outros dados sobre os itens estejam corretos e completos. Nessa fase, qualquer erro vai produzir erros adicionais durante tarefas posteriores no fluxo de trabalho. No meio da tela, especifique os detalhes adicionais da análise. Utilize as seguintes especificações:

1. Utilize o primeiro menu suspenso para selecionar **PILOT1STDID** como a variável ID (a identificação que foi atribuída inicialmente aos alunos; consultar Figura 9.2).
2. Uma vez que os dados não têm peso de amostragem, você pode deixar a segunda caixa do menu suspenso em branco.
3. Uma vez que o valor 9 vai ser tratado como incorreto, verifique a caixa adequada na tabela de valores, na seção **Specify missing treatment**. Apesar de os dados *PILOT1* não terem entradas em branco, é possível deixar ativada a especificação padrão de tratamento de entradas em branco como incorreta.

Quando as especificações tiverem sido adicionadas, a interface deve ser semelhante à Figura 9.4.

Confirme que as especificações estão corretas e clique em **Next>>** para continuar. Os dados vão começar a ser processados automaticamente. As fases de processamento são: configuração de dados, pontuação, estimativa de parâmetros, escalonamento da teoria de resposta ao item (TRI), cálculo de pontuações verdadeiras e análise fatorial. Enquanto o processamento é realizado, a interface apresenta o estado atual. Dependendo da velocidade do computador e do tamanho do conjunto de dados, essa análise pode demorar segundos ou minutos para ser concluída. O IATA apresenta os resultados na interface de análise de itens quando concluir o processamento.

PASSO 4: ANÁLISE DE ITENS

Quando o processamento de dados termina, a interface de análise de itens vai ser atualizada com os resultados exibidos na Figura 9.5. Utilizando a interface, é possível acessar esses resultados, ver e salvar informações de diagnóstico sobre cada item de teste. São exibidos quatro tipos de resultados nesta interface:

- Estatísticas e parâmetros estatísticos que descrevem cada item (à esquerda)
- Uma ilustração gráfica do relacionamento entre a aptidão dos alunos e a probabilidade de esses responderem corretamente a um

FIGURA 9.5

Resultados da Análise de Itens para os Dados PILOT1, MATHC1019

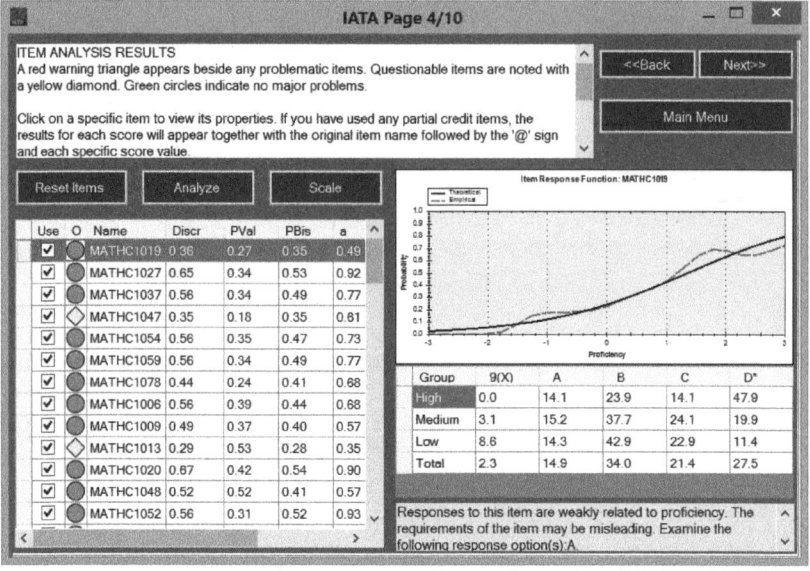

item, também conhecida como função de resposta ao item ou FRI (no canto superior direito)

- Uma tabela de contingência que descreve as proporções de alunos com pontuações altas, médias e baixas nos testes que selecionaram cada resposta a um dado item, também conhecida como análise de distratores (na zona central direita)
- Um resumo em linguagem clara dos resultados da análise de itens (no canto inferior direito)

A tabela à esquerda da interface de análise de itens apresenta informações estatísticas e um símbolo que descreve a adequação geral de cada item. O valor **Name** de cada item está na coluna à direita dos símbolos de resumo. Examine os resultados detalhados para um item individual utilizando as setas do teclado ou o mouse para fazer a seleção da linha em que o item aparece. Utilize as caixas de seleção na coluna **Use** de cada linha para incluir ou excluir itens da análise. Desmarque uma dessas caixas de itens para remover o item da análise. Em seguida, clique no botão **Analyze** para realizar novamente a análise com o conjunto reduzido de itens. (Os itens removidos continuam a ser listados, mas com triângulos vermelhos ao lado.) Volte a colocar todos os itens no estado original, clicando em **Reset Items** e em **Analyze**. Lembre-se de que clicar em **Reset Items** repõe *todos* os itens no estado original; para remover permanentemente um item da análise, elimine a chave de respostas desse item na interface de especificações da análise. O botão **Scale** não faz uma nova estimativa dos parâmetros dos itens; apenas calcula as pontuações de escala da TRI para os dados de resposta utilizando os parâmetros dos itens que já foram carregados no IATA a partir de um arquivo de dados externo ou para os quais já existem estimativas.

Estatísticas de Itens

As três colunas à direita do nome do item na Figura 9.5 contêm estatísticas clássicas de itens: o índice de discriminação do item (**Discr**); a facilidade do item (**PVal**), por vezes também chamada de dificuldade do item, apesar de os valores maiores indicarem um item de teste mais fácil, bem como a correlação ponto bisserial (**PBis**) (ver, por exemplo, Crocker e Algina 2006; Haladyna 2004). As últimas três colunas, que podem estar ocultas e requerer que você utilize a barra de deslocamento na parte inferior da tabela, são estimativas dos parâmetros da TRI: o parâmetro de inclinação (a), o parâmetro de localização ou de limiar (b) e o parâmetro de acerto casual (c).

De um modo geral, as estatísticas clássicas podem ser interpretadas diretamente. A facilidade do item (**PVal**) varia entre 0 e 1 e descreve a facilidade de um item para a amostra fornecida: um valor de 0 indica que nenhum aluno respondeu corretamente; um valor de 1 indica que todos os alunos responderam corretamente. O índice de discriminação e a correlação ponto bisserial disponibilizam medidas alternativas do mesmo relacionamento, que indica até que ponto as respostas a cada item estão relacionadas com a pontuação geral do teste. O valor deve ser maior do que 0,2 para ambas as estatísticas. Essas diretrizes não devem ser consideradas absolutas, uma vez que os índices são influenciados por outros fatores não relacionados com a discriminação de itens, como a precisão geral do teste. Por exemplo: a facilidade do item tem tendência a limitar o valor absoluto do índice de discriminação e da correlação ponto bisserial. Se a facilidade do item é substancialmente diferente de 0,5 (se é menor do que 0,2 ou maior do que 0,8), o índice de discriminação e a correlação ponto bisserial subestimam o relacionamento entre a aptidão e o desempenho dos alunos em um item do teste. Embora os itens demasiadamente fáceis ou difíceis tenham tendência a reduzir os relacionamentos observados com a aptidão, eles podem cobrir conteúdos curriculares importantes que devem ser incluídos em um teste ou que podem ser necessários (no caso dos itens demasiadamente fáceis, por exemplo) para motivar os alunos durante a aplicação do teste. Muitas vezes, por essas e outras razões, é desejável a inclusão de um número relativamente baixo de itens muito fáceis ou muito difíceis.

Os parâmetros TRI não devem ser interpretados isoladamente. Embora cada um descreva um comportamento específico do item do teste, o relacionamento entre as respostas ao item e a aptidão geral é o resultado de interações entre os três parâmetros, assim como do nível de aptidão individual dos alunos.

A maioria dos itens na análise atual apresenta um círculo verde que indica que esses itens não têm problemas graves e que são relativamente satisfatórios. Deslocando para baixo a lista de itens à esquerda, é possível ver 13 itens com símbolos de aviso em forma de losango (**MATHC1047**, **MATHC1013**, **MATHC1002**, **MATHC1070**, **MATHC1034**, **MATHC1035**, **MATHC1032**, **MATHC1010**, **MATHC1068**, **MATHC1046**, **MATHC1024**, **MATHC1058** e **MATHC1030**). Um dos itens (**MATHC1075**) tem um símbolo triangular de aviso e é considerado potencialmente problemático. O procedimento recomendado é examinar resultados para todos os itens, independentemente do símbolo descritivo que o IATA lhes atribui. Este tutorial enfoca alguns exemplos.

Por definição, os resultados para o primeiro item são apresentados no gráfico e na tabela à direita. O IATA atribuiu a esse item, **MATHC1019**, um círculo verde.[1] Os resultados produzidos pelo IATA para esse item são descritos individualmente nas próximas seções.

Função de Resposta ao Item

Na janela do gráfico do lado direito da interface de análise de itens, o IATA apresenta a função **Item Response Function** para o item de teste selecionado (consultar Figura 9.5). De modo a determinar a utilidade relativa de um item de teste, é normalmente mais intuitivo fazer uma análise da FRI do que examinar os parâmetros da TRI ou as estatísticas dos itens. Um item tem um relacionamento forte com a aptidão, indicado por uma FRI com uma forma bem definida em S e com uma região estreita em que a curva é praticamente vertical. A inclinação para a **FRI** do item **MATHC1019** é consistentemente positiva, mas o relacionamento é fraco; nenhuma região tem uma inclinação especialmente acentuada. Essa inclinação rasa corrobora o baixo índice de discriminação (**Discr** = 0.36) e a baixa correlação ponto bisserial (**PBis** = 0.35).

Como acontece em qualquer método de modelação estatística, a TRI apenas é útil caso os dados empíricos enquadrem-se no modelo teórico. Para cada item ou valor de pontuações, o IATA produz um gráfico da FRI teórica produzida, utilizando os parâmetros e a FRI empírica estimados diretamente a partir das proporções de respostas corretas em cada nível de aptidão. O gráfico pode ser utilizado para avaliar a adequação da utilização da TRI para efetuar a descrição de cada item. Se o modelo TRI é adequado, a linha tracejada vermelha vai parecer muito semelhante à linha contínua preta e os desvios entre as duas linhas serão inferiores a 0,05, em particular na região entre −1 e 1, que contém muitos alunos. Para o item **MATHC1019**, as FRIs teórica e empírica são praticamente idênticas, o que indica que, apesar de o item poder ter um relacionamento fraco com a aptidão, as suas propriedades estatísticas são descritas de forma adequada pela FRI.

Análise de Distratores

No canto inferior direito da interface de análise de itens da Figura 9.5, o IATA produz estatísticas para cada valor de resposta (incluindo códigos de valores em falta e valores de resposta incorreta) e um resumo em texto da análise. As estatísticas são estimadas individualmente para grupos de alunos com desempenho baixo, médio e alto, de acordo com a percentagem de respostas corretas desses alunos no teste. Os dados na Tabela 9.1 representam uma *análise de distratores* de um item individual.

Por várias razões, um item pode ter um relacionamento de discriminação baixo, ou até negativo, com a aptidão. Incluem-se aqui a má formulação de frases, instruções pouco claras, erros de amostragem e a atribuição de chaves ou códigos incorretos de respostas. A análise de distratores pode ser utilizada para detectar e corrigir alguns desses erros comuns, procurando padrões nas respostas aos itens. Um item funcional deve ter as seguintes caraterísticas:

- A opção correta da coluna (D), destacada pelo asterisco (*), deve ter uma percentagem elevada para o grupo com desempenho alto e percentagens progressivamente menores para os grupos com desempenho médio e baixo. O item **MATHC1019** satisfaz essa condição, com valores de 47,9, 19,9, e 11,4 para os grupos com desempenho elevado, médio e baixo, respectivamente.
- Para o grupo com baixa qualificação, a percentagem que escolhe a opção correta (D) deve ser menor do que a percentagem que escolhe uma das outras opções. Todas as opções incorretas (A, B, C) para o item **MATHC1019** apresentam esse padrão.
- Cada uma das colunas correspondentes a valores incorretos de resposta deve ter percentagens aproximadamente iguais em cada nível de qualificação e no geral, em comparação com outros valores incorretos de resposta. O item **MATHC1019** viola esse padrão, uma vez que a opção B foi selecionada por uma percentagem consideravelmente superior de respondentes incorretos em comparação com as opções A ou C.
- Para o grupo com qualificação alta, a percentagem que escolhe a opção correta (D) deve ser maior do que a percentagem que escolhe uma das outras opções. O item **MATHC1019** satisfaz esse padrão: 47,9 é um valor superior aos valores para as opções A (14,1), B (23,9) e C (14,1).
- A percentagem dos códigos de valores em falta deve ser de aproximadamente zero para todos os grupos. A proporção de alunos com respostas em falta (código 9) foi superior para os alunos com desempenho baixo (8,6) em comparação com os alunos com desempenho alto (0,0), o que sugere que o tratamento do código como incorreto (em vez de omitido) foi uma decisão razoável.

- Os códigos de resposta em falta que são tratados como omitidos (destacados pela palavra **OMIT**) devem ter percentagens iguais de alunos em cada nível de qualificação. Esse código não foi utilizado para esses dados.

O IATA fornece um resumo em texto sobre o desempenho no item, incluindo avisos caso a discriminação seja inaceitavelmente baixa, sugerindo o que pode ser feito para melhorá-la. Por exemplo, o IATA identifica distratores que não são eficazes na obtenção de apoios por parte dos respondentes (ou que têm perfis estatísticos semelhantes a respostas corretas). Caso o IATA detecte problemas comuns nos dados, é apresentado um resumo em texto na caixa de texto abaixo da tabela de análise de distratores.

Nos resultados para o item **MATHC1019**, o resumo em texto no canto inferior direito recomenda o exame da opção de resposta codificada como A. Examinando a tabela de análise de distratores, é possível verificar que a resposta A é apoiada por aproximadamente a mesma proporção de alunos com desempenho alto e alunos com baixo desempenho, o que indica que não funciona bem como um distrator.

A análise de distratores de dados de uma avaliação nacional pode também ser útil para os fornecedores de cursos de educação no local de trabalho, para professores e para funcionários que trabalham com currículo, uma vez que pode identificar concepções erradas e erros comuns dos alunos. As autoridades responsáveis pelo currículo escolar podem também utilizar os dados para julgar a adequação de material específico a um determinado nível de ensino.

TABELA 9.1

Análise de Distratores para os Dados MATHC1019, PILOT1

Grupo	9(X)	A	B	C	D*
Alto	0,0	14,1	23,9	14,1	47,9
Médio	3,1	15,2	37,7	24,1	19,9
Baixo	8,6	14,3	42,9	22,9	11,4
Total	2,3	14,9	34,0	21,4	27,5

Nota: o asterisco indica a coluna que contém a resposta correta

Comparação de Itens

Em comparação com o item anterior (consultar Figura 9.6), o segundo item no teste, **MATHC1027**, tem um relacionamento mais forte com a aptidão, indicado pela FRI mais inclinada e por valores de discriminação (0,65) e de correlação ponto bisserial (0,53) maiores. As FRIs teórica e empírica são quase idênticas, indicando que o modelo estatístico de resposta ao item é adequado para os dados de resposta. A tabela de análise de distratores mostra que 73,2% dos alunos no grupo com qualificação alta selecionaram a opção correta (C), em comparação com 19,9%, no grupo com qualificação média, e 8,6%, no grupo com qualificação baixa. Os alunos com desempenho baixo mostraram maior propensão para selecionar todos os valores incorretos de resposta (A, B, D), assim como o código de resposta em falta (9), do que os alunos com desempenho alto.

Em contraste com os dois itens já analisados, os itens com símbolos triangulares de aviso são habitualmente itens fracos. Sua inclusão no teste pode produzir resultados enganosos ou pouco úteis. O número de itens fracos que aparece em testes piloto como este pode ser

FIGURA 9.6

Resultados da Análise de Itens para os Dados PILOT1, MATHC1027

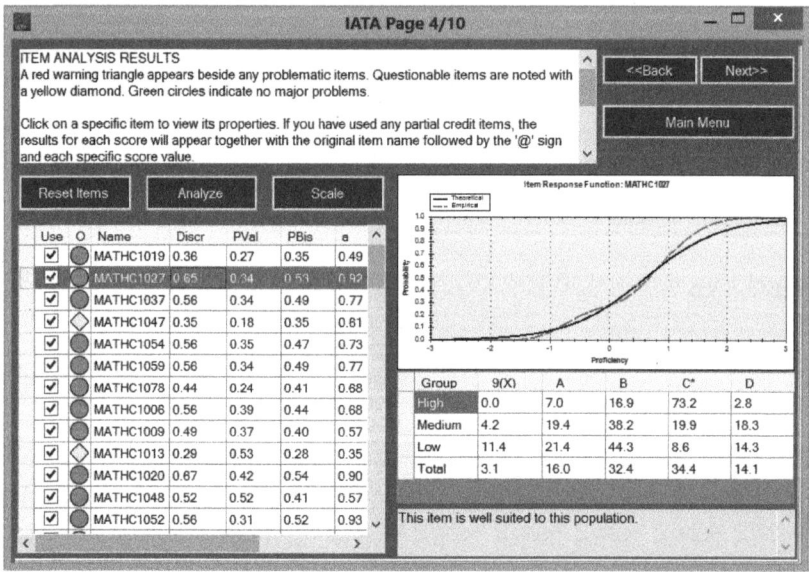

minimizado seguindo as diretrizes de criação de dados descritas no Volume 2 desta série (Anderson e Morgan 2008). Nesses dados, o único item com um símbolo de aviso é o **MATHC1075** (consultar Figura 9.7). Clicando no item, é possível verificar que os resultados indicam um relacionamento quase inexistente entre a aptidão e as respostas corretas ou incorretas.

Apesar de um código de resposta em falta ainda estar relacionado com a aptidão, o padrão esperado não foi evidente. Os alunos no grupo com qualificação baixa não foram os que apresentaram maior probabilidade de selecionar as três opções incorretas, assim como essa probabilidade também não foi menor para os alunos do grupo com qualificação alta. O item foi particularmente fraco para a discriminação entre os alunos de nível médio e os alunos de nível baixo. O índice de discriminação é baixo (0,14), assim como a correlação ponto bisserial (0,16). O item pode estar relacionado com a aptidão, mas não é possível fazer uma estimativa desse relacionamento, uma vez que poucos alunos deram a resposta correta (**PVal** = 0,12). Uma vez que as respostas ao item não estão claramente dependentes da aptidão, a inclusão desse item no teste

FIGURA 9.7

Resultados da Análise de Itens para os Dados PILOT1, MATHC1075

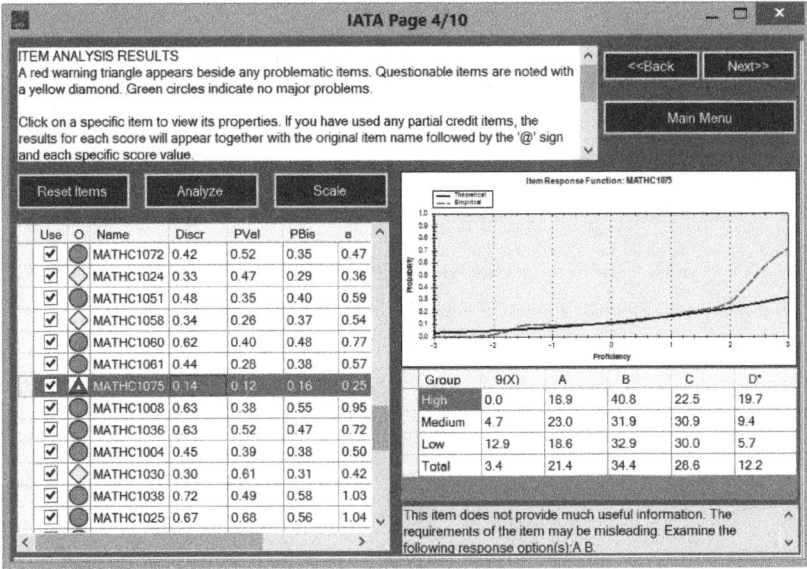

teria a tendência de aumentar a influência de fatores aleatórios nas pontuações dos testes. A inclusão do item (e de outros itens problemáticos) na análise pode também reduzir a precisão das estimativas estatísticas para os restantes itens do teste, uma vez que as estatísticas e os parâmetros dos itens são analisados utilizando as pontuações dos testes.

Os itens podem ser removidos da análise clicando na caixa à esquerda do nome de cada item para desmarcar o item. Após a remoção de um item, os resultados devem ser novamente calculados clicando em **Analyze** antes de se proceder à remoção de outro item. A remoção de um único item afeta os resultados dos restantes. Se existirem muitos itens problemáticos, remova apenas um de cada vez, uma vez que os itens podem ser assinalados como problemáticos apenas devido à influência de itens mais fracos nos resultados da análise. Se remover muitos itens acidentalmente, volte a marcar todos os itens ou clique em **Reset Items** acima da lista de itens para repor a lista de itens completa. Para este exemplo, remova o item **MATHC1075** e volte a realizar a análise para produzir os resultados da Figura 9.8,

FIGURA 9.8

Resultados da Análise de Itens para os Dados PILOT1, após a Remoção do Item MATHC1075

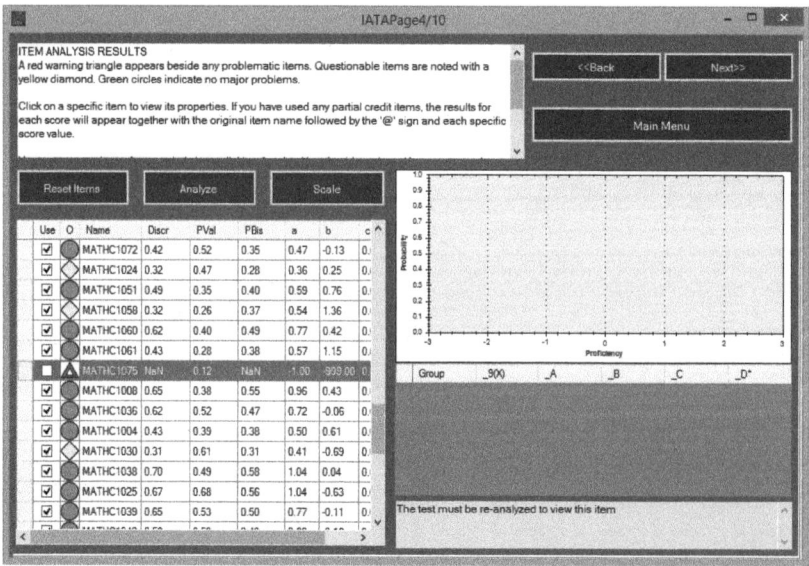

na qual os resultados para o item **MATHC1075** estão realçados após a remoção. Vale ressaltar que os dados **Discr** e **PBis** para esse item foram substituídos pelo valor **NaN** (Not a Number) ou por valores fora da gama de variação; esses não afetam os cálculos posteriores. Para os itens removidos, a tabela de análise de distratores à direita não é apresentada e surge uma mensagem no texto de resumo que indica que os dados do teste têm de ser analisados novamente. Uma vez que apenas foi removido um item, as estatísticas para os demais itens mantêm-se relativamente inalteradas.

É possível continuar a analisar todos os itens clicando em cada linha da lista de itens ou deslocando a página para cima e para baixo com as setas do teclado. Não se esqueça que os resumos em texto fornecidos pelo IATA são baseados unicamente em indícios estatísticos que não são instruídos pelo conteúdo dos itens. Um item que recebe uma classificação baixa do IATA pode não ser um item universalmente fraco. No entanto, uma classificação baixa indica que o item pode não fornecer informações úteis quando o teste em questão é aplicado à população em questão.

De um modo geral, as recomendações que o IATA fornece para a edição ou remoção de itens devem ser consideradas no contexto do objetivo do teste e das razões iniciais para a inclusão de um item específico. Apesar de alguns itens poderem ser mantidos independentemente das suas propriedades estatísticas, por exemplo, devido à necessidade de representarem adequadamente aspectos-chave do currículo escolar, todos os itens com índices de discriminação negativos devem ser removidos ou devem ser atribuídas novas chaves (caso a chave tenha sido introduzida incorretamente) antes de iniciar outras análises. Esses itens introduzem ruído ou variação indesejável nos dados de resposta aos itens e reduzem a precisão das estimativas para os outros itens. A remoção de alguns itens aparentemente fracos durante a análise dos dados piloto vai ajudar a aumentar a precisão dos resultados estatísticos. No entanto, a seleção do conjunto final de itens após a realização do teste piloto ou do teste experimental deve ser realizada em conjunto entre os especialistas na área em questão e a pessoa ou a equipe responsável pela qualidade geral do teste de avaliação nacional.

Quando terminar a verificação de todos os itens, clique em **Next>>** para continuar.

PASSO 5: DIMENSIONALIDADE DO TESTE

Um dos pressupostos estatísticos da TRI, bem como um dos requisitos para a interpretação válida dos resultados de um teste, é que o desempenho nos itens de teste deve representar um único conceito ou dimensão interpretável. Idealmente, um teste nacional de desempenho em um conceito como a Matemática ou as Ciências deve medir o conceito ou dimensão individuais que têm como objetivo efetuar a medição e não deve medir outros conceitos ou dimensões, tais como a capacidade de leitura. A finalidade da interface de dimensionalidade do teste é detectar violações desses pressupostos de que (a) uma única dimensão dominante influencia o desempenho no teste e de que (b) o relacionamento entre o desempenho de pares ou grupos de itens pode ser explicado por essa dimensão dominante. Na maioria dos casos, o segundo pressuposto é um produto do primeiro, mas para os testes mais longos (com 50 ou mais itens), os pequenos grupos de itens podem ser localmente dependentes sem terem um efeito perceptível sobre a dimensionalidade geral do teste.

A análise da dimensionalidade do teste determina até que ponto o teste mede dimensões diferentes de aptidão e a medida em que cada um dos itens relaciona-se com cada uma das dimensões. Quanto menor é o número de dimensões que influenciam significativamente os itens do teste, mais válidas serão as interpretações das pontuações do teste. Apesar de esses indícios serem insuficientes para confirmar a validade de um teste, eles podem fornecer informações importantes sobre o conteúdo de itens específicos. Outros aspectos de validade, como a validade do conteúdo (muito importante no contexto da avaliação nacional), são habitualmente considerados mais importantes do que os dados estatísticos para determinar a validade de um teste ou de um item. Anderson e Morgan (2008) fornecem uma descrição dos procedimentos destinados a assegurar que um teste possui validade de conteúdo adequada.

Do ponto de vista estatístico, a estimativa dos parâmetros e das pontuações da TRI depende do conceito de verossimilhança, que assume que a probabilidade de um evento (por exemplo, uma resposta correta) está condicionada a uma única dimensão que representa a aptidão. Se os itens estão condicionados a diferentes dimensões, as pontuações e parâmetros estimados serão incorretos.

Na Figura 9.9, o gráfico à direita ilustra o diagrama de declividade para o teste geral e os carregamentos fatoriais ao quadrado para o primeiro item, **MATHC1019**. No lado esquerdo da interface, encontra-se uma tabela semelhante à tabela da interface de análise de itens. Os símbolos de resumo (descritos no Capítulo 8 deste volume) na coluna **F**, junto à coluna do item **Name**, descrevem a adequação geral de um item em termos do seu relacionamento com a dimensão primária comum à maioria dos demais itens do teste. À direita da coluna **Name**, é apresentada a facilidade clássica dos itens (**PVal**), juntamente com o carregamento do item na dimensão primária (**Loading**). O *carregamento*, que varia entre −1 e 1, é a correlação entre o desempenho de cada item e a dimensão primária do teste. Por exemplo, o valor de 0,34 para o item **MATHC1019** indica que as respostas pontuadas para esse item têm uma correlação de 0,34 com a pontuação geral do teste (percentagem de respostas corretas). Não há um valor ideal,[2] mas os carregamentos perto do valor 1 são indicativos de itens com melhor qualidade.

FIGURA 9.9

Dimensionalidade do Teste e do Item para os dados PILOT1, MATHC1019

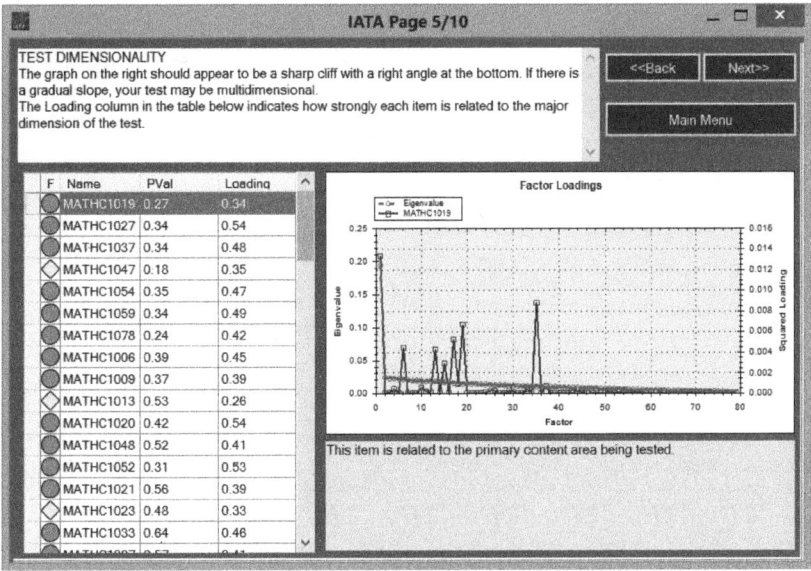

Os resultados na tabela devem ser interpretados em conjunto com os resultados gráficos apresentados no lado direito da interface. O principal resultado apresentado na janela do gráfico é o *diagrama de declividade*, que descreve a proporção de variância (autovalor) explicada por cada dimensão potencial (por exemplo, a capacidade de leitura). Os marcadores em forma de círculo ilustram a influência relativa de cada dimensão potencial (autovalor)[3] nos resultados gerais do teste, enquanto a linha contínua que liga os marcadores em forma de caixa descreve a influência relativa de cada dimensão potencial nos itens individuais do teste (carregamentos fatoriais ao quadrado). A magnitude dos autovalores tem menos importância do que o padrão do diagrama de declividade. O diagrama de declividade para o teste geral deve ter um autovalor elevado, à esquerda, seguido pelos demais autovalores, que devem ser relativamente baixos e ter magnitudes semelhantes (Figura 9.10). Esse padrão em forma de L no diagrama, com apenas dois segmentos de linha distintos, sugere que uma dimensão única comum é responsável pelos resultados do teste *PILOT1*.

FIGURA 9.10

Resultados da Dimensionalidade dos Itens para os Dados PILOT1, MATHC1035

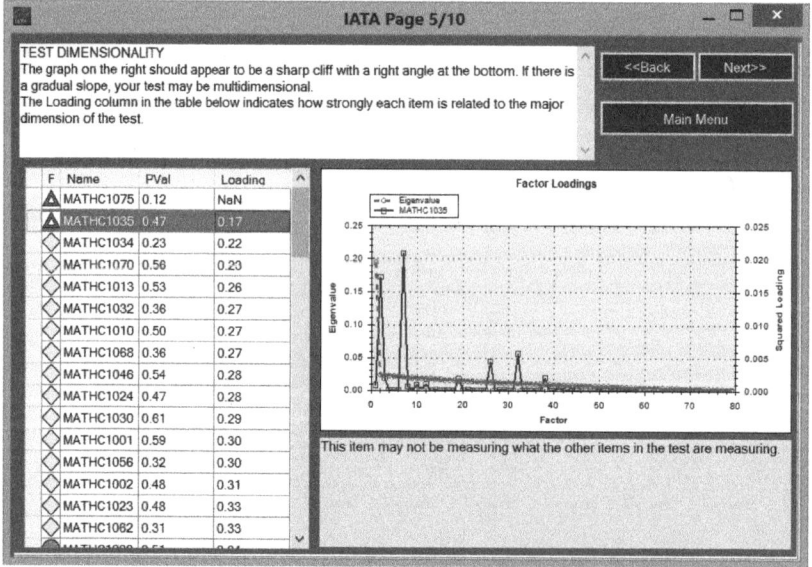

Quanto maior é o número de segmentos de linha distintos necessários para fazer a ligação entre o canto superior esquerdo e a linha relativamente horizontal na parte inferior do diagrama, maior deve ser o número de dimensões subjacentes ao desempenho no teste.

Quando é realizada a seleção de cada item na lista à esquerda, é apresentado, à direita, um diagrama de declividade específico para esse item. De maneira ideal, o diagrama para itens individuais deve ser semelhante ao diagrama do teste geral; o valor mais alto na linha do gráfico para itens específicos deve estar localizado no canto esquerdo (que corresponde à dimensão principal do teste). No entanto, as caraterísticas para itens específicos podem introduzir padrões diferentes, que não são necessariamente problemáticos. Por exemplo, o item **MATHC1019** na Figura 9.9 não é problemático; apesar de alguns carregamentos não equivalentes a zero ocorrerem em outras dimensões, o carregamento mais forte ocorre na dimensão primária. De um modo geral, os resultados para itens específicos devem ser consultados apenas se existir dimensão subjacente ao desempenho no teste (isto é, se mais de dois segmentos de linha distintos forem visíveis). Nesse caso, é preciso identificar e examinar os itens para os quais os diagramas de itens específicos têm valores de carregamento fatorial ao quadrado correspondentes às mesmas dimensões dos autovalores problemáticos.

O efeito da facilidade dos itens é algo que se deve levar em conta na interpretação de diagramas de declividade. Nos testes em que a maioria dos itens tem facilidades semelhantes, os itens com facilidades muito superiores ou inferiores aos itens restantes têm tendência a produzir fatores de dificuldade artificiais, em particular com distribuições anormais da percentagem de respostas corretas nas pontuações dos testes. Os itens com facilidades extremas podem aparentar definir um fator separado, simplesmente porque alguns alunos (por exemplo, alunos com desempenho alto ou baixo) vão gerar padrões de resposta que parecem ter uma relação extraordinariamente forte entre si, em comparação com os relacionamentos que têm com outros itens de teste. No entanto, esses fatores de dificuldade não são problemáticos por natureza. Uma revisão dos carregamentos dos itens pode ajudar a determinar se os fatores secundários são artificiais ou se são problemas verdadeiros. Para determinar se um fator secundário é um fator de dificuldade, é preciso examinar os carregamentos dos itens com facilidades baixas (< 0.2) ou altas (> 0.8) (**PVal**). Se o carregamento desses itens apresentar um pico que corresponde à posição do fator secundário, é provável que este último seja um fator de dificuldade que pode ser ignorado.

Carregamento dos Itens

O modelo da TRI pressupõe a existência de uma independência local entre os itens, o que significa que as respostas de um item não devem depender das respostas de outro item. O ideal, de acordo com a TRI, é que um teste tenha questões que sejam independentes em todas as dimensões, exceto para a dimensão primária do teste. Uma dependência local significativa dos itens pode resultar em estimativas pouco precisas de parâmetros de itens, estatísticas de itens e da aptidão dos alunos. Por exemplo, um teste de Matemática que incluí uma questão complexa de resolução de problemas pode atribuir um conjunto de pontuações diferentes para cada um dos passos lógicos necessários para calcular a resposta final. Se o respondente der uma resposta incorreta ao passo 1, vai influenciar a probabilidade de uma resposta correta em cada um dos passos seguintes. Esse conjunto de itens de teste dependentes não seria adequado para a modelagem da TRI; nesse caso, o item deve ser tratado de forma adequada como um item único de crédito parcial.

Uma vez que a dependência local é habitualmente problemática apenas em itens que tenham um relacionamento fraco com a dimensão primária, a forma mais eficaz de utilizar essa interface é por meio da ordenação dos itens na coluna **Loading**, clicando uma vez no cabeçalho da coluna[4] (consultar Figura 9.10) e fazendo uma comparação dos itens com carregamentos fracos para identificar os picos comuns nos respectivos gráficos de carregamento dos itens. Se muitos itens com carregamentos fracos apresentarem picos nos diagramas de carregamento correspondentes à mesma dimensão, esses podem ter alguma dependência local. Uma vez que essas estatísticas têm tendência a ser sensíveis ao erro de amostragem, quaisquer resultados da análise estatística devem ser utilizados para motivar uma análise mais detalhada do conteúdo do item, em vez de gerar decisões definitivas.

Após ordenar os itens, o item selecionado é o **MATHC1075**. Uma vez que esse item tenha sido removido da análise no passo anterior da análise de itens, o carregamento tem o valor **NaN** e não são apresentados valores para ele (o gráfico apresenta apenas o diagrama de declividade para o teste completo). O IATA atribui um símbolo triangular de aviso a qualquer item que tenha uma dimensionalidade problemática e que afete a estimativa de outras estatísticas. Vale ressaltar que o IATA assinalou apenas outro item (**MATHC1035**) com o símbolo triangular de aviso (Figura 9.10). O item tem um relacionamento relativamente fraco com a dimensão primária e um relacionamento visivelmente mais forte com a dimensão secundária, o que sugere que pode estar medindo uma dimensão diferente da maioria dos outros itens. Contudo, esses resultados, por si só, não fornecem dados suficientemente conclusivos para justificar a remoção desse item do teste. Os especialistas na área curricular e os professores com mais experiência devem analisar os itens estatisticamente problemáticos para determinar se um problema relacionado com o conteúdo justifica a remoção ou a revisão dos mesmos.

O IATA atribui um símbolo de aviso em forma de losango a itens que tenham um carregamento mais forte na dimensão secundária do que na dimensão primária do teste; esses itens não vão ser problemáticos nos cálculos seguintes. Um exemplo comum é apresentado na Figura 9.11 para o item **MATHC1002**. Esse item está relacionado com diferentes dimensões, mas, uma vez que essas dimensões têm pouca influência nos resultados gerais do teste, como é indicado pelos autovalores relativamente baixos (linha tracejada) que correspondem aos picos dos carregamentos fortes (linha contínua), o fato de o processo de determinação acerca da dimensionalidade do item ser aceitável ou não deve ser uma questão de conteúdo do teste, em vez de uma questão estatística.

Até certo ponto, todos os testes são multidimensionais, uma vez que os testes não podem todos testar exatamente a mesma coisa. Por isso, se o diagrama de declividade geral não indicar problemas, os efeitos de uma multidimensionalidade ou codependência no nível dos itens serão provavelmente insignificantes. Neste exemplo, todos os itens são retidos para análises adicionais porque o diagrama de declividade geral não indica quaisquer problemas.

FIGURA 9.11

Resultados da Dimensionalidade dos Itens para os Dados PILOT1, MATHC1002

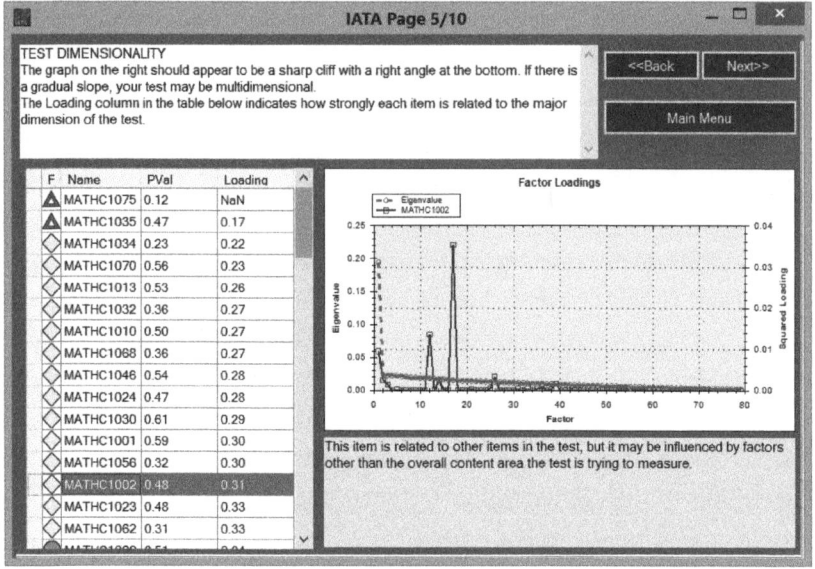

Após terminar a análise dos itens, clique em **Next>>** para abrir a interface de análise do funcionamento diferencial dos itens (FDI).

PASSO 6: FUNCIONAMENTO DIFERENCIAL DOS ITENS

A análise do FDI examina a extensão em que a FRI de um item é estável ao longo dos diferentes grupos de alunos. Se a FRI difere entre dois grupos (por exemplo, o sexo masculino e o sexo feminino), as pontuações que são estimadas mediante sua utilização podem ser tendenciosas a favor de um grupo ou de alunos com um grau específico de aptidão. A análise do FDI controla as diferenças na aptidão média dos grupos, o que significa que as vantagens e as desvantagens relativas expressas nos resultados do FDI são independentes das diferenças na aptidão média nos grupos. Por exemplo, se alguém estiver interessado em conhecer até que ponto existe tendenciosidade referente ao gênero em um item específico do teste, os resultados da análise do

FDI indicariam se o item é tendencioso a favor dos meninos ou das meninas *após* levar em conta a diferença nas pontuações gerais do teste entre ambos os gêneros.

A interface de análise do FDI é apresentada na Figura 9.12. À esquerda encontra-se o conjunto de quatro controles utilizados para a especificação da análise. O menu suspenso no topo da página permite selecionar uma variável da lista nos dados de resposta que não são itens de teste. Após selecionar a variável, o IATA cria uma lista dos valores únicos na tabela **Possible Values**, assim como a percentagem (não ponderada) de alunos com cada valor. Para selecionar os grupos que deseja comparar, clique primeiro no valor para o grupo alvo desejado e, em seguida, clique no valor que representa o grupo de referência. A especificação do grupo alvo e do grupo de referência determina de que forma as estatísticas descritivas são calculadas; as estimativas utilizam a distribuição da amostragem de aptidão do grupo alvo para o cálculo das estatísticas referentes à tendenciosidade média e à estabilidade. Para mudar o grupo alvo e o grupo de referência, clique nos

FIGURA 9.12

Resultados da Análise do FDI para os Dados PILOT1 por Gênero, MATHC1046

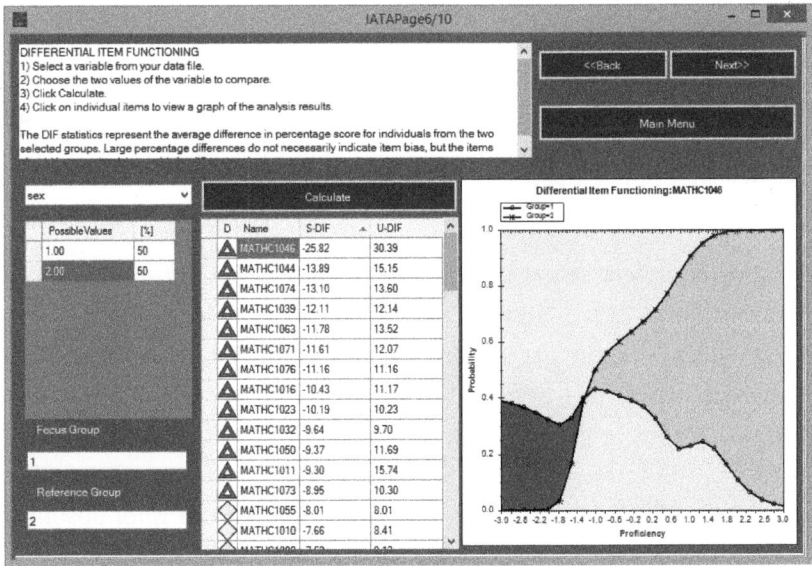

valores da tabela **Possible Values**; os valores atribuídos ao grupo alvo e ao grupo de referência são atualizados nas caixas de texto no canto inferior esquerdo. As estatísticas do FDI são mais sensíveis ao grupo alvo; assim sendo, a prática recomendada é assegurar que o grupo alvo representa uma minoria ou um grupo historicamente desfavorecido.

Neste exemplo, a análise do FDI é realizada utilizando a variável **Sex** para verificar se os alunos do sexo feminino (com o código 1) são desfavorecidos em relação aos seus homólogos do sexo masculino (com o código 2). Para especificar esta análise e analisar os resultados, siga os seguintes passos:

1. No menu suspenso à esquerda selecione a variável **Sex**. A tabela abaixo será preenchida com os valores **1.00** e **2.00**, com valores de 50% por cada valor, indicando que a amostra tem um número igual de alunos dos sexos masculino e feminino.
2. Na tabela de valores, clique no valor **1.00**. Isso vai fazer com que o valor **1.00** (que representa os alunos do sexo feminino) seja introduzido como o grupo alvo na caixa de texto abaixo.
3. Na tabela de valores, clique no valor **2.00**. Isso vai fazer com que o valor **2.00** (que representa os alunos do sexo masculino) seja introduzido como o grupo de referência na caixa de texto abaixo.
4. Clique em **Calculate** e aguarde até que o cálculo esteja concluído.
5. Quando o cálculo estiver completo, na lista de itens, clique no cabeçalho da coluna **S-DIF** para ordenar todos os itens pelo valor das estatísticas S-DIF.

Após completar esses passos, é apresentada uma interface semelhante à figura 9.12. Neste exemplo, o IATA sinaliza 15 itens com símbolos de aviso ou de cuidado. São calculadas duas estatísticas para cada item, S-DIF e U-DIF. S-DIF descreve a diferença vertical média entre os grupos (o grupo alvo menos o grupo de referência) e U-DIF descreve as diferenças absolutas médias entre os grupos. O valor da estatística U-DIF é sempre positivo e tem sempre um valor absoluto maior do que a estatística S-DIF. Mesmo que um grupo não revele uma vantagem sistemática (se o valor de S-DIF é próximo de zero), um item pode ter um relacionamento mais forte com a aptidão em um grupo, o que vai produzir uma estatística de U-DIF maior.

O item **MATHC1035** é um exemplo de um item com um FDI consistente, em que os valores absolutos de S-DIF e U-DIF são idênticos (consultar Figura 9.13). Para esse item, a vantagem do sexo feminino é aparente ao longo de todo o intervalo de aptidão. A diferença consistente sugere que os alunos do sexo feminino têm maior probabilidade de conseguir um melhor desempenho nesse item do que os alunos do sexo masculino, mesmo que tenham exatamente o mesmo nível de aptidão. A estatística S-DIF indica que, em média, a probabilidade de resposta correta para os alunos do sexo feminino é mais de 23 pontos percentuais superior à dos alunos do sexo masculino com aptidão semelhante.

Com a análise do FDI, as estatísticas e os valores tendem a ser muito sensíveis ao erro de amostragem, o que pode levar a que os itens aparentem ter diferenças que podem não estar presentes na

FIGURA 9.13

Resultados da Análise do FDI para os Dados PILOT1 por Gênero, MATHC1035

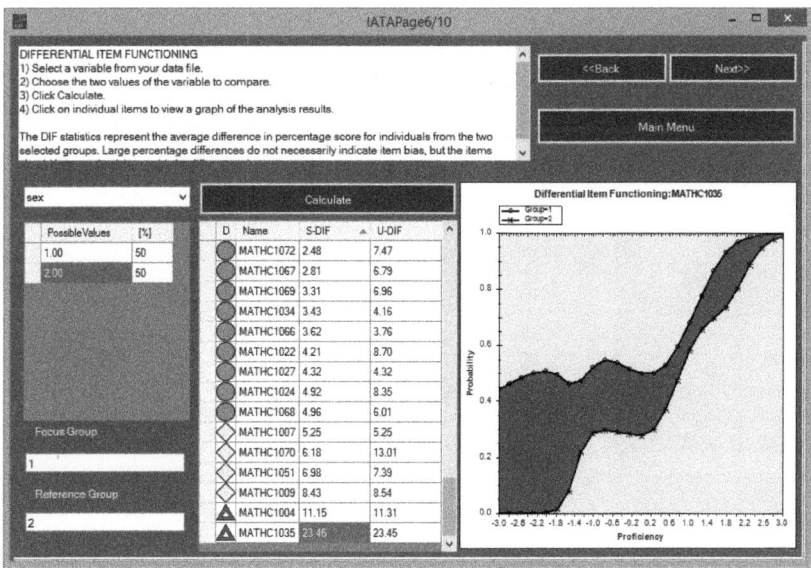

amostra maior. O IATA atribui um símbolo de aviso quando o coeficiente de variação da amostra[5] para a estatística S-DIF é menor do que 0,2 (o que indica que a diferença observada não se deve provavelmente a um erro de amostragem) ou quando ocorre uma diferença muito grande nas estatísticas S-DIF ou U-DIF, que devem ser examinadas mesmo em amostras pequenas.

Por vezes, os resultados podem ser enganosos devido à sensibilidade em relação ao erro de amostragem. Quando o número de respondentes nas extremidades superior e inferior da escala de aptidão é baixo, as respostas de um ou dois alunos podem ditar a aparência do gráfico nessas extremidades. Uma vez que as estatísticas descritivas efetuam o cálculo através do número de alunos no grupo alvo em cada nível de aptidão, essas não são afetadas de forma tão significativa por erros aleatórios, como acontece com os gráficos. O gráfico para os resultados do item **MATHC1042** na Figura 9.14 representa um exemplo de como os resultados gráficos podem, por vezes, ser enganosos. Apesar de o gráfico sugerir uma desvantagem muito significativa para os alunos do sexo feminino (a zona sombreada), a estatística S-DIF

FIGURA 9.14

Resultados da Análise do FDI para os Dados PILOT1 por Gênero, MATHC1042

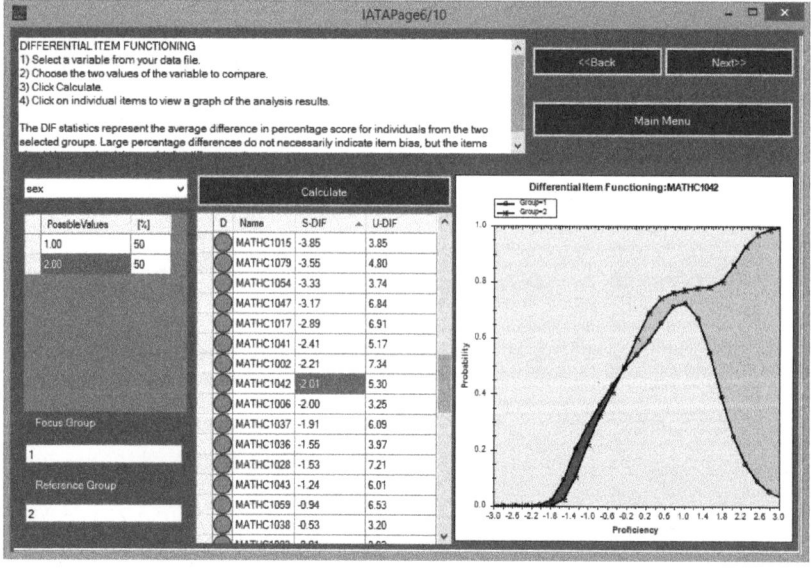

verdadeira (−2,01) indica que essa é, na verdade, uma desvantagem relativamente fraca.

Indícios do FDI podem também ser encontrados quando o conteúdo específico dos itens não está tão alinhado com a dimensão primária do teste como outros itens. Por exemplo, na Matemática, um objetivo comum de aprendizagem para os alunos mais novos é o reconhecimento de ferramentas de medição para diferentes unidades (tais como os centímetros, os quilogramas ou os graus centígrados). Mesmo que sejam fortes em Matemática, os alunos em áreas remotas ou desfavorecidas podem não ter o mesmo nível de exposição a essas ferramentas que os alunos em áreas urbanas. Consequentemente, podem ter uma desvantagem sistemática em itens de teste que requerem esse conhecimento específico. No entanto, essa desvantagem não é uma propriedade dos itens de teste, mas uma consequência de uma desvantagem específica na aptidão. Antes de chegarem a qualquer conclusão sobre a tendenciosidade contra alunos específicos, os especialistas no conteúdo curricular, que são sensíveis a possíveis diferenças étnicas, geográficas ou de gênero, devem examinar os itens do teste para confirmar que os indícios de tendenciosidade dos dados estatísticos são semelhantes aos indícios verificados em uma análise do conteúdo.

A análise do FDI deve ser realizada para todas as caraterísticas e grupos demográficos que serão comparados em uma análise principal dos resultados. A presença do FDI no que diz respeito a uma caraterística não está habitualmente relacionada com a presença ou a ausência do FDI no que diz respeito a outra caraterística. Em geral, as variáveis mais importantes a considerar para o FDI são as variáveis de estratificação da amostra (tais como a variável **Region**) ou as variáveis do questionário de referência. Os dados *PILOT1* têm três variáveis demográficas: **Sex**, **Language** e **Region**. Como um exercício individual, é possível realizar análises de FDI semelhantes para as variáveis **Language** e **Region**, executando os mesmos passos indicados anteriormente para a análise do FDI da variável **Sex**, certificando-se de selecionar o grupo minoritário como grupo alvo e de clicar em **Calculate** para atualizar os resultados.

A Figura 9.15 ilustra um resultado comum do FDI quando um teste se encontra no idioma falado nas casas de alguns alunos, mas não

FIGURA 9.15

Resultados da Análise do FDI para os Dados PILOT1 por Idioma Utilizado nas Casas dos Alunos, MATHC1006

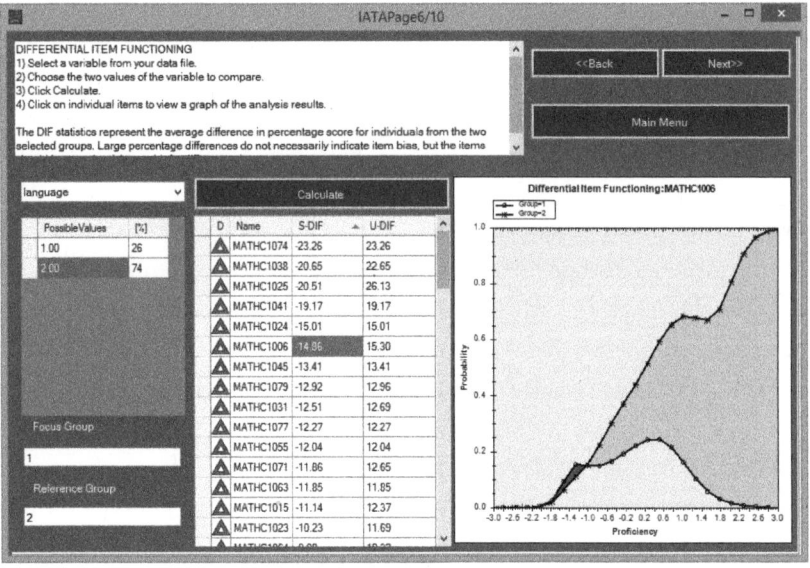

de outros. Os resultados representam uma análise do FDI para o item MATHC1006. Esse item é um exemplo extremo de um FDI em que a resposta correta está fortemente relacionada com a aptidão linguística de uma população (nesse caso, **Language** = 2) e tem um relacionamento fraco ou inexistente em outras (**Language** = 1).

A análise do FDI no IATA pode servir como uma ferramenta de pesquisa para determinar se grupos específicos de alunos têm problemas com subdomínios específicos. A análise do FDI pode também facilitar a compreensão de diferenças que podem ser introduzidas nas versões em diferentes idiomas de um teste que foi traduzido. Os indícios estatísticos do FDI podem ser utilizados para ajudar os tradutores a corrigir erros de tradução revelados durante a realização do teste piloto ou do teste de amostra.

O principal objetivo da análise do FDI é fomentar o debate e a análise dos itens do teste piloto e levar à interpretação de resultados. O IATA salva em uma tabela de dados os resultados de cada análise realizada ao FDI.[6] Esses resultados, assim como qualquer gráfico particularmente interessante, devem ser copiados[7], salvos e partilhados com os especialistas em conteúdo curricular para determinar explicações possíveis para o padrão de diferenças entre o grupo alvo e o grupo de referência. Se o consenso geral é de que um item é tendencioso, este deve ser removido das especificações da análise na página 2 do IATA e as análises anteriores do IATA devem ser repetidas. Por último, uma vez que os resultados das análises do FDI são reconhecidamente suscetíveis ao erro de amostragem, qualquer decisão sobre se um item específico deve ou não ser incluído na versão final de um teste com base em uma suspeita de tendenciosidade deve apresentar uma justificação sólida em termos de currículo ou conteúdo. Esse tutorial é realizado sem ser feita a remoção de nenhum desses itens.

Após realizar as análises do FDI e examinar os resultados, clique em **Next>>**.

PASSO 7: ANÁLISE DA ESCALA

À técnica de desenvolver uma métrica numérica para interpretar o desempenho em um teste dá-se o nome *escalonamento*. O IATA indica os resultados de testes utilizando as seguintes pontuações de escala: **PercentScore, Percentile, RawZScore, ZScore, IRTscore** e **TrueScore**. É possível encontrar mais detalhes sobre essas escalas na Tabela 8.1. Nessas escalas predefinidas, o desempenho é resumido em uma escala de 0 a 100 ou na escala padrão, que tem uma média de 0 e um desvio padrão de 1. Utilize a escala que seja mais útil para o objetivo pretendido de comunicação de resultados. Partes interessadas diferentes podem preferir tipos de escalas também diferentes. De um modo geral, a **IRTscore** é a mais útil para a maioria dos objetivos, mas tem a desvantagem comunicativa de cerca de metade dos alunos terem uma pontuação inferior a zero. Uma vez que muitas partes interessadas podem não saber como interpretar pontuações negativas de escala, é preferível criar uma nova escala de modo que nenhuma das pontuações dos alunos tenha um valor inferior a zero.

A interface de análise das pontuações de escala e de criação de escalas adicionais é apresentada na Figura 9.16. À esquerda,

FIGURA 9.16

Interface de Análise e Definição da Escala

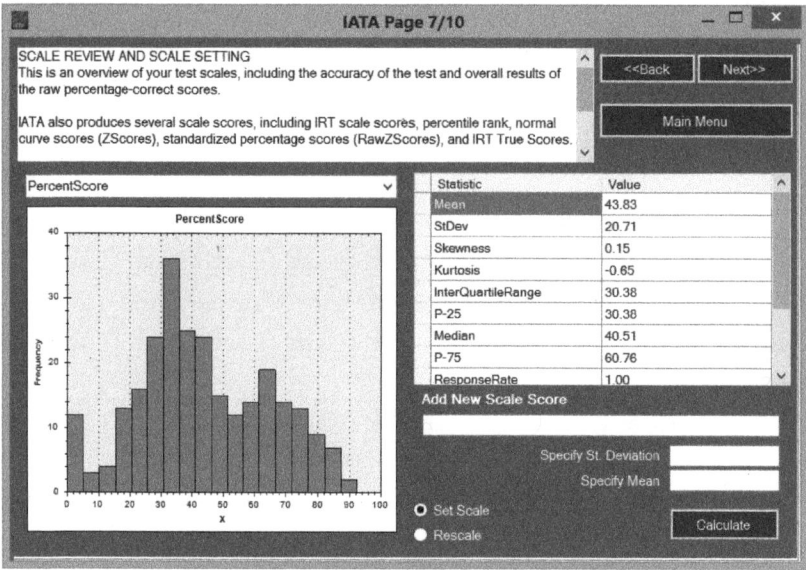

encontra-se um menu suspenso e uma janela de gráfico. É possível selecionar qualquer tipo de pontuação de escala a partir desse menu suspenso, o que vai criar um gráfico da distribuição da pontuação de escala selecionada. A figura apresenta o gráfico para a pontuação de escala selecionada, **PercentScore**. À direita, encontra-se um painel que mostra as estatísticas para a pontuação selecionada. No canto inferior direito encontra-se um conjunto de controles para o reescalonamento da pontuação **IRTscore**, através da aplicação de um novo desvio padrão e de uma nova média. O procedimento de reescalonamento aplica-se apenas à pontuação **IRTscore**, que é a fonte primária de pontuações do IATA.

Distribuições das Pontuações de Testes e Informações sobre o Teste

O IATA apresenta as distribuições de pontuações em forma de histograma, no qual cada barra representa um intervalo de pontuações e a altura de cada barra representa a proporção de alunos com pontuações dentro desse intervalo. O IATA também cria diagramas da função de informação do teste em forma de linha contínua para os tipos de pontuações expressas em escalas com médias de aproximadamente 0 e desvios padrão de aproximadamente 1 (**StandardizedZscore, RawZScore, e IRTscore**). A função de informação do teste descreve a precisão do teste em diferentes níveis de aptidão na escala padrão em que é realizado o escalonamento dos itens. Está inversamente relacionada com o erro padrão da medição; se o valor de informação do teste for elevado, o erro padrão da medição será baixo. A função de informação do teste deve ser interpretada em relação às necessidades ou objetivos específicos do teste. Por exemplo, se o objetivo do teste é identificar os alunos com uma aptidão baixa, um teste que é mais adequado para os alunos com uma aptidão alta não seria adequado e não serviria como uma medida apropriada para identificar os alunos com uma aptidão baixa. De modo geral, o erro médio da medição para todos os alunos é minimizado se a função de informação de teste é ligeiramente mais ampla, mas com a mesma forma e localização da distribuição de aptidão para os alunos que realizam o teste. Fazer a comparação entre a função de informação e a distribuição das pontuações dos testes pode indicar se o formato do teste beneficia-se da modificação do equilíbrio dos itens com maior precisão para os alunos com desempenhos altos ou baixos.

Estatísticas Descritivas

O IATA produz as seguintes estatísticas descritivas para cada pontuação de um teste:

1. Média
2. Desvio padrão
3. Assimetria
4. Curtose
5. Amplitude interquartil
6. 25.º percentil
7. Mediana
8. 75.º percentil

9. Taxa de resposta
10. Confiabilidade
11. Número total de respondentes
12. Número de itens no teste
13. Número de itens incluídos na análise

As oito primeiras estatísticas descrevem a distribuição das pontuações estimadas. Utilize a barra de deslocamento à direita da caixa de estatísticas e valores na Figura 9.16 para ver as últimas cinco colunas. Essas estatísticas ajudam a determinar se as pontuações de escala são adequadas para várias finalidades (por exemplo, para a análise estatística secundária ou para os relatórios por quantis). As últimas cinco estatísticas descrevem as condições em que a análise foi realizada e fornecem uma classificação holística do teste, que deve ser verificada para confirmar que a análise foi realizada com os dados adequados e de acordo com as especificações corretas. *A taxa de resposta* descreve o número médio de respostas válidas (não inclui as respostas em falta) para cada item. *A confiabilidade* é uma medida descritiva geral da precisão média de um teste para uma amostra específica de alunos. A taxa de resposta e a confiabilidade variam entre 0 e 1 e devem ter o valor mais alto possível. O número total de itens incluídos na análise reflete o fato de que alguns itens devem ser eliminados da análise se forem considerados inadequados devido à má formulação de frases, uma vez que provocam confusão nos alunos ou apresentam outros problemas técnicos. Para este tutorial, o número de respondentes é 262, o número de itens é 80 e o número de itens aceitáveis é 79. (O item **MATHC1075** foi removido da análise).

A interface de escalonamento é mais útil para a aplicação da avaliação final do que para a aplicação de testes piloto. Uma vez que a amostra do teste piloto não ponderado não é representativa, as distribuições de resultados não devem ser generalizadas para o desempenho da população. Além disso, uma vez que as pontuações de testes não serão relatadas, não existe a necessidade de gerar pontuações derivadas de escala. Os resultados adicionais da interface de escalonamento não são relevantes para a análise dos dados *PILOT1*. Clique em **Next>>** para continuar para a tarefa seguinte.

PASSO 8: SELEÇÃO DE ITENS DO TESTE

Utilizando o IATA, a seleção ideal de itens está disponível sempre que um arquivo de dados de itens for carregado ou criado durante uma análise dos dados de resposta. Para produzir o teste mais eficiente para uma extensão e um objetivo de teste específicos, o IATA pode selecionar itens automaticamente, com base nas caraterísticas estatísticas dos itens. O princípio fundamental subjacente à elaboração de um teste baseado na TRI é que a pessoa que cria o teste tem alguma expetativa sobre o grau de erro de medição que o teste deva ter em diferentes níveis de aptidão, assim como das exigências sobre o balanço do conteúdo que deva ser incluído no teste.

De modo geral, quanto mais itens existirem em um teste, mais informações este pode gerar sobre os níveis de aptidão dos examinandos. No entanto, infelizmente, os testes que têm demasiados itens são habitualmente pouco práticos e pouco desejáveis, uma vez que podem ser desnecessariamente perturbadores nas escolas e podem resultar em fadiga por parte dos respondentes e na deterioração da motivação dos alunos, dando origem a resultados menos precisos. Os testes demasiadamente longos também acarretam mais custos para desenvolver, aplicar, pontuar e processar. Um teste deve incluir apenas os itens de teste mais informativos do conjunto de itens disponível. O IATA pode ajudar a desenvolver um teste com o número mínimo de itens necessário para atingir os objetivos dos formuladores de políticas e das outras partes interessadas.

A determinação de um nível aceitável de erro padrão depende do objetivo de uma avaliação. Seria ideal a elaboração de um teste que forneça um nível elevado de precisão para todos os níveis de aptidão. No entanto, isso vai requerer muitos itens, o que pode aumentar o tempo que cada aluno despende na realização do teste. Isso pode dar origem à redução da validade dos resultados dos testes, permitindo que a fadiga e o aborrecimento influenciem as pontuações dos testes. Se um teste tem a norma como referência, são necessárias informações detalhadas (e uma margem de erro menor na medição) para todos os níveis de aptidão. Ao contrário, se um teste tem o critério como referência, apenas são necessárias informações referente aos limites de aptidão em que as decisões são tomadas.

No entanto, a seleção de itens na fase piloto não deve ser determinada unicamente pelos resultados da análise estatística. A validade da interpretação de resultados é a consideração mais importante na construção de testes de avaliação nacional. As pontuações de testes devem representar de forma adequada e precisa o domínio que está sendo medido. As ferramentas mais importantes para manter a validade de um teste são os enquadramentos teóricos e a tabela de especificações ou modelo de teste. Um modelo ajuda a determinar o equilíbrio do conteúdo e dos níveis de capacidade cognitiva que devem ser incluídos em um teste (ver Anderson e Morgan 2008).

A interface onde pode ser feita a seleção dos itens de teste ideais é apresentada na Figura 9.17. À esquerda, um menu suspenso permite selecionar uma fonte para a seleção de itens de uma lista de fontes de dados disponíveis que são produzidos automaticamente pelo IATA, com base nos dados carregados e nas análises realizadas anteriormente (consultar Tabela 8.5). Neste exemplo, a tabela *Items1* está disponível e contém os resultados da análise atual.[8] Abaixo da seleção da fonte de dados, encontram-se os campos que permitem especificar o nome a ser aplicado ao item e o número total de itens a selecionar entre os

FIGURA 9.17

Resultados da Seleção de Itens para os Dados PILOT1, 50 itens

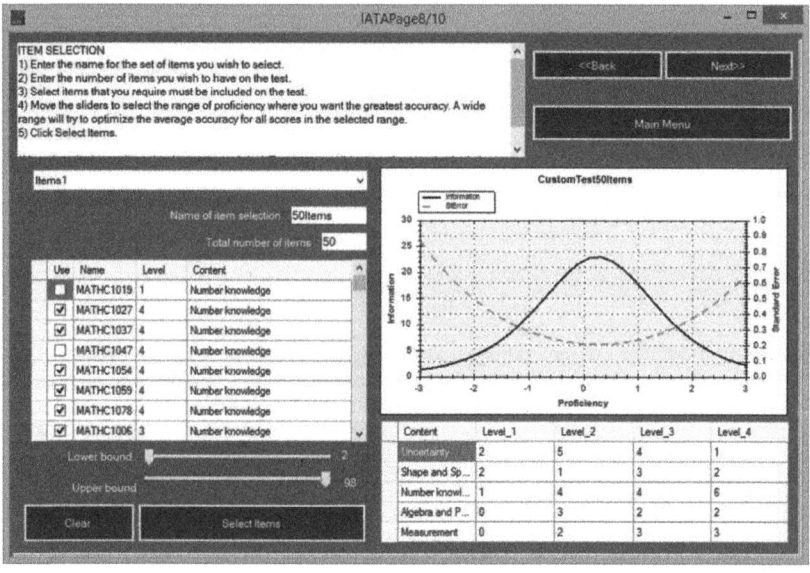

dados dos itens. A tabela abaixo desses dados contém uma lista de todos os itens calibrados da fonte de dados selecionada, assim como o nível de aptidão (**Level**) e a área de conteúdo (**Content**) associadas a cada item. Apesar de os dois últimos campos de dados serem habitualmente inseridos no IATA através de um arquivo de dados dos itens, os dados podem também ser editados manual e diretamente na tabela. O processo de seleção estatística não necessita das especificações **Level** e **Content**, mas a existência de informações detalhadas sobre cada item vai ajudar a otimizar a seleção de itens, ao mesmo tempo que mantém a representação desejada do conteúdo. Clicar na caixa à esquerda do nome de um item força o IATA a selecionar esse item, independentemente das suas propriedades estatísticas.

Abaixo da tabela de itens, estão dois controles de deslocamento que permitem especificar o intervalo de aptidão dentro do qual se deseja maximizar a precisão do teste. Os controles estão definidos de modo a que o valor mínimo corresponda ao 2.º percentil de aptidão e o valor máximo corresponda ao 98.º percentil (o valor atualmente selecionado é apresentado à direita de cada controle de deslocamento). É possível especificar um intervalo menor e maximizar as informações modificando os limites superior e inferior para refletir os seus objetivos da avaliação. O IATA seleciona itens para minimizar o erro padrão médio da medição no intervalo de aptidão entre os limites inferior e superior, assumindo uma distribuição normal da aptidão na amostra de alunos a ser avaliada.

O principal objetivo da realização de testes piloto de itens é determinar quais são os itens mais úteis na aplicação final da avaliação nacional. Se a amostra piloto de alunos for identificada como estando acima da aptidão média, essa expetativa deve ser levada em consideração quando da seleção dos itens. Tendo em mente que deseja criar um teste final de 50 itens, insira as seguintes especificações no IATA:

1. Na caixa **Name of item selection**, introduza **50Items** (o nome é arbitrário; o nome é utilizado aqui para permitir a comparação dos resultados produzidos com os resultados na pasta de dados de amostra do IATA).

2. Na caixa **Total number of items**, insira o número 50.

3. Mova o controle de deslocamento para **Upper bound**, até o valor 80. Essa especificação indica que a seleção de itens não vai tentar maximizar a precisão acima do 80° percentil na distribuição da aptidão da amostra. Essa configuração é escolhida para compensar a possibilidade de uma aptidão mais elevada da amostra piloto em relação à população geral.
4. Clique em **Select Items**.

Quando o IATA concluir a tarefa, a interface deve ser semelhante à Figura 9.17. À esquerda da lista de itens, é possível ver os 50 itens atuais que foram selecionados. (O último dos quais é o **MATHC1041**). À direita, o gráfico apresenta as informações coletivas e o erro de medição previsto para os itens selecionados, se esses forem utilizados em forma de teste. Os resultados indicam que a seleção de itens é mais exata junto à pontuação de aptidão zero (a aptidão média na amostra atual). A tabela abaixo do gráfico resume a distribuição dos itens selecionados nas áreas de conteúdo e nos níveis cognitivos (para esses dados, foi atribuído um valor padrão de 1 a todos os itens; os valores podem ser editados diretamente na tabela de itens ou carregados no arquivo inicial de dados de itens). Se os dados nessa tabela indicarem que a seleção estatisticamente ideal não se enquadra adequadamente no modelo, é possível modificar o balanço do conteúdo selecionando ou apagando manualmente itens específicos, utilizando as caixas ao lado do nome de cada item, na tabela à esquerda. Fazer a seleção manual de itens vai atualizar automaticamente o resumo das propriedades de teste, à direita.

A seleção de itens também é registrada no IATA, em forma de tabela de dados de itens, com o nome **CustomTest50ItemsA**. Como acontece com todos os resultados produzidos pelo IATA, é possível ver e exportar essa tabela de dados avançando para a interface final do fluxo de trabalho (ver "Passo 10: Ver e Salvar Resultados"). Os itens na tabela são ordenados de acordo com a adequação dos critérios de seleção, com os itens mais adequados na parte superior.

Devido ao número reduzido de itens na análise atual, um usuário pode utilizar o IATA simplesmente para ordenar todos os itens de acordo com a adequação para o intervalo de aptidão desejado (isto é, abaixo do 80° percentil na amostra atual). A equipe de desenvolvimento do teste deve depois rever o arquivo de dados de itens e, quando da seleção de itens para o teste final, utilizar a classificação dos itens em termos de adequação, assegurando que é mantido o equilíbrio apropriado do conteúdo. Para criar uma nova seleção de itens, siga os seguintes passos:

1. Clique em **Clear** para eliminar todas as seleções prévias da lista de itens.

2. Introduza um nome novo para a seleção de itens, **79Items** (se este nome já foi utilizado, os resultados anteriores vão ser substituídos).

3. Introduza o número máximo de itens disponíveis (79) como o número total de itens. Se introduzir um número superior ao número de itens disponíveis, o IATA vai selecionar apenas aqueles que se encontram dentro do valor de itens disponíveis.

4. Mantenha o limite superior no valor 80, uma vez que o intervalo de aptidão desejado não foi alterado.

5. Clique em **Select Items**.

A Figura 9.18 apresenta alguns resultados da análise de um teste piloto de 79 itens. A tabela de resultados (com o nome *CustomTest79Items*) foi adicionada ao conjunto de resultados do IATA e pode ser vista na interface final do fluxo de trabalho. Os responsáveis pelo desenvolvimento do teste podem utilizar essas informações para ajudar a melhorar a qualidade dos itens, através da identificação e da correção dos itens menos eficazes.

O processo de seleção de itens depende da qualidade dos itens disponíveis. O IATA não pode acrescentar precisão a regiões específicas de aptidão se não existirem itens disponíveis com informações nessas regiões. O processo automático pode ajudar a selecionar os melhores itens disponíveis, mas não pode melhorar a precisão desses itens.

Após rever os resultados, clique **Next>>** para continuar.

FIGURA 9.18

Resultados da Seleção de Itens para os Dados PILOT1, 79 itens

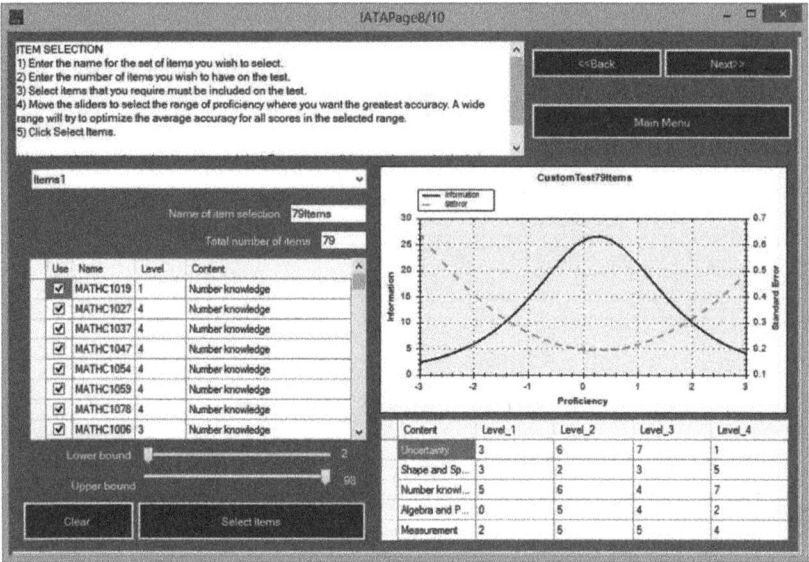

PASSO 9: PADRÕES DE DESEMPENHO

Na fase de realização de testes piloto, existem dados insuficientes para sustentar a definição dos padrões de desempenho. Apesar de existirem algumas informações disponíveis sobre as propriedades estatísticas e as especificações que foram utilizadas na criação dos itens, não existem ainda informações detalhadas sobre a distribuição da aptidão na população de alunos. Como tal, as tentativas de definição de padrões de desempenho na fase piloto seriam desnecessárias e potencialmente enganadoras.

Uma vez que a análise dos dados do teste piloto dada como exemplo neste tutorial não requer a definição dos padrões, clique em **Next>>** para avançar para a interface em que pode ver e salvar os resultados.

PASSO 10: VER E SALVAR RESULTADOS

O IATA produz uma série de resultados diferentes em formato de tabela de dados para todos os fluxos de trabalho de análise. Esses resultados podem ser consultados e salvos na interface final de cada fluxo de trabalho. Isso vai permitir fazer a revisão de todas as tabelas de dados de resultados produzidas durante o fluxo de trabalho de análise. A interface mostra a tabela de dados selecionada no menu suspenso. Para alterar a fonte de dados, selecione uma tabela diferente a partir do menu suspenso, como é ilustrado na Figura 9.19. (A tabela 8.5 disponibiliza uma lista e descrição completas das tabelas de dados disponíveis produzidas pelo IATA.)

Lembre-se de que a tabela **PLevels** é criada automaticamente utilizando os valores de especificação padrão, ainda que não tenha sido especificada a criação de nenhum padrão de desempenho.

É possível salvar essas tabelas em um único ou em vários arquivos, clicando em **Save Data**. É possível salvar uma tabela individual ou todas as tabelas simultaneamente em vários formatos. É recomendada a utilização de dois formatos de arquivos para salvar os resultados do IATA. Excel (*.xls/*.xlsx) e SPSS (*.sav).

De modo geral, é preferível salvar os resultados em formato Excel, uma vez que todas as tabelas de dados podem ser salvas em um único

---

FIGURA 9.19

Visualização dos Resultados da Análise dos Dados PILOT1

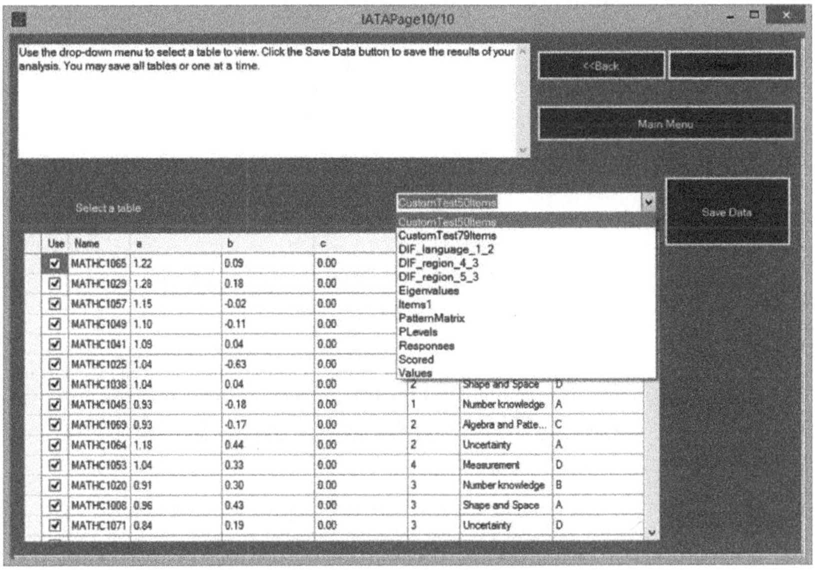

arquivo de dados. O formato Excel também pode ser aberto com *software* gratuito como, por exemplo, o OpenOffice (disponível para transferência em http://www.openoffice.org). No entanto, as versões mais antigas do Excel estão limitadas a um número máximo de 255 variáveis. O IATA salva apenas as primeiras 255 variáveis no arquivo *.xls, caso o arquivo de dados tenha um número superior de variáveis. Utilize os formatos *.sav ou *.xlsx para salvar arquivos de dados com mais variáveis. Os arquivos SPSS têm a vantagem de poder armazenar tabelas de dados maiores de forma eficiente, assim como metadados (se esses forem editados no pacote de software SPSS). No entanto, o SPSS tem uma grande limitação: cada tabela de dados será salva em um arquivo individual.

Uma janela de arquivo pedirá para especificar o nome e a localização do arquivo para os resultados, assim como o formato de exportação. Escolha o formato de dados desejado e clique em **Save** para salvar as tabelas.[9] O arquivo final contém todos os resultados tabulares produzidos durante o fluxo de trabalho completo da análise, constituindo a documentação da análise.

Para referência, os resultados deste tutorial de análise da tabela de resultados ***Items1*** estão incluídos no arquivo ***ItemDataAllTests.xls***. Foi dado o nome ***ReferenceP1*** à folha de trabalho que contém os dados da tabela ***Item1*** na análise atual. Nos resultados salvos, os valores "True" e "False" na Coluna E (OK) indicam quais os itens incluídos na análise final. Nesses resultados, apenas o item **MATHC1075** apresenta o valor "False".

Para uma verdadeira análise do teste piloto (isto é, uma análise que não utilize dados simulados), as tabelas de resultados e os gráficos que foram copiados e colados durante o fluxo de trabalho da análise devem ser fornecidos aos responsáveis pelo desenvolvimento do teste, que podem utilizar essas informações para modificá-lo, selecionando, ordenando e adicionando itens, conforme necessário, de modo a maximizar a precisão e a utilidade do formulário de teste final.

NOTAS

1. Consulte a Tabela 8.6 para uma descrição dos símbolos e dos respectivos significados.

2. Um carregamento igual a 1 não é razoável, uma vez que vai exigir que cada respondente obtenha a mesma pontuação em todos os itens. Isso sugere que o teste pode apenas produzir dois valores de pontuação distintos, algo que não é muito informativo.

3. Os valores exibidos no IATA foram normalizados para expressar a proporção de variância total representada por cada autovalor.

4. Se clicar duas vezes no cabeçalho, a coluna é ordenada em sentido decrescente.

5. O coeficiente de variação de amostragem é calculado como o erro padrão da estatística S-DIF dividido pelo valor absoluto dessa mesma estatística.

6. Todos os resultados deste tutorial estão disponíveis para referência e comparação na pasta de dados de amostra do IATA, na tabela Excel com o nome *ReferencePILOT1.xls*. As tabelas de resultados do FDI encontram-se nas folhas de trabalho cujo nome começa por FDI_.

7. É possível copiar os gráficos de análise do FDI colocando o cursor sobre o gráfico e utilizando as funções **Copy** e **Paste** do menu acessado através do botão direito do mouse.

8. Para as análises que envolvam ligações, faça a seleção a partir dos dados de itens calibrados anteriormente (*Items2*) ou do conjunto de dados comuns a duas fontes de dados de itens (*MergedItems*).

9. Se salvar todas as tabelas e selecionar o formato de exportação SPSS (*.sav), cada tabela de resultados será exportada em um arquivo de dados *.sav individual, com o nome introduzido a ser utilizado como prefixo para todos os nomes das tabelas.

CAPÍTULO  # REALIZAR UMA ANÁLISE COMPLETA DA ADMINISTRAÇÃO DE DADOS DE UM TESTE FINAL

Usar o conjunto de dados de amostra **CYCLE1** para fazer este exercício. A chave de respostas para este teste está no livro de exercícios do Excel, *ItemDataAllTests.xls*, na folha denominada **CYCLE1**.

As análises neste Capítulo baseiam-se no desempenho de alunos em uma avaliação nacional de Matemática administrada a uma amostra nacional de alunos. O teste final tinha 50 itens, representando cinco áreas de conteúdo (conhecimento numérico, forma e espaço, relações, resolução de problemas, e incerteza) em proporções determinadas pelas especificações do teste. O desenho final da amostra era uma amostra de aglomerado estratificado, tendo as escolas como unidade primária de amostragem e uma amostra alvo de 30 alunos de cada escola. A amostra continha 79 escolas, selecionadas para serem representativas de cinco regiões nacionais e estratificadas por estatuto rural e idioma de instrução. O número total de alunos na amostra é de 2.242, representando uma população de aproximadamente 86.000.

Esta descrição passo a passo segue os mesmos passos que a análise de dados do teste piloto no Capítulo 9. No entanto, como o teste final visa primariamente a produzir e interpretar resultados, a análise de item é tipicamente realizada sem a ênfase exploratória presente na análise de dados do teste piloto. Da mesma forma, esta descrição concentra-se nos aspectos únicos da análise de dados do teste final que a distinguem da análise de dados do teste piloto. Além das análises feitas com dados piloto, as análises de dados do teste completo neste capítulo envolvem o cálculo de resultados de escala e padrões de desempenho. Quando os passos de análise forem idênticos aos descritos no Capítulo 9, é preciso consultar as informações lá apresentadas.

Começar a análise clicando **Response data analysis** do menu principal da Análise de Item e de Teste (IATA).

PASSO 1: DEFINIR A ANÁLISE

Os procedimentos para definir a análise são semelhantes aos descritos no Capítulo 9. Primeiro, carregar um arquivo de resposta, depois carregar um arquivo de dados de item, e depois especificar a análise. Se forem necessárias mais informações, consulte o Capítulo 9, passo 1 a passo 3, para instruções detalhadas. A pasta de dados de amostra IATA contém o seguinte:

- O arquivo de dados de resposta para este Capítulo é **CYCLE1.xls**. (Este arquivo tem 2.242 registros e 58 variáveis.)
- O arquivo de dados de item é um arquivo Excel denominado **ItemDataAllTests.xls** na tabela denominada **CYCLE1**. Assegure que o nome correto da tabela seja selecionado na interface de carregamento de dados de item. (O arquivo de dados de item **CYCLE1** tem 50 registros.)

Os itens do teste de avaliação nacional são um subconjunto dos itens piloto descritos no Capítulo 9.

As especificações para a análise são ligeiramente diferentes das referentes à análise de dados do teste piloto, principalmente devido ao uso de amostragem de probabilidades na administração completa da avaliação nacional. A primeira diferença é o nome da variável de identificação, que é **CYCLE1STDID**. A segunda diferença, que afetará os resultados da análise, é a presença de um peso do modelo de amostragem, que é denominado **CYCLE1weight**. Essas especificações de variáveis devem ser selecionadas nos menus suspensos. Nesses dados, o valor de

FIGURA 10.1

Especificações de Análise para os Dados CYCLE1

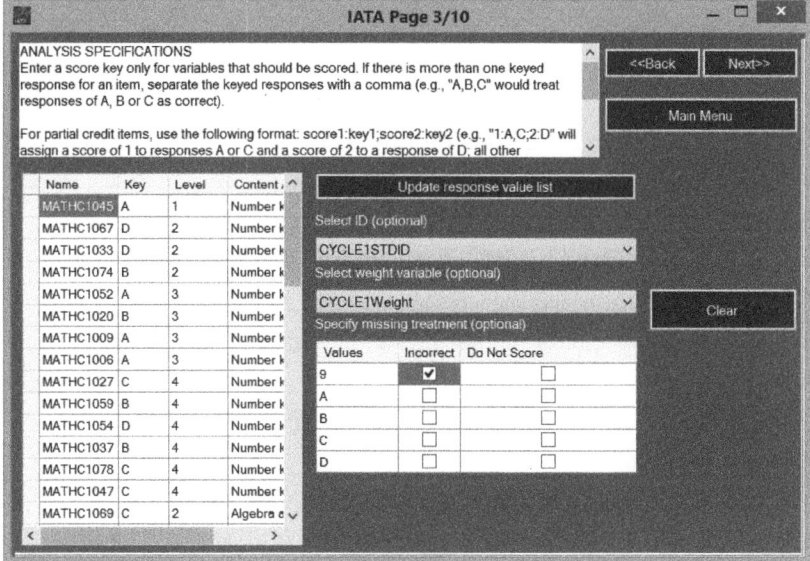

9 representa respostas em falta, que são tratadas como incorretas. As especificações completas devem ficar conforme ilustrado na Figura 10.1.

Vale ressaltar que os dados de item para a avaliação final também incluem dados no campo **Nível** na terceira coluna da tabela do lado esquerdo. Esses dados são números naturais (1 ou maior) que representam o nível esperado de desempenho ou aptidão que os especialistas de conteúdo do currículo atribuíram a cada item de teste: o Nível 1 representa o nível mais baixo de desempenho (isto é, competência mínima) e o Nível 4 representa o nível mais alto. Apesar de a cada item ser atribuído um nível, alguns alunos podem não atingir sequer o nível mais baixo.

Após verificar que as especificações e os dados estão corretos, clique em **Next>>** para continuar. A análise começará automaticamente, atualizando a interface periodicamente com o progresso. Com conjuntos de dados maiores ou computadores mais lentos, a análise pode parecer lenta no estágio de estimar parâmetros, que é o que demora mais. Não feche o programa; o IATA continuará a executar e providenciará uma atualização quando a análise estiver completa.

PASSO 2: RESULTADOS DA ANÁLISE BÁSICA

Como foram identificados e removidos itens problemáticos durante a análise de dados do teste piloto, já não há qualquer item problemático no conjunto de dados completo. Confirme que os itens estão se comportando adequadamente revendo (a) a análise de item (Página 4/10 do IATA) e (b) os resultados da dimensionalidade do teste (Página 5/10 do IATA). Para instruções sobre como executar esses passos, consulte o Capítulo 9, passos 4 e 5. Observe que todos os itens listados na Página 4/10 do IATA têm círculos (verdes), com exceção de **MATHC1046**, que foi identificado no Capítulo 9 como sendo de certa forma problemático, mas que foi deixado no teste. Prossiga para a interface de funcionamento diferencial dos itens (FDI) (Página 6/10 do IATA) quando terminar.

PASSO 3: ANÁLISE DO FUNCIONAMENTO DIFERENCIAL DOS ITENS

Apesar de a análise do FDI ter sido realizada nos dados do teste piloto, é boa prática replicar as análises com a amostra completa, porque os resultados da análise do FDI tendem a ser sensíveis a erros de amostragem. Outras razões para fazer a análise do FDI são que algumas variáveis podem estar disponíveis na amostra completa e não na amostra piloto e que a amostra providencia um número de casos mais satisfatório para a análise do FDI.

Aqui, a análise do FDI é feita para examinar a possibilidade de tendenciosidade urbana – se os alunos rurais estão em desvantagem com relação aos seus homólogos urbanos. Para os dados **CYCLE1**, um valor de 1 para esse indicador significa que um aluno frequenta uma escola rural; um valor de 0 significa que um aluno frequenta uma escola urbana. Para especificar essa análise e rever os resultados, efetue os seguintes passos:

1. Do menu suspenso do lado esquerdo, selecione a variável **Rural**. Em resposta, a tabela abaixo do menu suspenso será preenchida com os valores 0,00 e 1,00, com valores de 56% para 0,00 e 44%

para 1,00, indicando que 44% dos alunos (não ponderado) na amostra frequentam escolas rurais.

2. Na tabela de valores, clique em **1,00**. Isso fará com que o valor de 1,00 (representando os alunos rurais) seja inserido como grupo de foco na caixa de texto abaixo.
3. Na tabela de valores, clique em **1,00**. Isso fará com que o valor de 1,00 (representando os alunos urbanos) seja inserido como grupo de referência na caixa de texto abaixo.
4. Clique em **Calculate** e espere que o cálculo seja concluído.
5. Quando o cálculo estiver completo, clique no cabeçalho da coluna S-DIF na lista dos itens para ordenar todos os itens pelo valor da estatística de S-DIF.

Quando esses passos estiverem completos, a interface aparecerá conforme ilustrado na Figura 10.2. A maior parte das estatísticas de S-DIF e U-DIF é inferior a 5, indicando que, após controlar para as

FIGURA 10.2

Resultados da Análise do FDI para os Dados CYCLE1 por Localização, MATHC1043

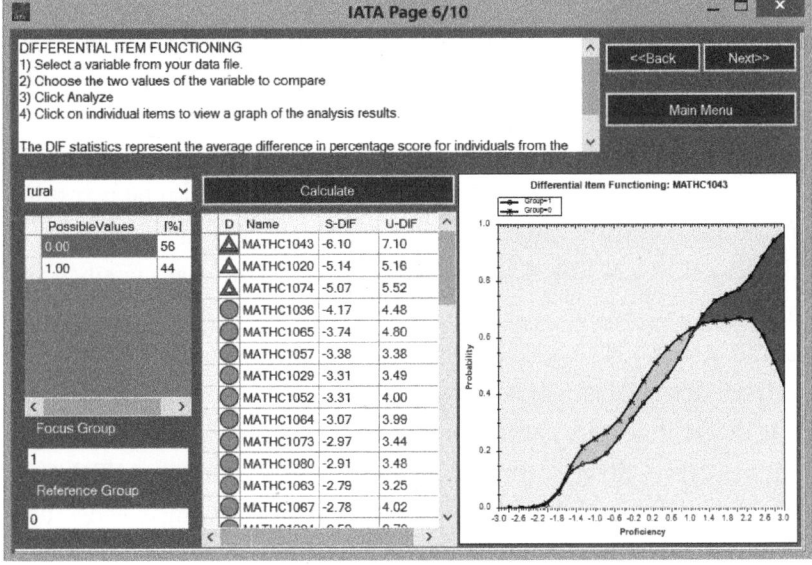

diferenças de aptidão entre os alunos rurais e urbanos, as diferenças no desempenho referente aos itens entre alunos nessas localizações tendem a ser insignificantes.

O objetivo de realizar a análise do FDI no estágio final do teste de uma avaliação nacional é determinar se um item deve ser considerado inelegível para calcular os resultados do aluno. Nesse estágio da análise, seria apropriado partilhar os resultados da análise estatística com o comitê diretor da avaliação nacional; o comitê determinará se itens potencialmente problemáticos podem ser removidos ou mantidos. Se um item for removido, a análise pode ser executada novamente após excluir a chave de respostas da interface de especificações da análise ou desmarcar o item na interface de análise de item. Para o corrente exemplo, assumimos que todos os itens são mantidos.

Após rever todos os itens, clique **Next>>** para continuar.

PASSO 4: ESCALONAMENTO

A escala usada por omissão para calcular os resultados das pontuações de escala da teoria de resposta ao item (TRI) é a escala padrão, ou escala Z, que tem média de 0 e desvio padrão de 1. Muitas partes interessadas parecem ter problemas com as classificações expressas nessa escala, porque metade dos alunos tem classificações negativas. De forma semelhante, as classificações limitadas por 0 e 100 apresentam problemas de comunicação; muitas pessoas tendem a supor que uma classificação de 50 representa uma classificação de aprovado, o que pode não ser o caso, dependendo das especificações do teste.

Para efeitos de comunicação, pode não ser desejável relatar resultados de teste com pontuação média inferior a 50% ou abaixo de 0. Algumas avaliações de grande escala transformam suas classificações calculadas em escalas que têm média de 500, 100 ou 50 e desvios padrão de 100, 20 e 10, respectivamente. Cada equipe de avaliação nacional deve selecionar o tipo de classificação com maior probabilidade de facilitar uma comunicação eficaz de resultados.

É possível realizar dois tipos de operações de escala no IATA: escalonamento e reescalonamento. O escalonamento permite especificar a média e desvio padrão desejados para as pontuações de escala.

O reescalonamento permite aplicar uma transformação linear simples às pontuações da TRI, o que é útil se as pontuações de escala tiverem que ser comparadas a uma escala estabelecida em uma análise prévia. Nesse caso, os parâmetros de item do ciclo anterior podem ser usados para estimar as pontuações do teste ou estabelecer correspondências com os resultados dos dados dos alunos no novo ciclo de forma que as pontuações da TRI que o IATA calcula possam ser comparadas com as pontuações da TRI calculadas no ciclo anterior. Os valores calculados podem depois ser submetidos a um reescalonamento usando a função de reescalonamento, para que possam ser comparados com a escala reportada do ciclo anterior.

Em ambos os casos, a nova pontuação de escala é criada inserindo o nome da nova pontuação e especificando o desvio padrão e a média nas caixas apropriadas. Quando o botão **Calculate** for pressionado, o IATA produzirá as novas pontuações de escala e mostrará a distribuição e as estatísticas resumidas.

Em contraste com a análise do teste piloto, cuja função principal é instruir o desenho do teste, a função principal da análise dos dados do teste de avaliação nacional é produzir resultados. Consequentemente, esta descrição passo a passo requer um exame mais minucioso e a especificação das propriedades das pontuações do teste, ambos os quais usam a interface de escalonamento. Em primeiro lugar, a comparação da distribuição das pontuações de aptidão com a precisão do teste em cada pontuação de aptidão (também conhecido por *informação do teste*) informa-nos sobre a qualidade da inferência que pode ser feita acerca de diferentes gamas de variação de aptidão. Em segundo lugar, a criação de uma escala para reportar os resultados do teste estabelece uma métrica para comunicar os resultados às partes interessadas.

O gráfico na figura 10.3 indica que as informações do teste, ilustradas pela linha preta contínua, está bem distribuída no que tange à distribuição de aptidão na amostra. O pico de frequência no lado esquerdo do gráfico, em aproximadamente −3 na escala de aptidão, corresponde aos alunos que não responderam corretamente a nenhum item no teste. O teste não tem informações suficientes para determinar precisamente quão baixos são os níveis de aptidão desses alunos; assim sendo, o mesmo valor arbitrariamente baixo é atribuído a todos.

Para rever a distribuição de pontuações da TRI, selecione **IRTscore** no menu suspenso no canto superior esquerdo da interface. A interface atualizar-se-á com detalhes descritivos sobre as pontuações da TRI e as informações do teste, conforme ilustrado na Figura 10.3. A média da distribuição **IRTscore** é –0,02, e o desvio padrão 1,08. Esses valores não têm significado por si só, porque representam a escala arbitrária na qual os itens foram calibrados.

Compare esses resultados com a forma estatisticamente ideal da função de informação do teste em termos de maximizar a confiabilidade global do teste para uma população normalmente distribuída, que é ilustrada na Figura 10.4. Para fins de comparação, a distribuição normal padrão está desenhada com tracejado. A informação ideal para uma amostra deve providenciar o máximo de informações nos níveis de aptidão que representem muitos alunos, mas também precisa de informações suficientes para distinguir entre alunos de aptidão extremamente alta e extremamente baixa.

Esses resultados também indicam que o teste foi relativamente difícil para os alunos. O pico da função de informações tende a estar

FIGURA 10.3

Distribuição de Aptidão (Pontuação da TRI) e Informações do Teste, Dados CYCLE1

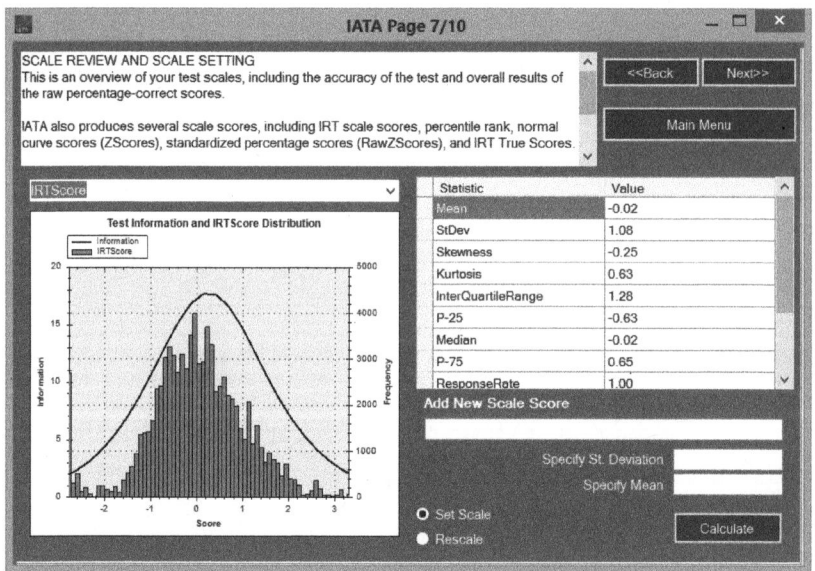

FIGURA 10.4

Uma Comparação da Informação Ideal do Teste e da Distribuição Normal

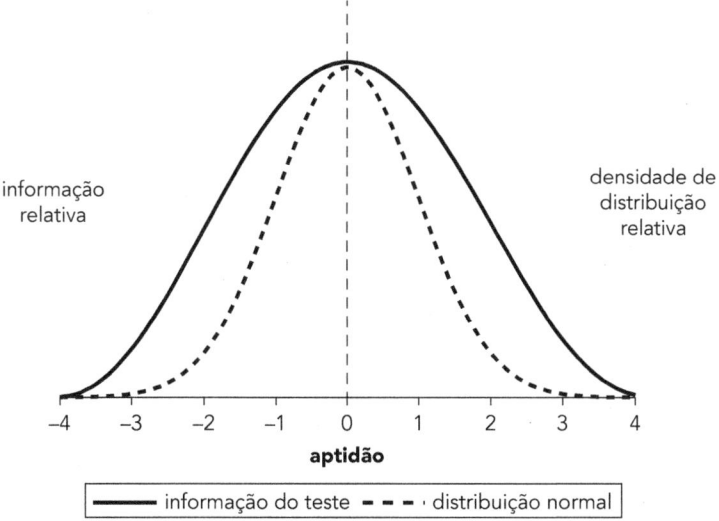

localizado na região de aptidão onde os alunos têm maior probabilidade de obter 50%. Na Figura 10.3, esse pico está ligeiramente acima do resultado médio de −0,02, o que indica que os alunos acima da média tiveram tendência a obter um resultado de apenas 50% correto.

Para produzir uma escala de relatório mais útil baseada na pontuação da TRI, use as funções **Add New Scale Score** no canto inferior direito da interface (ver Figura 10.3). Para este exemplo, presuma que o comitê de direção nacional solicitou uma nova escala, o que requer estabelecer que a média é igual a 500 e o desvio padrão igual a 100.

Essa escala vai ser definida no primeiro ciclo da avaliação nacional e será usada em ciclos subsequentes para relatar alterações no desempenho ao longo do tempo. O nome desta pontuação será **NAMscore** ("National Assessment of Mathematics score", pontuação da Avaliação Nacional de Matemática). Para providenciar essas especificações, execute os passos seguintes:

1. Escreva **NAMscore** no campo debaixo da etiqueta **Add New Scale Score**.
2. Insira o valor 100 para o desvio padrão no campo **Specify St. Deviation**.

3. Insira o valor 500 para a média no campo **Specify Mean**.
4. Certifique-se de que a opção **Set Scale** esteja selecionada. Isso garante que o valor de escala produzido terá uma média exatamente igual a 500 e um desvio padrão exatamente igual a 100 para a amostra. A opção **Rescale** irá simplesmente ajustar o valor da TRI existente à média e desvio padrão especificados.
5. Clique em **Calculate**.

Quando o IATA acabar de processar o pedido, ele atualizará a interface com o gráfico e estatísticas resumidos para a recém-criada pontuação de escala, conforme ilustrado na Figura 10.5.

Selecionar uma pontuação de escala derivada tem relativamente poucas limitações. Qualquer nome válido pode ser usado para essa pontuação, desde que não tenha sido usado nos dados de resposta (*vd.* Capítulo 8 para convenções de nomenclatura e nomes de variáveis restritos). A média pode ser qualquer número real e o desvio padrão

FIGURA 10.5

Distribuição e Estatísticas Resumidas para a Nova Pontuação de Escala (NAMscore), Dados CYCLE1

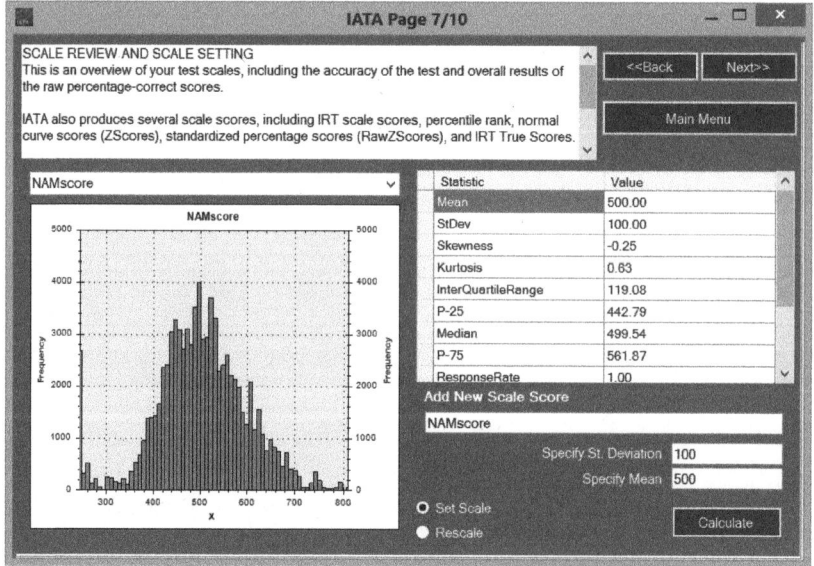

pode ser qualquer número real maior do que zero. No entanto, é importante garantir que os resultados de aluno mais baixos reportados não sejam menores do que zero. Como o resultado mais baixo é geralmente cerca de três ou quatro desvios padrão abaixo da média, é boa prática estabelecer a média como sendo pelo menos quatro desvios padrão acima de zero. A escolha de escala de relatório deve ser discutida com o comitê diretor da avaliação nacional nos estágios iniciais de planejamento, de forma que todas as partes interessadas compreendam como interpretar os resultados reportados.

Após a nova pontuação de escala ter sido criada, clique em **Next>>** para continuar.

PASSO 5: SELECIONAR ITENS DE TESTE

Os dados **CYCLE1** representam o ciclo inicial de um programa de avaliação nacional. Se o teste for para ser usado em ciclos subsequentes para efeitos comparativos, será necessário estabelecer uma ligação com os resultados do ciclo inicial. Para tanto, selecione um subconjunto de itens que sejam precisos e representativos do contínuo de aptidão.

Uma prática razoável para manter uma forte ligação entre testes é manter aproximadamente 50% dos itens comuns a avaliações adjacentes. Esses são conhecidos por *itens âncora*. Para facilitar o processo de seleção de itens âncora, use a funcionalidade de seleção de item do IATA para classificar cada item do teste atual de acordo com a sua adequação para maximizar a precisão ao longo da amplitude de aptidão. Para fazer essa seleção, execute os seguintes passos:

1. Escreva o nome **ItemRanks** no campo **Name of item selection**.
2. Escreva o número 50 no campo **Total number of items** para selecionar todos os itens.
3. Deixe os limites inferior e superior com os seus valores por omissão, 2 e 98.
4. Clique em **Select Items**.

FIGURA 10.6

Selecionar Itens, Dados CYCLE1

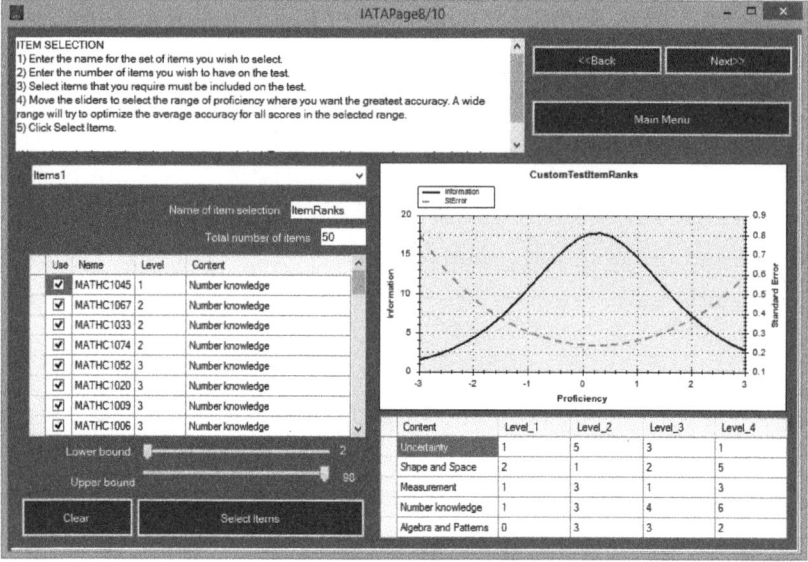

Os resultados completos são mostrados na Figura 10.6. Todos os itens disponíveis foram selecionados e categorizados por conteúdo e nível cognitivo identificado nas suas especificações originais.

Os resultados produzidos por essas especificações são acrescentados ao conjunto de resultados da análise corrente como uma tabela de dados de item do IATA. Essa tabela deve ser disponibilizada para os organizadores do teste que são responsáveis por modificar o ciclo 2 (ou seguinte) da avaliação nacional, para que possam selecionar um conjunto de itens comuns, levando em consideração informações sobre o conteúdo e valor psicométrico de cada item de teste usado no ciclo 1 (ou primeiro) da avaliação nacional. O ideal é que um conjunto de itens âncora tenha a metade do número de itens do teste completo e represente o conteúdo e especificações do teste cognitivo nas mesmas proporções do teste completo. Via de regra, qualquer ligação estatística em que os itens de ligação constituam menos de 20% do teste total não providenciará provavelmente uma ligação com significado, independentemente da precisão ou representação do conteúdo dos itens de ligação. Um método pragmático de selecionar itens seria começar com os itens mais desejados e alocar itens às células das novas especificações de teste de acordo com o seu conteúdo e níveis cognitivos até o número desejado ser atingido em cada célula ou até a lista de itens ser esgotada.

Assim que o IATA tiver completado essa análise, clique em **Next>>** para continuar.

PASSO 6: ESTABELECER PADRÕES DE DESEMPENHO

As avaliações mais contemporâneas reportam os resultados em termos de níveis. Avaliações internacionais tais como Estudo Internacional de Progresso na Compreensão de (PIRLS), Programa de Avaliação Internacional de Alunos (PISA), e Tendências Internacionais no Estudo da Matemática e das Ciências (TIMSS), assim como muitas avaliações nacionais, tais como a Avaliação Nacional do Progresso Educacional nos E.U.A. ("National Assessment of Educational Progress", NAEP pela sua sigla em inglês), reportam os resultados de desempenho dos alunos em termos de desempenho ou níveis de referência (*vd*. Greaney e Kellaghan 2008; Kellaghan, Greaney, e Murray 2009). O TIMSS, por exemplo, usa quatro níveis de referência: baixo, intermédio, alto, e avançado (Martin, Mullis, e Foy 2008). Os padrões de desempenho devem ser limiares estatísticos significativos em vez de arbitrários, tais como percentis, porque são a principal ferramenta usada para resumir e reportar o desempenho dos alunos. O processo de definir padrões de desempenho significativos é conhecido por *normalização*.

O IATA facilita os procedimentos de normalização especificando primeiro as probabilidades de resposta (PRs) em termos de resposta correta para cada item, e depois calculando os níveis de aptidão (valores de PR) associados à PR especificada. Por exemplo, se uma PR for estabelecida em 50%, o valor de PR para um item seria o nível de aptidão associado a 50% de hipóteses de responder corretamente. Uma grande variedade de PRs, tipicamente variando de 50% a 80%, é usada em avaliações de grande escala. Uma prática comum é usar 67%, o que tende a ser estatisticamente ideal para classificar itens. No entanto, a escolha de PR também deve ser instruída por definições normativas sobre qual a probabilidade de sucesso que corresponde à mestria em um particular nível acadêmico e pelo conhecimento das consequências da forma como os padrões serão usados. Por exemplo, em um contexto educacional, onde as consequências de reportar insucessos tendem a ser maiores do que as de reportar sucessos, PRs mais baixas podem ser preferidas.

Antes de analisar os dados, um painel de partes interessadas, incluindo especialistas de currículo e educação, em consulta com o comitê diretor da avaliação nacional, devem decidir acerca do número de níveis de aptidão a usar. Algumas avaliações nacionais escolhem dois níveis, tais como aceitável e inaceitável; outras escolhem três níveis, tais como pobre, adequado e avançado, enquanto outras usam quatro ou mais. Se o painel de partes interessadas decidir-se por mais de dois níveis, cada nível, exceto o mais baixo, deve ser definido por um conjunto de itens que são considerados passíveis de resposta por alunos demonstrando aquele nível de desempenho. Geralmente, a não ser que uma avaliação inclua centenas de itens (requerendo um modelo de cadernos de prova rotativos), apenas estarão disponíveis itens suficientes para definir adequadamente três ou quatro níveis.

A interface para fazer essa análise está ilustrada na Figura 10.7. Do lado esquerdo, um menu suspenso permite selecionar uma fonte de itens para cada seleção. Tal como na interface de seleção de item, existe a opção de selecionar qualquer uma das fontes de dados de item disponíveis no atual fluxo de dados. Para as análises correntes, apenas a tabela *Items1* está disponível.[1] Os itens da fonte selecionada estão listados na tabela abaixo do menu suspenso. Os valores da coluna **Nível** podem ser editados diretamente em cada linha. Para estimar os limites estatisticamente ideais com base na corrente classificação de itens, mova o indicador vertical no centro da interface até a PR desejada. Quando a interface é aberta, a PR por omissão é de 67%, indicando que o critério usado para classificar os itens ou estimar limites ideais tem 67% de probabilidade de resposta correta em cada item.

Quando o usuário clicar e arrastar o indicador vertical para ajustar o seu valor, o IATA atualizará os limites ideais e produzirá os resultados na janela do gráfico do lado direito e na tabela abaixo. O gráfico ilustra a posição de cada limiar com linhas verticais relativas à

FIGURA 10.7

Interface de Padrões de Desempenho por Omissão, Dados CYCLE1

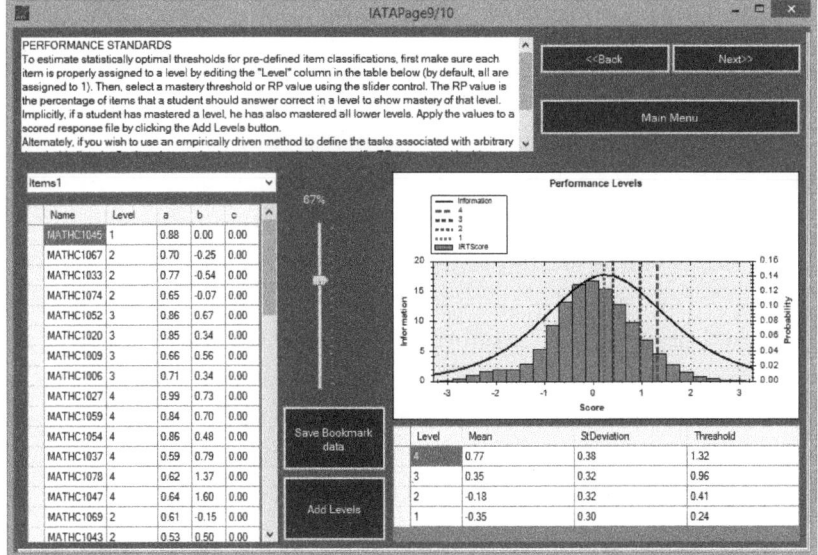

distribuição de aptidão e à função de informações do teste. Essas informações ilustram a utilidade dos níveis. Por exemplo, se um nível tem muito poucos respondentes, qualquer estatística resumida descrevendo os alunos nesse nível também será demasiadamente pequena ou instável para poder ser interpretada. De forma semelhante, se o teste não for exato no limiar de um nível, a classificação dos alunos nesse nível será imprecisa.

A tabela abaixo da janela do gráfico na Figura 10.7 descreve os itens representando cada nível com os parâmetros de média e desvio padrão do item **b**. A coluna mais à direita na tabela contém o limiar que foi estimado para cada nível. Por exemplo, os parâmetros de média e desvio padrão de **b** para o Nível 4 são 0,77 e 0,38, respectivamente. O valor de 0,77 indica que a média dos parâmetros de **b** para os itens do Nível 4 corresponde a uma pontuação de aptidão de 0,77 na escala da TRI. O limiar PR67 para o Nível 4 é de 1,32. Essas estatísticas são úteis para determinar se a atribuição de itens é razoável. Por exemplo, se o desvio padrão de itens em um nível for superior à distância entre as médias ou limiares de níveis adjacentes, a base estatística para definir os níveis pode ser fraca. Nesses resultados, o desvio padrão intra-níveis tende a ser cerca de 0,35, enquanto a distância entre níveis adjacentes varia entre 0,17 e 0,53, indicando que os níveis estão razoavelmente bem definidos.

Diversos métodos são usados para determinar os pontos de corte ou limiares mais apropriados entre níveis de aptidão. Um é designado "bookmarking", um procedimento baseado na TRI que beneficia-se de ter a dificuldade do item e a capacidade da pessoa na mesma dimensão latente. Ele envolve um painel de peritos (tais como especialistas em currículo e professores experientes) responsável pelo processo de normalização, que revê cuidadosamente todos os itens de teste à luz das informações disponíveis para eles a partir das especificações de teste, currículos, desempenho dos alunos no teste e definições normativas sobre o que os alunos sabem e podem fazer em cada nível de aptidão (*vd.* Karantonis e Sireci 2006; Mitzel e outros 2001).

Os procedimentos que regem o modo como os painéis funcionam no tocante à seleção, formação e interações de membros de painel e o uso que fazem de dados de diversas fontes, variam. Não são considerados aqui. Em lugar disso, a ênfase recai em como os dados gerados pelo IATA podem contribuir para o estabelecimento de níveis de aptidão.

No início, o painel prepara uma versão especialmente construída do caderno do teste de avaliação nacional contendo itens de múltipla escolha e de resposta construída, apresentados um por página, por ordem dos seus valores de PR. A tarefa do painel é identificar itens nas fronteiras entre grupos de itens ou níveis cognitivamente distintos. Depois, o painel aplica marcadores de livro ("bookmarks") ou marcadores de lugar nas fronteiras no caderno especialmente construído. Os itens selecionados para o grupo de nível mais alto (Nível 4, por exemplo) são os que têm maior probabilidade de ser respondidos de forma correta pelos alunos desse nível, mas muito menor probabilidade de ser respondidos de forma correta por alunos de níveis inferiores. De forma semelhante, os itens selecionados para o Nível 3 têm maior probabilidade de ser respondidos corretamente por alunos desse nível (e do Nível 4), mas muito menor probabilidade de ser respondidos corretamente por alunos de níveis inferiores.

Suponhamos, por exemplo, que o painel de peritos decidiu usar uma PR de 50% para validar a classificação inicial de itens por quem os elaborou. Para providenciar dados de validação, completar os passos seguintes:

1. Colocar PR a 50% clicando e arrastando o indicador conforme ilustrado na figura 10.8.
2. Clicar em **Save Bookmark data**. O IATA produzirá um diálogo de confirmação para notificar-nos de que os dados foram gravados.
3. Clicar em **Next>>** para navegar para a tela de visualização de resultados.
4. Selecionar a tabela **BookmarkData** do menu suspenso.

Os resultados da análise de marcador de livro são apresentados na Figura 10.9. Os dados incluem o nome do item (**Name**), os parâmetros da TRI (**a, b, c**), a classificação original de nível (**Level**), o arquivo fonte das estatísticas de item (**Source**), e valores PR 50 para cada

FIGURA 10.8

Interface de Padrões de Desempenho, PR = 50%, Dados CYCLE1

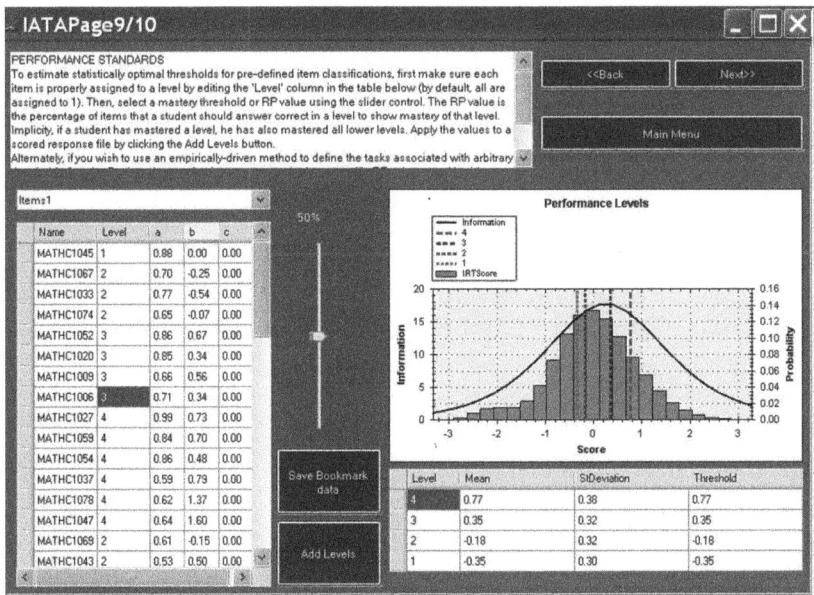

item. Por exemplo, o terceiro item na Figura 10.9 (**MATHC1025**) tem valores para os parâmetros **a** e **b** de 0,90 e –0,78, respectivamente, e foi inicialmente classificado como Nível 1, com um valor PR 50 de –0,70 (indicando que tem 50% de probabilidade de ter uma pontuação de aptidão de –0,70). (Nesse caso, o item tem apenas uma única coluna de valor PR, mas uma tabela de dados de marcador de livro pode incluir várias colunas de valor PR.) A tabela de resultados selecionada deve ser exportada e fornecida ao painel especialista. Os valores na coluna **RP50** informam sobre a ordem de apresentação de itens no método marcador de livro de classificar itens em níveis de aptidão e de definir pontos de corte.

Usando o procedimento de marcador de livro, os membros do painel reveem cada um dos itens por ordem do seu valor de PR. Quando encontram um item que consideram representar um padrão de desempenho mais alto, adicionam um "marcador de livro" nesse local no caderno especialmente construído. Os valores de PR imediatamente anteriores às localizações dos marcadores de livro representam os limiares propostos para determinar níveis de aptidão.

FIGURA 10.9

Dados de Marcadores de Livro, PR = 50%, Dados CYCLE1

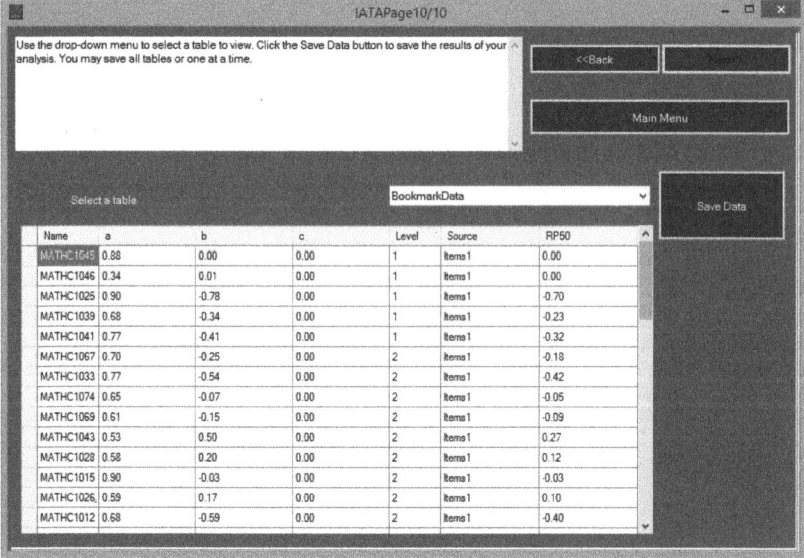

Uma combinação de discussão de grupo e média estatística é tipicamente usada para combinar os limiares produzidos por diferentes revisores para produzir os limiares finais, mesmo que esses não sejam estatisticamente ideais. Para o desenvolvimento de descrições qualitativas de cada nível de aptidão, os itens são classificados pelos limiares finais.

Muitos tipos de informação, incluindo especificações de item, referências de currículo, e definições normativas sobre o que os alunos sabem e podem fazer em cada nível de aptidão, devem ser disponibilizados simultaneamente ao painel responsável pela normalização. O painel deve conciliar as diferentes fontes de informação para determinar o que é mais útil em termos de pontos de corte e atribuição dos itens de teste aos níveis. A seu critério, os membros do painel podem decidir usar classificações de item definidas antecipadamente pelos elaboradores de item em vez de reclassificar os itens com base nos resultados do procedimento de marcador de livro. Em ambos os casos, os limiares calculados pelo IATA representam os limiares estatisticamente ideais para as classificações de item especificadas. Para gerar limiares estatisticamente ideais, basta ajustar a PR à percentagem desejada, e o IATA fará automaticamente o cálculo, usando a PR e a classificação de nível de item e gravará os resultados na tabela **PNíveis** no conjunto de resultados da análise. Por padrão, a não ser que o usuário insira manualmente os valores na tabela, o IATA grava os limiares correspondendo a uma PR de 67%. Observe que o IATA não atualiza automaticamente o nível no qual um item foi incluído; se um procedimento de marcador de livro ou outro procedimento de classificação de item modificar a classificação de um item, o novo nível de classificação deve ser inserido nos dados de "input" do item ou diretamente no IATA.

É possível alterar manualmente o nível de limiar editando os limiares diretamente na tabela de resultados. Após os valores serem alterados, o gráfico é automaticamente atualizado. Os ajustes mais comuns incluem pôr os limiares igualmente espaçados ou atribuir limiares que, após a aplicação de constantes de escala, ocorrerão em incrementos inteiros (por exemplo, 5 ou 10). Deve haver bom senso profissional ao conciliar os dados da análise estatística e de conteúdo com a necessidade de comunicar resultados a não especialistas. A simplicidade deve ser equilibrada com a comunicação precisa de diferenças significativas no desempenho dos alunos.

Para o corrente exemplo, suponha que o painel, após considerar os dados iniciais de marcadores de livro e outras fontes de informação, propõe definir os níveis usando o seguinte conjunto de pontos de corte: −0,85, −0,25, 0,35 e 0,95. Os alunos com pontuações abaixo de −0,85 seriam classificados abaixo do Nível 1; os alunos com pontuações na categoria de −0,85 a −0,24 seriam classificados como Nível 2, e assim sucessivamente.

Clique em <<Back para regressar à interface dos padrões de desempenho, onde esses pontos de corte podem ser registrados no arquivo de dados de resultados e os alunos podem ser incluídos em níveis apropriados. Execute os seguintes passos:

1. Inserir os valores recomendados produzidos pelo painel de partes interessadas nas linhas apropriadas na coluna intitulada **Threshold**. Pressionar a tecla **Enter** após a última entrada para garantir que o IATA atualiza a interface corretamente.
2. Carregar no botão **Add Levels**. O IATA incluirá os alunos no nível apropriado, com base nas suas pontuações da TRI.

A figura 10.10 ilustra a atribuição de limiares aos níveis de desempenho. Os níveis estão igualmente espaçados, atribuindo uma proporção razoável de alunos a cada nível. Apesar de não existir razão matemática para o espaçamento igual, a prática comum na maioria das avaliações nacionais e internacionais é usar limiares igualmente espaçados porque parecem mais intuitivos para não conhecedores, que são os principais destinatários dos resumos de nível de aptidão.

Na tabela de dados *Scored*, que pode ser vista na tela final do fluxo de trabalho da análise, o registro para cada aluno também contém uma variável designada **Level**. Essa variável contém o nível de desempenho padrão em que cada aluno é incluído, com base nos limiares apresentados na Figura 10.10. Por exemplo, o primeiro aluno listado sob **CYCLE1STDID** foi classificado como Nível 4, teve um valor de percentil de 85,13, e teve uma pontuação da TRI de 1,06. Vale ressaltar que, neste exemplo, as médias e os desvios padrão dos parâmetros **b** para cada nível na tabela de resumo não mudaram. Como esses

FIGURA 10.10

Interface de Padrões de Desempenho com Limiares Estabelecidos Manualmente, Dados CYCLE1

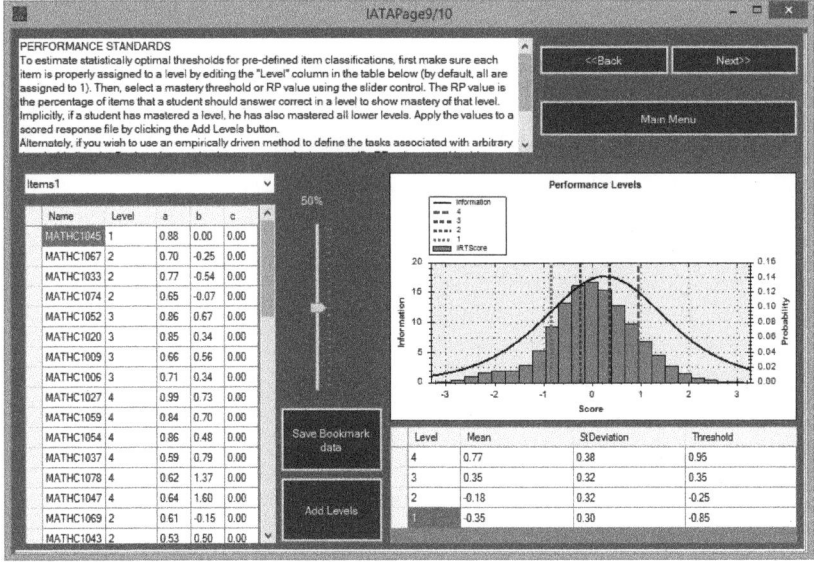

valores são resumos de estatísticas de item e não resultados de aluno, eles só mudam se a classificação de itens for atualizada, o que pode ser feito tanto no arquivo da chave de itens como diretamente na tabela apresentada do lado esquerdo da Figura 10.10, na coluna intitulada **Nível**.

Tendo usado limiares para classificar itens em níveis de aptidão ou desempenho, o painel especialista deve desenvolver descrições qualitativas dos níveis, especificando os conhecimentos e capacidades indicativos da competência a cada nível. É possível examinar exemplos de descrições e competências em termos de nível em outros volumes desta série, especificamente no Volume 1, *Avaliação dos Níveis de Desempenho Educacional* para o PISA, Figura B3.3 (Greaney e Kellaghan 2008), e no Volume 5, *O Uso dos Resultados da Avaliação do Desempenho Educacional* para a NAEP, Tabela 2.6; Vietnã, Tabela 2.7; e Moçambique, Tabela 6.2 (Kellaghan, Greaney, e Murray 2009).

Após definir os limiares dos padrões de desempenho e de aplicá-los às pontuações dos alunos, clique em **Next>>** para continuar para a interface para ver e salvar os resultados.

PASSO 7: GRAVAR OS RESULTADOS

Na interface para ver e gravar os resultados, é possível ver os resultados produzidos pela descrição passo a passo do presente exemplo. Todas as tabelas devem ser gravadas, tanto para a documentação do projeto como para a facilitação da ligação do teste com subsequentes ciclos de dados. Para referência, os resultados dos dados de item desta análise detalhada estão incluídos no arquivo *ItemDataAllTests.xls*, na folha de trabalho denominada *ReferenceC1*.

NOTA

1. A tabela *Item2* também está disponível para fluxos de trabalho de análise que usam ligações.

CAPÍTULO 11

ANÁLISE DOS CADERNOS DE PROVA ROTATIVOS

Utilize o conjunto de dados da amostra **PILOT2** para realizar este exercício. A chave de respostas para este teste encontra-se no livro de exercícios Excel **ItemDataAllTests**, na folha com o nome **PILOT2**.

Os modelos que utilizam cadernos de prova rotativos permitem que um número elevado de itens seja testado através do agrupamento dos itens em diferentes cadernos. Os testes são aplicados aos alunos utilizando diferentes cadernos, de modo que não sejam aplicados todos os itens a nenhum aluno. Além das especificações de análise iniciais, o restante do fluxo de trabalho segue os mesmos procedimentos descritos nos tutoriais anteriores.

PASSO 1: CARREGAMENTO DOS DADOS

A análise começa com o fluxo de trabalho **Response data analysis**. Selecione o arquivo de dados de amostra **PILOT2** na interface dos dados de resposta do examinando. Esses dados representam um modelo de três cadernos aplicados a 712 respondentes. O arquivo de dados contém um total de 107 variáveis, que incluem 99 itens. Nem todos os itens estão incluídos em cada um dos cadernos. Esse tipo de situação pode surgir caso o comitê diretor de avaliação nacional solicite que o teste seja bastante longo para cobrir um currículo extenso. De modo a reduzir a fadiga dos alunos, deve ser aplicado a cada aluno um caderno que contenha um subconjunto de itens. Nos dados apresentados na Figura 11.1, a terceira coluna contém uma variável com o nome **BOOKLETID**. Essa variável contém os valores 1, 2 e 3, que identificam o caderno atribuído ao aluno. Além das respostas de itens alfabéticos e dos códigos de resposta em falta com o valor 9 (não apresentados na figura), o valor 7 ocorre frequentemente e indica que um item específico não estava presente no caderno atribuído a um determinado aluno. Por exemplo, os dados na figura indicam que o caderno para o aluno com o valor **PILOT2STDID = 2** não contém o item **MATHC2058**. O código 7 é tratado como um valor omitido e não afeta os resultados dos alunos no teste. Clique em **Next>>** para continuar.

Na interface de carregamento de dados dos itens, faça o carregamento dos dados dos itens **PILOT2** a partir do arquivo **ItemDataAllTests.xls**. A tabela **PILOT2** contém 99 registros e quatro variáveis. (Note que o

FIGURA 11.1

Respostas dos Alunos, Dados PILOT2

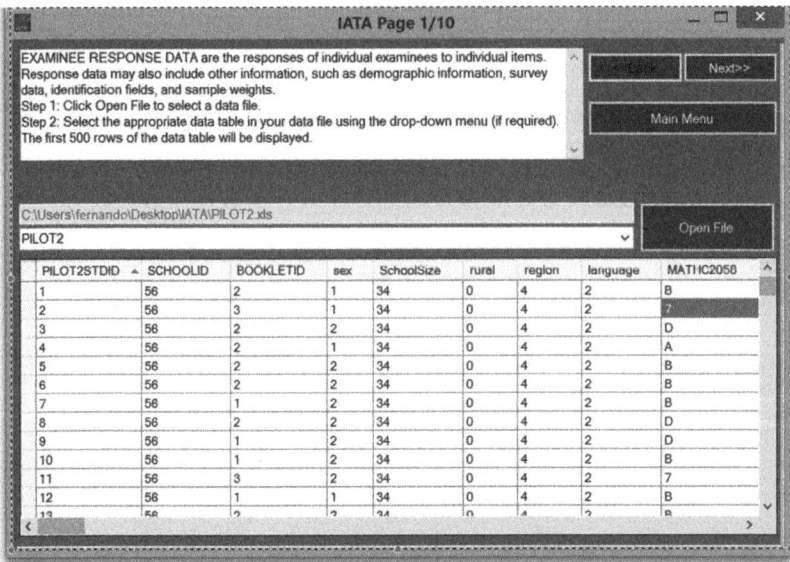

item **MATHC2047** tem os seguintes valores: **Key** = C, **Level** = 1.00 e **Content** = number knowledge item.)

Confirme que os dados de resposta correta e os dados dos itens foram carregados e clique em **Next>>** para continuar para as especificações da análise.

PASSO 2: ESPECIFICAÇÕES DA ANÁLISE

Em **Select ID (optional)**, selecione PILOT2STDID. Nas especificações **Specify missing treatment (optional)** dos exemplos anteriores, a caixa na coluna com o nome **Incorrect** foi apenas marcada quando os dados estavam em falta. Devido ao modelo de cadernos de prova rotativos, deve ser incluído um código de omissão na tabela **Specify missing treatment (optional)**, de forma a indicar que algumas respostas não devem ser incluídas na pontuação. Marque o valor 7 na coluna **Do Not Score**, conforme apresentado na figura 11.2. Sempre que o valor 7 é encontrado nos dados de resposta de um aluno específico,

FIGURA 11.2

Especificações da Análise, Cadernos de prova rotativos, Dados PILOT2

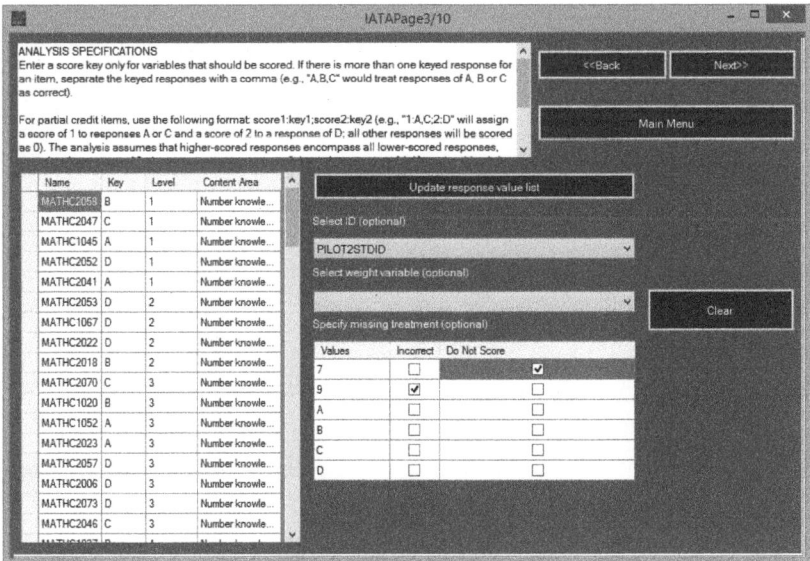

o *software* de Análise de Item e de Teste (IATA) vai ignorar esse item para que ele não afete os resultados do aluno. Da mesma forma, a existência de participantes com códigos de resposta 7 para um item não afetará a estimativa de estatísticas ou de parâmetros para esse item.

Após inserir as especificações da análise, clique em **Next>>** para continuar; a análise será iniciada automaticamente. A análise vai demorar mais tempo a ser realizada em comparação com os tutoriais anteriores, uma vez que o tempo de processamento é mais influenciado pelo número de itens do teste do que pelo número de alunos.

PASSO 3: RESULTADOS DA ANÁLISE DOS ITENS

Quando o IATA concluir a realização da análise, os resultados serão apresentados como na Figura 11.3, em que a tabela à esquerda foi deslocada para baixo para apresentar o item **MATHC2003**, ao qual foi atribuído um símbolo de aviso. Os resultados indicam que esse item tem um relacionamento fraco com a aptidão; os alunos tendem

FIGURA 11.3

Resultados da Análise de Itens, Dados PILOT2, MATHC2003

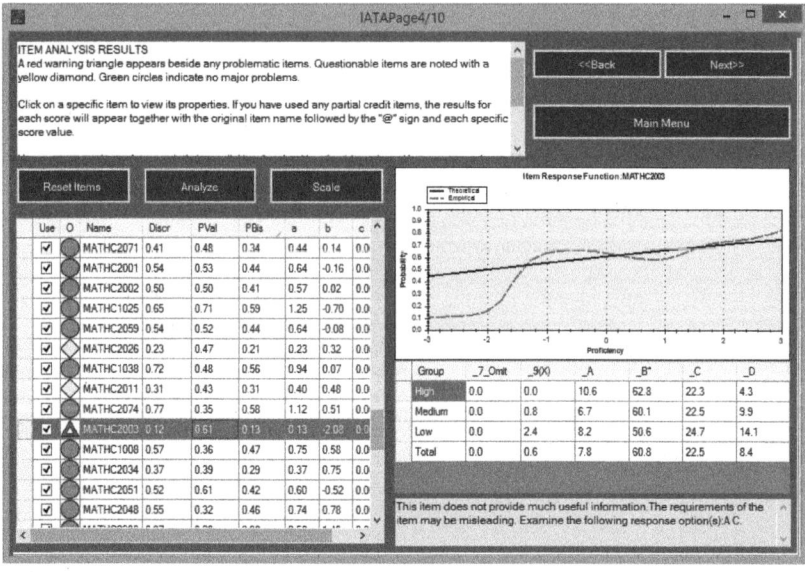

a alcançar uma probabilidade de 0,61 de fornecerem a resposta correta, independentemente do nível de aptidão. O IATA sugere que essa fragilidade pode estar relacionada com requisitos enganadores, que estão normalmente associados ao funcionamento incorreto dos distratores. Os alunos tendem a tentar adivinhar a resposta quando não compreendem os requisitos de um item ou quando não existe uma resposta inequivocamente correta. À direita da interface, a tabela de análise de distratores apresenta os dados subjacentes a esse resumo, que indicam que a opção D é o único distrator que provoca o comportamento desejado. (A coluna vazia com o nome **Omit** no cabeçalho serve para relembrar que não foi permitido que o código 7 influenciasse a estimativa.) De modo a evitar que o item **MATHC2003** possa reduzir a precisão dos resultados da análise, remova a marca de verificação junto ao nome do item na coluna **Use** e clique em **Analyze** para atualizar os resultados.

Depois de examinar os resultados da análise, faça a replicação das análises demonstradas nos capítulos anteriores. As especificações e a interpretação das tarefas restantes do fluxo de trabalho são muito semelhantes às que foram apresentadas nos tutoriais anteriores.

Se a aplicação do teste utiliza vários cadernos que contêm conjuntos diferentes de itens, o IATA pode realizar a análise dimensional apenas no caso de os diferentes cadernos partilharem um número suficiente de itens. Por exemplo, com três blocos de itens de teste (A, B, C) e três formulários de teste (1, 2, 3), o formulário de teste 1 deve conter os blocos A/B; o formulário de teste 2 deve conter os blocos B/C; e o formulário de teste 3 deve conter os blocos C/A. Como os blocos são completamente rotativos, nenhum item é deixado órfão. Por outro lado, caso o formulário de teste 1 contenha o bloco A/B e o formulário de teste 2 contenha o bloco B/C, o bloco C fica órfão do bloco A e, por isso, as correlações entre os itens do bloco A e do bloco C não podem ser estimadas. Se existirem blocos de itens órfãos e desejar realizar uma análise dimensional, é preciso eliminar os itens órfãos da análise ou realizar a análise dimensional em cada formulário de teste individualmente. No entanto, assim que dados suficientes confirmarem que um conjunto de itens está avaliando uma única dimensão, deve-se incluir todos os itens da análise no cálculo das estimativas para os parâmetros e pontuações da teoria de resposta ao item.

Caso a rotação seja complexa, o princípio geral para um modelo bem-sucedido é assegurar que nenhum item do teste apareça apenas em um caderno. Caso um item apareça apenas em um caderno, as estimativas dos parâmetros desse item podem estar sujeitas a um maior erro de amostragem, uma vez que as estimativas estarão associadas apenas aos itens específicos desse caderno e aos alunos que realizaram os testes desse caderno. A precisão das estimativas dos parâmetros de um item vai aumentar proporcionalmente ao número de cadernos em que esse item aparece.

Como um exercício individual opcional, é possível repetir as análises mencionadas nos capítulos anteriores com os dados **PILOT2**. Para referência, os resultados dos dados dos itens deste tutorial de análise são incluídos no arquivo **ItemDataAllTests.xls**, na folha de trabalho com o nome **ReferenceP2**.

CAPÍTULO  ANÁLISE DE ITENS DE CRÉDITO PARCIAL

Use o conjunto de dados de amostra *PILOT2PartialCredit* para fazer este exercício. A chave de respostas para este teste está no livro de exercícios do Excel ***ItemDataAllTests*** na folha chamada ***PILOT2PartialCredit***.

Tal como no cenário de avaliação nacional descrito em capítulos anteriores deste volume, esta descrição passo a passo segue o desenvolvimento contínuo do instrumento de teste com a introdução de análises para os itens de teste de resposta curta que foram classificados usando créditos parciais. Excetuando as especificações iniciais de análise, para os últimos quatro itens em ***PILOT2*** (discutido abaixo), o resto do fluxo de trabalho segue os procedimentos que foram descritos em tutoriais anteriores. Esta descrição passo a passo enfoca os requisitos únicos da análise de itens de crédito parcial (*vd*. Anderson e Morgan 2008).

PASSO 1: CARREGAR OS DADOS

A análise começa com o fluxo de trabalho **Response data analysis**. Na interface de dados de resposta do examinando, selecione o arquivo de dados de amostra ***PILOT2PartialCredit***. Esses dados contêm 111 variáveis e 712 respondentes. Os dados representam um modelo de três cadernos com 103 itens de teste, que são os mesmos que os utilizados na análise do modelo equilibrado de cadernos de prova rotativos no Capítulo 11, com a adição de quatro itens de crédito parcial. Para cada um desses itens, os alunos podem ter sido classificados com as pontuações de 0, 1, 2 ou 3, dependendo da qualidade das suas respostas. A Análise de Item e de Teste (IATA) produzirá estatísticas para qualquer classificação superior a 0. Os nomes dos itens adicionais são **MATHSA001, MATHSA002, MATHSA003** e **MATHSA004**. Clique em **Next>>** para continuar.

Na interface para carregamento de dados de item, carregue os dados de item *PILOT2PartialCredit* do arquivo *ItemDataAllTests.xls*, conforme ilustrado na Figura 12.1, na qual o painel de dados foi puxado para baixo. As quatro linhas de baixo do arquivo de dados contêm dados sobre os itens de crédito parcial. A chave de classificação para esses itens contém a informação requerida para atribuir diferentes valores numéricos aos vários códigos no arquivo de resposta, dependendo da qualidade da resposta do aluno. Neste exemplo, a chave de classificação reflete a classificação manual de cada item: o código de

FIGURA 12.1

Chaves de Respostas aos Itens e Metadados, Dados PILOT2

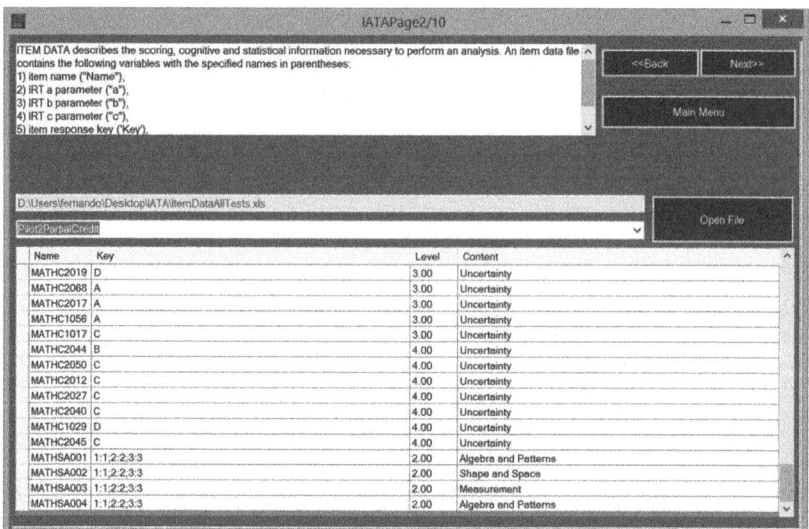

1 é classificado como 1, 2 como 2 e 3 como 3. Não é necessário providenciar uma especificação de classificação para um valor de 0. Se um código de resposta não estiver na chave de resposta e não for tratado como estando em falta, receberá um valor de 0.

Confirme que foram carregados os dados de resposta e os dados de item corretos e clique em **Next>>** para continuar com as especificações da análise.

PASSO 2: ESPECIFICAÇÕES DA ANÁLISE

Como esses dados são na sua maioria idênticos aos utilizados no Capítulo 11, use as mesmas especificações de análise. Sob **Select ID (optional)**, escreva PILOT2STDID, e na seção **Specify missing treatment (optional)**, selecione o valor de 7 na coluna **Do Not Score**, conforme ilustrado na figura 12.2. Vale ressaltar que todos os valores de item para os itens de crédito parcial também aparecem na tabela de valores de item.

FIGURA 12.2

Especificações da Análise, Cadernos Rotativos com Itens de Crédito Parcial, Dados PILOT2

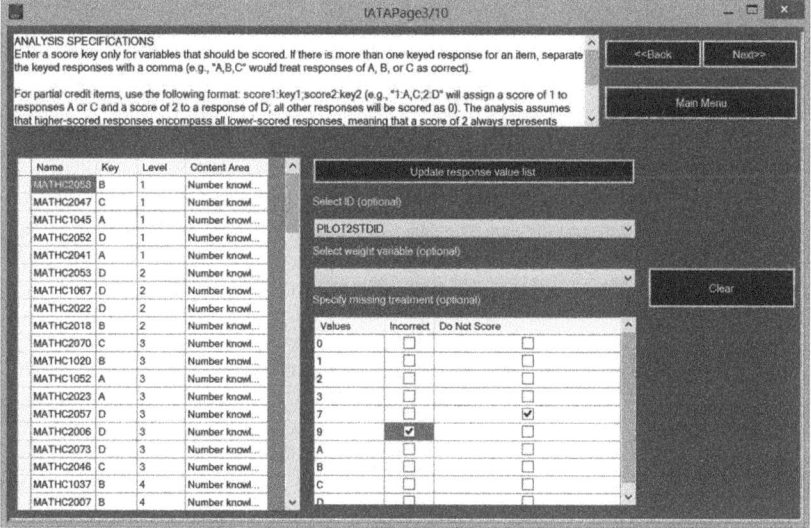

Após inserir as especificações da análise, clique em **Next>>** para continuar; a análise começará automaticamente. Como o tempo computacional é mais afetado pelo número de itens de teste do que pelo número de alunos nos dados, a análise demorará mais do que em descrições passo a passo anteriores.

PASSO 3: RESULTADOS DA ANÁLISE DE ITEM

Quando o IATA acabar de executar a análise, os resultados indicarão que **MATHC2003** é problemático (Figura 12.3). Apague o item da análise, removendo a marca ao lado do nome do item na coluna **Use** e clicando em **Analyze** para atualizar os resultados. O IATA vai perguntar se deve recalibrar os itens de crédito parcial; clique em **Yes** para continuar.

Na tabela da esquerda na Figura 12.4, pode-se ver as linhas que foram criadas automaticamente pelo IATA para cada valor de item para cada item de crédito parcial. Para as linhas que representam valores de itens de crédito parcial (onde a coluna **Name** contém o

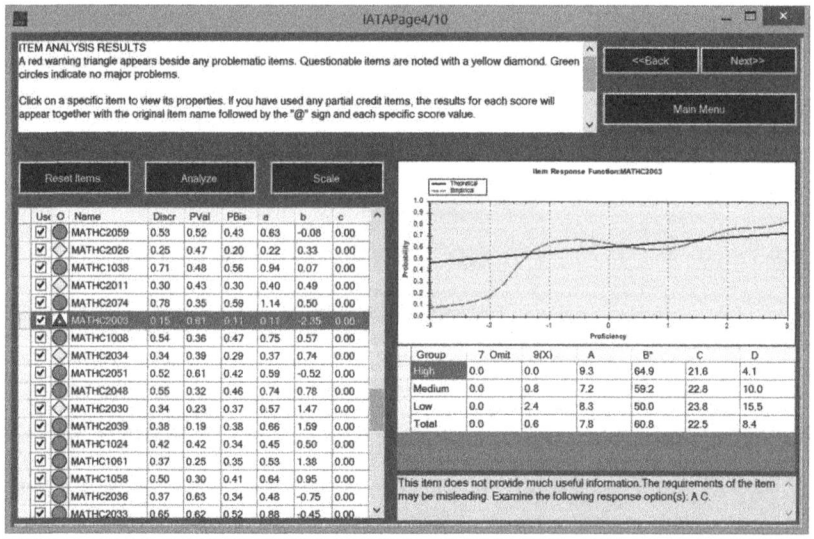

FIGURA 12.3

Resultados da Análise de Item, Dados PILOT2, MATHC2003

FIGURA 12.4

Função de Resposta ao Item de Crédito Parcial, Dados CYCLE2, MATHSA001, Valor = 2

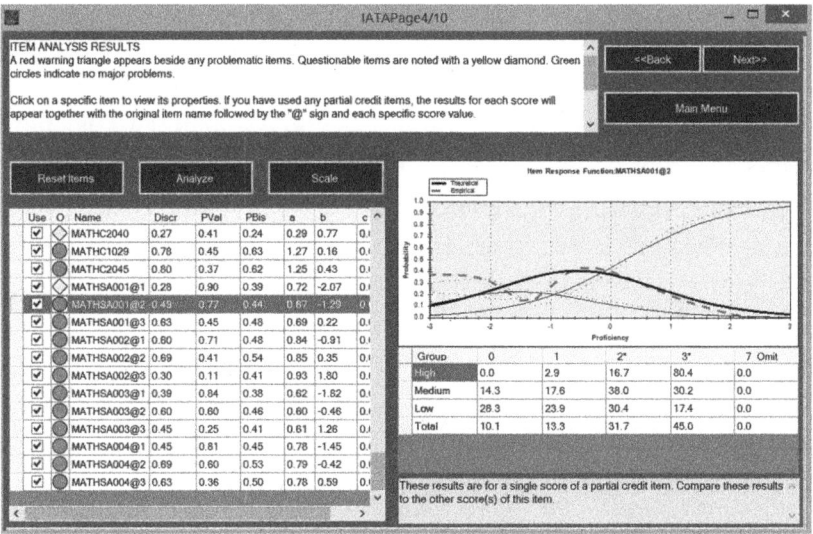

símbolo @ seguido de um número inteiro), as estatísticas são estimadas como se cada valor fosse um único item correto/incorreto, no qual a resposta correta é qualquer valor maior ou igual ao valor selecionado. O IATA vai criar um conjunto adicional de resultados estatísticos para cada valor de crédito parcial que é indicado na chave de classificação para um item. Por exemplo, com um item de crédito parcial com valores não nulos de 1 e 2, a facilidade de item para o valor de 1 (**ItemName@1**) descreveria a proporção de alunos com valores de item maiores ou iguais a 1 e a facilidade de item para o valor de 2 (**ItemName@2**) descreveria a proporção de alunos com valor 2.

Na tabela de análise de distrator na Figura 12.4, observe que **MATHSA001@2** usa códigos tanto de 2 como de 3 como respostas selecionadas; para **MATHSA001@1**, os códigos 1, 2 e 3 seriam usados como respostas selecionadas. As facilidades de item são sempre mais elevadas para valores mais baixos de um item porque incluem todos os alunos que tiveram valores mais altos. Por exemplo, a Figura 12.4 destaca os resultados para **MATHSA001** com o valor de 2 selecionado. Para esse item, o valor de 1 (**MATHSA001@1**) tem um PVal (facilidade de item) de 0,90, o valor de 2 (**MATHSA001@2**) tem um **PVal** de 0,77, e o valor de 3 (**MATHSA001@3**) tem um **PVal** de 0,45.

Apesar de as estatísticas descreverem cada valor separadamente, as funções de resposta ao item (FRIs) para itens de crédito parcial refletem o fato de um aluno poder ter apenas um único valor de pontuação. A FRI para um item de crédito parcial é representada por um conjunto de curvas características de categoria de item (CCCIs), uma para cada valor de item. Quando a linha correspondente a um valor específico é selecionada, o gráfico ilustra a CCCI do valor selecionado em negrito. Em cada nível de aptidão, uma CCCI exprime a probabilidade de um respondente com um nível particular de aptidão receber um valor particular, exclusivo de todos os outros valores. Conforme ilustrado na figura 12.4, à medida que a aptidão aumenta, a probabilidade de cada valor de pontuação primeiro aumenta e depois diminui, porque os alunos passam a ter maior probabilidade de atingir valores de pontuação mais elevados.

Apesar de não haver regras simples para analisar uma FRI para um item de crédito parcial, um esquema útil para classificar o crédito parcial tende a ter a propriedade de que cada valor de pontuação terá a maior probabilidade de ser selecionado dentro de uma certa gama de aptidão. Por exemplo, o primeiro valor de pontuação para **MATHSA001** recebeu um símbolo de cuidado. A CCCI indica que a probabilidade de lhe ser atribuído um valor de 1 não é superior a qualquer outro valor em qualquer nível de aptidão. O valor de pontuação para **MATHSA001**, ilustrado pela curva em forma de sino com um pico em torno de −0,5, é o mais provável para todos os alunos com aptidão abaixo da média. Úteis porque é estatisticamente indistinguível do valor de pontuação de 2. Com a maioria dos itens de crédito parcial, a categoria mais elevada é tipicamente a mais útil, porque os classificadores humanos tendem a ser capazes de identificar claramente respostas completamente corretas ou completamente incorretas, mas têm menos capacidade de distinguir com precisão os níveis de correção parcial.

Uma das principais tarefas da análise de itens de crédito parcial em testes piloto é determinar se todos os valores de pontuação são úteis e como melhorar o processo de classificação. Por exemplo, se uma categoria de valor (como 1) tem baixa probabilidade de ser atribuída, existem duas possibilidades principais: ou nenhum respondente (ou muito poucos) produziu respostas que correspondem àquele valor, ou os avaliadores não são capazes de identificar a quais respostas devem atribuir o valor. No primeiro caso, as respostas associadas ao valor devem ser consolidadas com uma categoria de valor adjacente (como fundir os valores de 1 e 2 em uma só categoria de valor de 1 ou 2). No segundo caso, o problema pode ser remediado com treinamento mais intensivo ou padronizado dos avaliadores. Assim, apesar de os resultados de análises de item dicotômicas serem principalmente relevantes para quem cria os itens e desenvolve os testes, os resultados da análise de crédito parcial devem também ser partilhados com as equipes responsáveis pela classificação dos cadernos dos alunos.

Após rever os resultados, continue a replicar as análises que foram demonstradas em capítulos anteriores. A especificação e interpretação das tarefas restantes do fluxo de trabalho são praticamente as mesmas que foram apresentadas em descrições passo a passo anteriores. A única diferença reside na especificação requerida para itens de crédito parcial na interface de seleção de item do IATA.

Para executar a seleção corretamente com itens de crédito parcial, é preciso primeiro incluir manualmente todos os valores de itens de crédito parcial selecionando os valores de item para um item e depois contando cada valor de pontuação como um item individual ao inserir o número total de itens. Assim, se desejar selecionar 10 itens e um desses itens for um item de crédito parcial com duas categorias de valor, será preciso especificar uma seleção de 11 itens e pré-selecionar manualmente os resultados de valor de item para o item de crédito parcial desejado. Como um exercício individual opcional, pode-se repetir as análises discutidas em capítulos anteriores com os dados ***PILOT2***.

Para referência, os resultados dos dados de item desta análise passo a passo estão incluídos no arquivo ***ItemDataAllTests.xls***, na folha de cálculo designada por ***ReferenceP2PC***.

CAPÍTULO 13 COMPARAR AVALIAÇÕES

Use o conjunto de dados de amostra **CYCLE2** para fazer este exercício. A chave de resposta para este teste está no livro de exercícios do Excel *ItemDataAllTests* na folha chamada **CYCLE2**.

Os itens comuns são usados para ligar a teoria de resposta ao item (TRI) e escalas públicas de relatório dos dados **CYCLE2** às respectivas escalas usadas nos dados **CYCLE1**. Os resultados ligados são utilizados para o escalonamento dos valores e aplicação dos padrões de desempenho.

Os governos e outros atores estão sempre interessados em determinar se os níveis de desempenho dos alunos subiram, caíram, ou permaneceram constantes ao longo do tempo. O interesse em padrões cambiantes é particularmente importante em tempos de alteração de currículo ou reforma substancial no sistema (por exemplo, uma alteração nos níveis de financiamento). Os governos também podem estar interessados nos efeitos sobre o desempenho dos alunos de um rápido aumento em inscrições causado pela implementação de programas como *Education for All* (Educação para Todos) ou *Fast Track Initiative* (Iniciativa Via Rápida), agora conhecida por *Global Partnership for Education* (Parceria Global para a Educação). Com uma ligação forte, os resultados de uma avaliação nacional podem ser comparados com uma avaliação que foi conduzida anteriormente, permitindo-nos concluir se ocorreu uma mudança concomitante no desempenho dos alunos (*vd.* Mislevy 1992).

Ligar os resultados dos testes é útil em outras situações. Além de comparar os resultados de uma avaliação nacional entre vários ciclos, os cenários a seguir são comuns. Um país com várias jurisdições educacionais pode criar um teste para cada jurisdição que contenha conteúdo de currículo específico para aquela jurisdição. Se os testes para as diferentes jurisdições partilharem itens comuns, as pontuações nos diferentes testes podem ser usadas para comparar o desempenho em várias jurisdições. A ligação entre testes também pode ser usada para comparar os resultados de uma avaliação nacional com uma avaliação internacional se a avaliação nacional incluir itens previamente utilizados e calibrados em uma pesquisa internacional. Por exemplo, se um país tiver previamente participado no estudo Tendências Internacionais no Estudo da Matemática e das Ciências (TIMSS), incluir um número de itens do TIMSS em uma subsequente avaliação nacional pode ajudar a detectar se o desempenho mudou desde a anterior administração do TIMSS. Nesse cenário, o procedimento de ligação usaria os parâmetros nacionais de item do TIMSS no arquivo de dados de item de referência que foram calculados usando os dados de resposta do aluno do país específico. Alternativamente, um procedimento de ligação pode ajudar a identificar como o desempenho do país na avaliação nacional se compara com o desempenho de outros países no TIMSS. Neste caso, o arquivo de dados de item de referência deve incluir os parâmetros de item do TIMSS que foram estimados a partir dos dados internacionais do TIMSS.

A descrição passo a passo neste capítulo apresenta os métodos requeridos para implementar um ciclo de seguimento ("follow-up") em um programa de avaliação nacional. Após abrir o programa, será preciso seguir esse fluxo de trabalho para certificar-se de que as interpretações que as partes interessadas fazem usando os resultados de um novo ciclo de avaliação sejam consistentes com as feitas no primeiro ciclo e comparáveis a elas. Os dados **CYCLE2** neste exemplo representam o segundo ciclo de uma avaliação nacional, seguindo-se

FIGURA 13.1

Análise de Dados de Resposta com Fluxo de Trabalho de Ligação

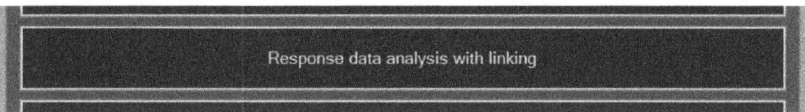

ao primeiro ciclo, **CYCLE1**, que foi analisado no Capítulo 10. Uma ligação entre essas duas avaliações é possível porque o teste **CYCLE2** contém diversos itens âncora que também estavam no teste **CYCLE1**. A ligação permite-nos monitorar as mudanças no desempenho do aluno ao longo do tempo. Se os diferentes ciclos de avaliação estiverem ligados a itens comuns, os nomes de item únicos permanentes ajudarão a manter o controle sobre quais são os itens usados em cada ciclo de avaliação para efeitos de ligação.

O conteúdo do capítulo concentra-se nas interfaces e especificações exclusivas desse fluxo de trabalho. Revise os capítulos anteriores para explicações mais detalhadas das interfaces de fluxo de trabalho comuns.

No menu principal, clique na primeira opção de menu, **Response data analysis with linking**, para entrar na análise de fluxo de trabalho, conforme ilustrado na Figura 13.1. Esse fluxo de trabalho requer dados de resposta, dados de item (chaves de respostas) para os dados de resposta sob análise e um arquivo de dados de item de referência que é usado para ancorar os resultados ligados.

PASSO 1: DEFINIR A ANÁLISE

O fluxo de trabalho começa com os mesmos passos iniciais de carregamento de dados que a análise de dados de resposta.

1. Na primeira interface no fluxo de trabalho, carregue os dados de resposta do arquivo denominado **CYCLE2.xls** na pasta de dados de amostra da Análise de Item e de Teste (IATA). Esses dados incluem 2.484 registros e 61 variáveis. O primeiro caso tem os seguintes valores: **SchoolID** = 2; **Sex** = 2; **SchoolSize** = 21; e **Rural** = 0. Clique em **Next** >>.

2. Na segunda interface, carregue os dados de item correspondentes. Ao abrir o arquivo *ItemDataAllTests.xls*, certifique-se de que a tabela **CYCLE2** esteja selecionada. A tabela tem 53 registros e quatro variáveis, incluindo três itens de crédito parcial. **MATHC2047** tem os seguintes valores: **Key** = C, **Level** = 1,00, e **Content** = conhecimento de números. Clique em **Next >>**.

3. Use uma nova interface de carregamento de dados que não tenha sido usada nas descrições passo a passo anteriores. A interface requer um arquivo contendo dados de item de referência. Os dados de item de referência contêm os parâmetros de TRI **a**, **b** e **c** (se for uma opção), que foram estimados a partir de uma amostra de referência, tal como o ciclo anterior de uma avaliação nacional ou internacional.

O arquivo de dados de item de referência tem que conter dados para pelo menos alguns itens que estão incluídos na atual avaliação nacional. Para este exemplo, use os resultados produzidos na análise do arquivo de dados *CYCLE1*. Esses resultados estão disponibilizados na pasta de dados de amostra do IATA no arquivo denominado *ItemDataAllTests.xls* na folha denominada *ReferenceC1* (os resultados dos exercícios do Capítulo 10 podem também ter sido gravados). Ao abrir esse arquivo, certifique-se de que a tabela selecionada seja a tabela chamada *ReferenceC1*. Essa tabela, que tem 50 registros e 11 variáveis, contém o resultado estatístico descrevendo todos os itens do primeiro ciclo da avaliação nacional. Esses dados de referência estão ilustrados na Figura 13.2. No presente exemplo de avaliação nacional, o teste **CYCLE2** inclui 25 itens que têm parâmetros de item no arquivo de dados de item de referência **CYCLE1**. É importante manter os nomes dos itens consistentes em todos os arquivos de dados porque o IATA emparelha itens no procedimento de ligação usando os nomes dos itens.

Observe que esse arquivo também inclui diversos campos de dados que foram calculados durante a análise dos dados **CYCLE1** além das variáveis **a**, **b** e **c** (por exemplo, **Level**, **Content**, **Discr**, **PVal**, **PBis** e **Loading**). Essas variáveis podem ficar no arquivo de dados,

FIGURA 13.2

Dados de Item de Referência de CYCLE1 para Ligação com os Dados CYCLE2

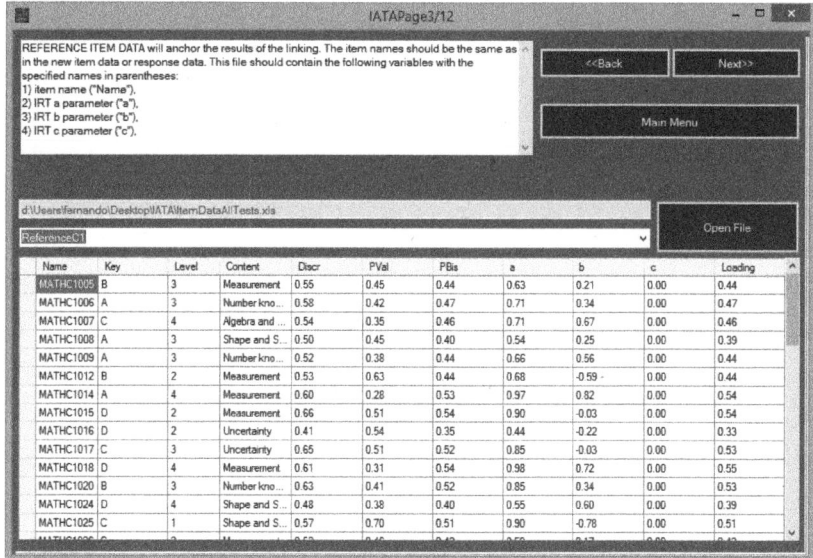

mas não são usadas na análise de ligação. Da mesma forma, apesar de os dados de item de referência conterem informações para a totalidade dos 50 itens no teste do primeiro ciclo, apenas as informações dos 25 itens comuns ao teste do segundo ciclo são usadas para calcular a ligação.

Após carregar os três arquivos de dados, clique em **Next>>** para continuar a interface de especificações da análise (Página 4/12 do IATA). As especificações da análise são semelhantes às dos dados *CYCLE1*. Insira ou selecione os seguintes detalhes na interface de especificações da análise, e clique em **Next>>** para completar a análise e ver os resultados:

- A variável de identificação do aluno é **CYCLE2STDID**.
- A variável de ponderação é **CYCLE2Weight**.
- O código 9 é tratado como incorreto.

Avançar para a interface de análise de item (Página 5/12 do IATA) irá automaticamente dar início à análise. Não há itens problemáticos nos dados. Ao rever cada um dos itens, note que, apesar de os itens de crédito parcial terem múltiplos valores, alguns ainda podem ser "fáceis", nos quais muitos respondentes atingem as categorias de valor mais elevado (tal como para **MATHSA004**), e outros podem ser "difíceis", nos quais relativamente poucos respondentes atingem as mais altas categorias de valor, tal como para **MATHSA005** (Figura 13.3).

Continue através do fluxo de trabalho para rever os resultados da dimensionalidade do teste e execute quaisquer análises do funcionamento diferencial dos itens (FDI) que possam ser de interesse, considerando as variáveis demográficas disponíveis (localização, gênero, língua), seguindo os mesmos procedimentos descritos em capítulos anteriores. Apesar de muitos dos itens terem símbolos de perigo para uma ou mais análises do FDI, para efeitos deste exemplo, todos os itens são considerados sem problemas. Após rever a análise do FDI, clique em **Next>>** para avançar para a interface de ligação.

FIGURA 13.3

Resultados da Análise de Item para os Dados CYCLE2, MATHSA005, Valor = 1

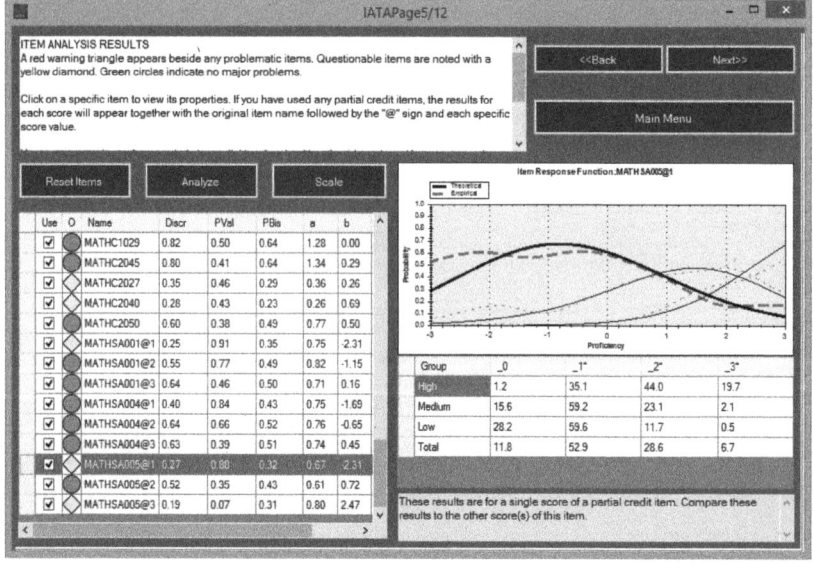

PASSO 2: LIGAR OS ITENS COMUNS

Clique em **Calculate** no lado esquerdo da interface (Figura 13.4). Isso irá automaticamente selecionar e listar uma tabela de todos os 25 itens comuns aos dados de item de referência e aos novos dados da atual avaliação nacional. Na tabela de itens, a primeira coluna, **Use**, especifica se o item deve ou não ser incluído no cálculo das constantes de ligação (por padrão, todos os itens que aparecem nos dados de referência e nos novos dados são incluídos). A coluna **L** contém um símbolo de diagnóstico resumido para cada item; o símbolo de perigo por omissão (o losango amarelo) é atualizado após o IATA calcular os resultados de ligação. A forma mais eficaz de usar essa interface é primeiro calcular os resultados com todos os itens e depois examinar as informações de diagnóstico para identificar e remover quaisquer itens com resultados anômalos. Repetir esses dois passos até a ligação ser estável.

Pressione o botão **Calculate** para calcular as constantes de ligação e para avaliar a qualidade estatística da ligação. Quando o cálculo termina, o IATA mostra um resumo da qualidade da ligação no

FIGURA 13.4

Resultados da Ligação de Itens Comuns, CYCLE2 para CYCLE1

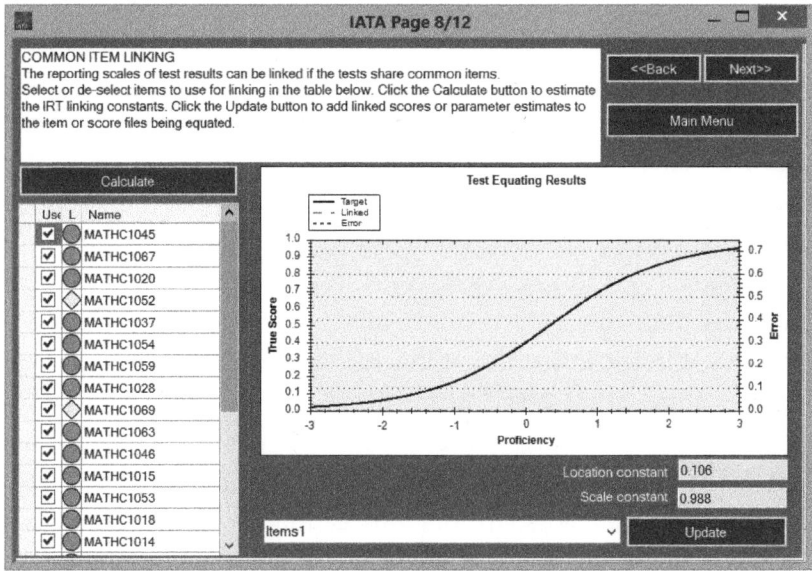

gráfico do lado direito e atualiza os símbolos de diagnóstico resumido na tabela de item do lado esquerdo (Figura 13.4). O gráfico mostra três linhas: uma linha contínua, uma linha tracejada e uma linha pontilhada. As linhas contínua e tracejada mostram curvas características de teste (CCTs). A CCT de um teste resume o comportamento estatístico do conjunto inteiro de itens, fornecendo informações semelhantes às fornecidas por uma função de resposta ao item (FRI), porém para muitos itens simultaneamente. Idealmente, as CCTs de ligação e de referência devem ser idênticas (se apenas uma linha parecer visível, as duas estão provavelmente perfeitamente sobrepostas), indicando que as diferenças de magnitude e variabilidade entre a escala de ligação e a escala de referência são levadas em consideração em toda a amplitude de aptidão apresentada. A linha pontilhada mostra a diferença absoluta entre as duas CCTs, expressa como uma proporção do resultado total do teste. O valor da diferença varia tipicamente ao longo de toda a amplitude de aptidão, indicando que a ligação pode não ser estável para todas as gamas de pontuações. Para gamas de pontuações com grandes diferenças, os resultados ligados não estarão na mesma escala que os dados de referência e, consequentemente, não serão comparáveis. No entanto, se a média da diferença for pequena (por exemplo, < 0,01), o erro pode ser considerado insignificante.

Na Figura 13.4, a curva alvo (contínua) representa os itens de teste **CYCLE1**, e a curva de ligação (tracejada) representa os itens de teste CYCLE2 após a aplicação da ligação. Ver ambas as curvas na figura é difícil porque as CCTs alvo e de ligação são praticamente idênticas, algo que também é indicado pela curva de erro, que tem um valor constante de aproximadamente zero em toda a gama de aptidão apresentada.[1]

Abaixo do gráfico, as constantes de ligação estimadas são apresentadas nas duas caixas de texto. A *constante de localização* leva em conta as diferenças de magnitude nas escalas originais dos novos dados (a atual avaliação nacional) e dos dados de referência (a avaliação anterior), e a *constante de escala* leva em conta as diferenças na variabilidade entre as escalas. De forma geral, as duas constantes podem ser interpretadas em conjunto, de modo que dividindo qualquer valor expresso na escala crua CYCLE2 da TRI (por exemplo, o valor da TRI de um aluno retirado dos resultados da análise atual) pela constante de escala e adicionando a constante de localização tornará o resultado de ligação diretamente comparável com os valores da escala **CYCLE1** da TRI. Essa comparabilidade significa que, após a ligação de escala ter sido aplicada, quaisquer diferenças remanescentes entre os resultados de **CYCLE1** e os resultados transformados de **CYCLE2** representam diferenças de desempenho no teste, em vez de diferenças nos próprios testes.

Na tabela de itens do lado esquerdo da Figura 13.4, os símbolos de diagnóstico são atualizados após o cálculo para indicar quaisquer ligações potencialmente problemáticas ao nível dos itens. Um item ligado é problemático se a sua FRI de ligação for muito diferente da FRI de referência. Clicar em qualquer item da lista de itens permite-nos ver os resultados da função de ligação aplicados a cada item de teste. Tal como com as comparações globais de CCT, a FRI de ligação deve ser semelhante à FRI alvo.[2] Mesmo que os resultados do teste global pareçam muito bons, a função de ligação pode não funcionar bem para alguns itens. No entanto, como há mais erros de amostragem ao nível dos itens, as diferenças entre FRIs são tipicamente problemáticas apenas se o erro entre as FRIs de ligação e de referência for superior a 0,05[3] (ver exemplo para **MATHC1052** na figura 13.5).

Um exemplo comum de uma situação que levaria um item de teste individual a ter um comportamento idiossincrático em uma análise de ligação acontece quando uma área específica de conteúdo medida por um item de ligação é usada como base de intervenções de ensino entre os dois períodos de teste (tal como maior ênfase na utilização de uma forma particular de gráfico em matemática ou em um aspecto de gramática em línguas). Como o desempenho nesse item específico de teste melhora provavelmente de forma idiossincrática, as constantes de ligação estimadas para todos os itens em conjunto não explicarão as alterações específicas dos itens entre a primeira e a segunda administração.

MATHC1052, assinalado com um símbolo de cuidado, é um exemplo moderado deste fenômeno. Os resultados para o item são apresentados na Figura 13.5. Apesar de as constantes de ligação parecerem ter-se ajustado com êxito à diferença de localização do item (isto é, a dificuldade do item relacionada à amostra dada), existem

FIGURA 13.5

Resultados da Ligação de Itens Comuns, CYCLE2 para CYCLE1, MATHC1052

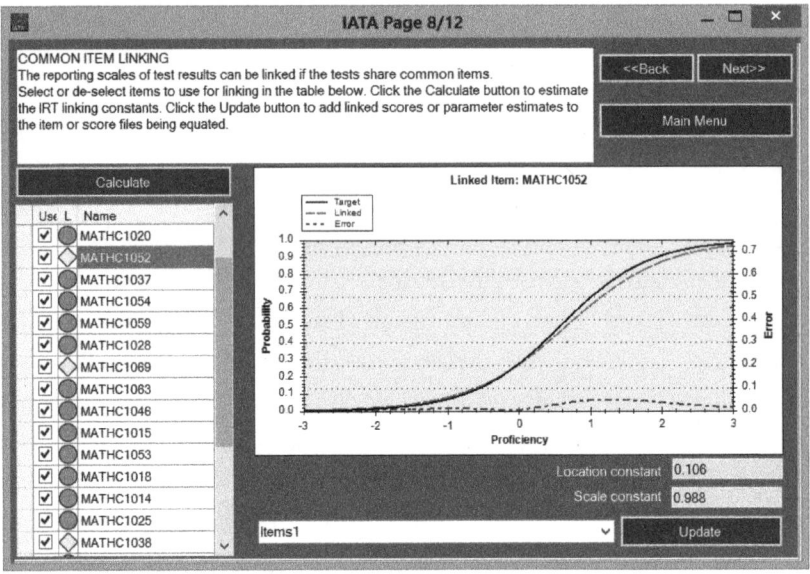

algumas lacunas entre as duas linhas, particularmente no nível de aptidão mais alto. A FRI alvo e a FRI de ligação são distintas uma da outra e a linha pontilhada embaixo, que exprime a diferença entre as duas, alcança 0,08, mas está geralmente abaixo de 0,05. Essas diferenças são irrelevantes e, na maior parte das situações práticas, esse valor de erro não é problemático.

No caso de as diferenças entre as FRIs alvo e de ligação serem suficientemente grandes para serem problemáticas (por exemplo, se forem consistentemente superiores a 0,05 em uma vasta gama de aptidão), o item "ofensivo" deve ser removido desmarcando a caixa ao lado do nome do item na coluna **Use** e clicando em **Calculate**. Apesar de um ou dois itens poderem ser removidos sem a introdução de questões de validade, se muitos itens forem removidos do cálculo de funções de ligação, a validade da ligação pode tornar-se fraca, porque os itens âncora podem não refletir adequadamente o equilíbrio de conteúdo pretendido. Não esquecer que a validade da ligação depende tanto da estabilidade estatística dos itens como da consistência na representação de conteúdo entre as duas avaliações. Se a análise estatística dos resultados sugerir que alguns itens devem ser removidos da ligação, a recomendação deve ser levada à atenção do comitê diretor da avaliação nacional antes de ser tomada uma decisão. Quanto menos itens forem comuns entre as duas avaliações a serem ligadas, mais fraca será a ligação. Os resultados indicam uma ligação muito estável no caso da amostra atual. Consequentemente, a equipe de avaliação nacional pode estar certa de que o teste usado na avaliação atual (**CYCLE2**) é apropriado para monitorar as alterações nos níveis de desempenho dos alunos desde a avaliação nacional anterior.

Dois controles além das constantes de ligação – um menu suspenso e um botão chamado **Update** – permitem-nos aplicar as constantes de ligação diretamente aos resultados da análise atual. Consulte os resultados da análise na interface final (Página 12/12 do IATA) do fluxo de trabalho da análise. Para aplicar as constantes aos parâmetros de item nos resultados atuais (Página 8/12 do IATA), execute os seguintes passos:

1. Selecione **Items1** no menu suspenso em baixo.
2. Clique em **Update**. O IATA adicionará os parâmetros de itens ligados, cuja escala representa agora a escala estabelecida pelos parâmetros de item **CYCLE1**, à tabela *Items1* nos resultados da análise. Os parâmetros de itens ligados são identificados como a_link e b_link. O IATA indica quando os resultados tiverem sido atualizados.

Para atualizar os valores estimados da TRI nos resultados atuais, executar os seguintes passos:

1. Selecione **Scored** do menu suspenso.
2. Clique em **Update**. O IATA adicionará uma variável de resultado, identificada como **LinkedScore**, à tabela *Scored* nos resultados da análise. Este valor é exprimido na escala estabelecida pelos parâmetros de item **CYCLE1**.

Após atualizar os resultados de **Items1** e **Scored**, clique em **Next>>** para continuar.

PASSO 3: REESCALONAMENTO DOS RESULTADOS LIGADOS

Se tiver aplicado as constantes de ligação à tabela de dados **Scored** conforme descrito no passo 2, a interface **Scale Review and Scale Setting** do IATA (Página 9/12 do IATA) incluirá o nome **LinkedScore** no menu suspenso no canto superior esquerdo. Selecione **LinkedScore** para mostrar os resumos gráficos e estatísticos para os resultados ligados **CYCLE2**, que são expressos na escala estabelecida pelos dados de item de referência **CYCLE1**. O **LinkedScore** para este exemplo tem uma média de 0,10 e um desvio padrão de 1,07. Note que os resultados por omissão podem mostrar as estatísticas resumidas para os resultados **PercentScore**; para mostrar os resultados **LinkedScore** corretos, selecione-os usando o menu suspenso.

Para converter o valor ligado da TRI em um valor de escala que possa ser comparado com a variável **NAMscore** que foi produzida durante a análise de dados **CYCLE1**, execute os seguintes passos:

1. Insira **NAMscore** na caixa de texto abaixo da etiqueta **Add New Scale Score**.

2. Insira 100 na caixa **Specify St. Deviation**, o valor originalmente especificado para os dados **CYCLE1**.

3. Insira 500 para **Specify Mean**, o valor originalmente especificado para os dados **CYCLE1**.

4. Selecione a opção **Rescale**. Essa opção assegura que o valor da nova escala retém a ligação que foi estimada na interface anterior.

5. Clique em **Calculate**. O IATA vai criar o valor da nova escala e mostrar as estatísticas de distribuição e descritivas, conforme ilustrado na Figura 13.6. A média de 510,36 indica que os resultados do ano corrente mostram uma melhoria de 10,36 pontos em relação à avaliação anterior.

Como o atual fluxo de trabalho é específico da ligação, o IATA produz automaticamente o valor da nova escala usando o valor ligado da TRI. Por existirem itens de ligação apropriados, o procedimento de ligação do IATA é capaz de produzir **NAMscores** para duas

FIGURA 13.6

Resultados do Teste CYCLE2 Expressos na Escala CYCLE1 (NAMscore)

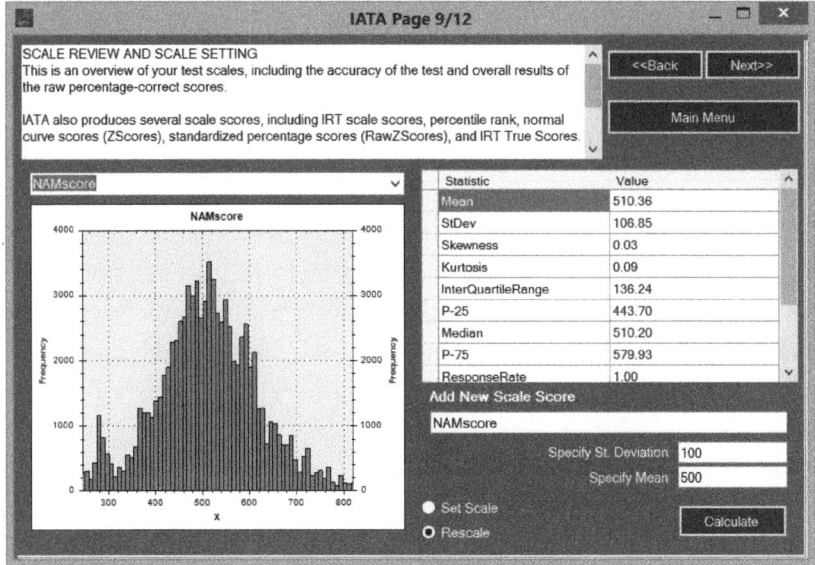

avaliações individuais que podem ser comparadas tal como são em uma escala comum.

Após adicionar o valor da nova escala aos resultados, clique em Next>> para continuar.

PASSO 4: ATRIBUIR PADRÕES DE DESEMPENHO

A maioria das tarefas no fluxo de trabalho **Response data analysis with linking** é especificada da mesma forma que em fluxos de trabalhos anteriores. As análises de seleção de item nas Páginas 10/12 do IATA podem ser feitas como um exercício independente. No entanto, os padrões de desempenho são tratados de forma diferente. Após a primeira avaliação nacional, o processo de normalização deve ser feito apenas como um exercício de validação. É útil rever os limiares periodicamente para determinar se novos padrões de desempenho precisam ser definidos (por exemplo, se a qualidade de educação estiver aumentando), mas a criação de novos limiares para níveis de aptidão deve coincidir tipicamente com grandes mudanças de política, como uma reforma de currículo.

Quando entrar na interface **Developing and assigning performance patterns** no IATA (Páginas 11/12 do IATA), duas fontes de parâmetros de item podem ser usadas para guiar o processo de normalização: os itens usados na atual avaliação (*Items1*) ou os itens de referência usados na avaliação anterior (*Items2*). Essas fontes de parâmetros de item estão disponíveis no menu suspenso acima da tabela do lado esquerdo. Estatísticas resumidas descrevendo parâmetros de item e limiares são apresentadas na tabela no canto inferior direito, de acordo com a fonte de parâmetros de item selecionada. As estatísticas resumidas apresentadas ao entrar nessa interface descrevem as estimativas dos dados atuais (**CYCLE2**) na tabela *Items1*. A melhor prática é usar a fonte de *Items1*, que é selecionada por padrão, porque a tabela *Items2* contém todos os itens usados para produzir as pontuações dos testes atuais.

O exercício de normalização deve ser feito apenas se: (a) um procedimento de normalização já não tiver sido feito em um ciclo de avaliação anterior ou (b) existe uma razão para suspeitar que os padrões de desempenho têm sofrido alterações, no sentido em que expectativas normativas sobre os tipos de competências ou qualidade de aprendizagem podem ter mudado ao longo do tempo. Não se esqueça de que o desempenho dos alunos difere dos padrões de desempenho. Por exemplo, o desempenho dos alunos pode estar aumentando se os alunos tiverem melhor desempenho nos testes, mas os padrões de desempenho podem estar diminuindo se as partes interessadas tiverem expectativas mais baixas do que o que constitui um desempenho "aceitável". Replicar o processo de normalização usando os diferentes conjuntos de parâmetros de item pode ajudar a identificar se os padrões de desempenho são estáveis ao longo das diversas avaliações. Se os padrões forem estáveis, replicar o procedimento de normalização usando diferentes conjuntos de itens deve produzir conjuntos semelhantes de limiares. Não se esqueça que, ao replicar qualquer procedimento de normalização, os parâmetros de item na tabela *Items1* referem-se à distribuição de aptidão na atual avaliação antes de aplicar qualquer ligação e que os parâmetros de item na tabela *Items2* referem-se à distribuição de aptidão na avaliação anterior. Para comparar os limiares produzidos ao analisar diferentes fontes de parâmetros de item, aplique as constantes de ligação (por exemplo, ilustradas na Figura 13.5).

Como o desempenho tem aumentado em relação aos dados **CYCLE1**, as médias dos parâmetros do item **b** serão menores que as dos dados **CYCLE1** para itens classificados no mesmo nível. No entanto, não devemos estimar novos limiares no atual fluxo de trabalho, porque os padrões de desempenho foram inicialmente estabelecidos e atribuídos na análise dos dados **CYCLE1**. Os limiares a seguir (que foram estabelecidos na primeira avaliação nacional) são usados para essa avaliação nacional:

- Nível 4: 0,95
- Nível 3: 0,35
- Nível 2: −0,25
- Nível 1: −0,85

Aplique os padrões de desempenho aos dados **CYCLE2** inserindo manualmente os limiares na tabela na coluna **Threshold**, conforme ilustrado na Figura 13.7, e pressionando o botão **Add Levels**. Para

FIGURA 13.7

Atribuir Padrões de Desempenho, Dados CYCLE2

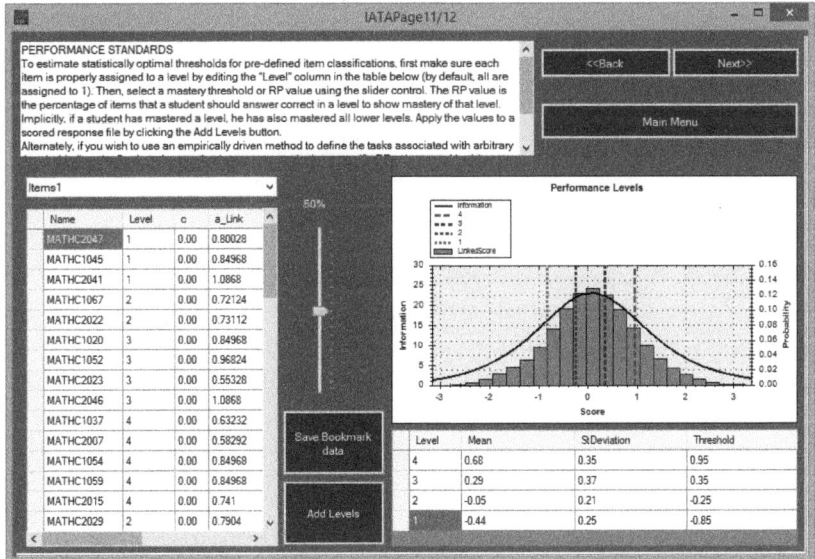

atualizar esses limiares, ajuste primeiro a probabilidade de resposta usando o indicador deslizante no meio da interface; isso fará o IATA gerar uma tabela com valores por padrão, que podem ser substituídos pelos valores atribuídos na análise passo a passo do **CYCLE1**. A variável **Level** será então adicionada à tabela de dados dos alunos *Scored*. Apesar de as especificações dos padrões de desempenho não mudarem com base no fluxo de trabalho, essa interface, como a interface de escalonamento, reconhecerá que um fluxo de trabalho de ligação está sendo usado e atribuirá os alunos aos níveis, com base no valor ligado da TRI e não no valor bruto da TRI.

Os resultados dos dados de item dessa descrição de análise passo a passo são incluídos no arquivo *ItemDataAllTests.xls* na folha de trabalho denominada *ReferenceC2*.

NOTAS

1. Para resultados mais interessantes com maior erro, replique essa análise com os resultados PILOT1 e PILOT2 como um exercício independente; não esqueça que, para atingir o objetivo de minimizar os erros nas ligações, os testes ligados devem ter um número suficiente de itens âncora e tamanhos de amostra suficientes para produzir estatísticas precisas.

2. Se tiver dados de resposta de ambas as avaliações, pode realizar uma análise mais sensível analisando o FDI no fluxo de trabalho **Response data analysis** nos arquivos de dados de resposta combinada, usando o identificador da fonte de dados como variável FDI. Os valores da TRI produzidos serão automaticamente ligados, mas não serão interpretáveis na escala de nenhum dos testes a não ser que os parâmetros de item sejam ancorados.

3. Uma exceção acontece apenas com itens muito discriminadores. Grandes diferenças (por exemplo, quando a linha de erro é superior a 0,05) entre as FRIs indicam tipicamente problemas. Se essas diferenças ocorrerem apenas em uma pequena amplitude de aptidão (por exemplo, em uma gama inferior a 0,4 pontos de aptidão – duas marcas no eixo dos *xx* do gráfico por omissão), não vão afetar negativamente a qualidade da ligação.

CAPÍTULO  MÉTODOS ESPECIALIZADOS EM IATA

Este capítulo descreve o uso de quatro aplicações especiais dos fluxos de trabalho da Análise de Item e de Teste (IATA). Cada interface foi descrita em maior profundidade em capítulos anteriores neste volume. As três primeiras partes deste capítulo – "Ligar dados de item", "Selecionar itens de teste ideais" e "Desenvolver e atribuir padrões de desempenho" – apresentam uma introdução aos três fluxos de trabalho que usam os arquivos de dados de item do IATA como os seus principais dados de entrada. Esses fluxos de trabalho são mais apropriados quando os dados de resposta dos alunos já tiverem sido analisados e os parâmetros de item do teste estimados. Permitem-nos fazer algumas análises usando os parâmetros de item sem requerer reanálise dos dados originais de resposta dos alunos. A capacidade de fazer análises usando dados de item é útil em situações nas quais os dados de resposta dos alunos podem estar inacessíveis (como, por exemplo, por razões de segurança ou quando a capacidade de transferência de dados é limitada), mas os parâmetros de item estão facilmente disponíveis em fontes como relatórios técnicos ou pequenas tabelas de dados. Na seção final, "Análise de dados de resposta com parâmetros de item ancorados," os parâmetros de itens âncora de uma avaliação nacional anterior são usados para analisar os dados de resposta dos alunos de uma avaliação subsequente que contém muitos itens comuns a ambas as avaliações.

Como as principais interfaces do IATA usadas para acessar essas funções já foram descritas em capítulos anteriores, este capítulo concentra-se em passos específicos de cada um dos tópicos seguintes, em vez de oferecer descrições passo a passo completas.

LIGAR DADOS DE ITEM

O Capítulo 13 deste volume mostrou como os parâmetros de ligação foram calculados no mesmo fluxo de trabalho que a análise de dados de resposta aos itens. No entanto, na prática, estas duas atividades podem ocorrer em momentos diferentes. Um ministério de educação, por exemplo, pode conduzir uma avaliação nacional inicial (**CYCLE1**), no primeiro ano e uma avaliação nacional de seguimento (**CYCLE2**), no quinto ano e depois realizar ou comissionar um exercício de ligação usando estimativas de parâmetro de item de ambas as avaliações no sexto ano. Os analistas podem usar as constantes de ligação calculadas pelo IATA e atualizar os dados **CYCLE2** produzindo novos valores e parâmetros ligados. Esses novos valores podem mostrar a dimensão da mudança nos níveis de desempenho do aluno entre os anos um e cinco.

Para ligar dados de item usando essa abordagem, tem de haver itens âncora comuns de duas análises individuais dos dados de avaliação nacional. Para este exemplo, os resultados das avaliações nacionais **CYCLE1** e **CYCLE2** vão ser ligados. Eles têm 25 itens em comum. O processo é semelhante ao fluxo de trabalho **Response data analysis with link** descrito no Capítulo 13.

No Capítulo 10, os dados da primeira avaliação nacional (**CYCLE1**) foram analisados. Antes de fazer a ligação das duas avaliações, tem de analisar os dados **CYCLE2** seguindo os procedimentos descritos no Capítulo 10. Podem resumir-se da seguinte forma:

1. Clicar em Response data analysis.
2. Carregar os dados de aluno **CYCLE2** (2.484 registros).
3. Carregar os dados de item **CYCLE2** (53 registros).

4. Selecionar 9 para representar os dados em falta marcados como incorretos, e usar as setas suspensas para realçar os valores de amostra e peso para **CYCLE2** (Página 3/10 do IATA). Recordar do Capítulo 13 que os valores numéricos adicionais (0, 1, 2, 3) presentes na coluna de valores representam os valores de itens de crédito parcial.
5. Na interface de análise de item (Página 4/10 do IATA), não apagar nenhum item.
6. Saltar as análises da Dimensionalidade e do Funcionamento Diferencial dos Itens, assim como as funções de Análise da Escala e Definição da Escala (Scale Setting), Seleção de Item, e Normalização (Página 5/10–Página 9/10 do IATA) para o propósito deste exercício.
7. Na interface final (Página 10/10 do IATA), para confirmar a correta conclusão da análise, selecionar **Scored** do menu suspenso e ir até ao fim. O primeiro aluno listado (**CYCLE2STDID**) recebeu um **IRT** (TRI, teoria de resposta ao item) **score** de 2,58, um **percentile score** de 99,37, e um **TrueScore** de 93,26.
8. Salvar o conjunto completo de resultados como **CYCLE2_UNLINKED.xls**.

Tendo completado a análise dos dados **CYCLE2**, selecionar **Linking item data** do menu principal. Executar os seguintes passos:

1. Carregar um arquivo de dados dos alunos dos resultados da avaliação atual (neste exemplo, **CYCLE2**) que será ligado aos resultados da avaliação anterior (neste exemplo, **CYCLE1**). O arquivo de dados tem de conter a variável denominada **IRTscore**. No entanto, se ligar resultados usando resultados que foram modificados, garanta que a variável contendo o valor não escalonado da TRI tenha o nome **IRTscore**.[1] Para este exemplo, use o arquivo de dados denominado **CYCLE2_UNLINKED.xls** e carregue a tabela chamada *Scored*. (O primeiro aluno listado, CYCLE2STDID = 1, tem um **IRTscore** de 2,58 e um **Percentile score** de 99,37 no fim do registro.) Clicar em **Next>>**.

2. Na Página 2/5 do IATA, carregar os parâmetros de item estimados a partir dos resultados da avaliação atual ou mais recente. A tabela de dados deve conter os nomes dos itens assim como os parâmetros da TRI. Neste exemplo, para ligar os resultados **CYCLE2** à escala **CYCLE1**, carregar a tabela *Items1* do arquivo **CYCLE2_UNLINKED.xls**. Essa tabela contém os parâmetros de item da avaliação nacional **CYCLE2**. Esses dados também estão disponíveis na tabela *ReferenceC2* do arquivo de dados de amostra do IATA *ItemDataAllTests.xls*. O primeiro item listado, MATHC1008, tem os seguintes valores: **Key** = A, **Level** = 3, **a** = 0,58, **b** = 0,20. Clicar em **Next>>**.

3. Na Página 3/5 do IATA, carregar os parâmetros de item dos resultados da avaliação anterior **CYCLE1**. O arquivo deve conter os nomes dos itens assim como os parâmetros da TRI. Neste exemplo, para ligar os resultados **CYCLE2** à escala **CYCLE1**, carregar a tabela *ReferenceC1* do arquivo *ItemDataAllTests.xls*. O primeiro item listado, MATHC1005, tem os seguintes valores: **Key** = B, **Level** = 3, **a** = 0,63, **b** = 0,21. Clicar em **Next>>**.

4. Clicar em **Calculate** para estimar as constantes de ligação da TRI (Página 4/5 do IATA). As duas constantes de ligação, **Location** e **Scale**, descrevem a transformação linear que converte a escala da TRI **CYCLE2** na escala da TRI **CYCLE1**. Rever a qualidade da ligação, em particular, quaisquer itens com funções de resposta ao item (FRIs) idiossincráticas ligadas. Neste exemplo, a maioria dos itens apresenta boas ligações, indicadas por círculos verdes. Rever os itens problemáticos; esses têm indicadores de cuidado ou aviso (losangos amarelos ou triângulos vermelhos). Examinar os gráficos para os itens individuais, especificamente as linhas de erro azuis tracejadas. Remover qualquer item listado no cálculo de uma ligação (do lado esquerdo) que seja consistentemente superior a 0,05 (no eixo do lado direito) na gama de −2,0 a +2,0 (no eixo da aptidão). Se mais de um item problemático for identificado, remover um único item de cada vez. Recalcular as constantes de ligação após cada remoção, clicando em **Update**. Remover um pequeno número de itens problemáticos pode ser suficiente para melhorar o cálculo de ligações para os restantes

itens. Inversamente, remover muitos itens pode melhorar o cálculo estatístico, mas pode reduzir a validade global da ligação. Aplicar as constantes de ligação aos parâmetros de item e resultados dos testes. Para este exemplo, as constantes de localização e escala estimadas usando o conjunto completo de itens comuns são 0,106 e 0,988, respectivamente. Essas constantes de escala podem ser usadas para converter um valor da TRI da avaliação **CYCLE2** para a escala dos valores da TRI da avaliação **CYCLE1** multiplicando o valor da TRI **CYCLE2** por 0,988 e adicionando 0,106. Essas constantes de ligação indicam que os resultados dos testes **CYCLE2** são ligeiramente menos variados e também ligeiramente mais elevados, em média, do que os resultados **CYCLE1**. Clicar em **Next>>**.

5. Notar que os parâmetros de ligação a e b para **MATHC1008** são 0,58 e 0,20, respectivamente. Os parâmetros de ligação descrevem o comportamento estatístico de cada item **CYCLE2** na escala **CYCLE1**. Esta informação pode ser útil se uma equipe de avaliação nacional quiser fazer um processo de normalização ou desenvolver um novo teste usando o conjunto combinado de itens. As próximas seções deste capítulo discutem como executar essas duas funções usando apenas dados de item. Gravar os resultados da análise (Página 5/5 do IATA).

SELECIONAR ITENS DE TESTE IDEAIS

Até este ponto, os itens de teste têm sido selecionados durante a análise de dados de resposta dos alunos. No entanto, um ministério da educação pode razoavelmente requerer que um conjunto de itens de uma avaliação completa seja identificado para avaliações futuras. Essa solicitação pode vir muito depois de os dados de resposta dos alunos terem sido analisados e as atividades do ciclo de avaliação nacional concluídas. Os elaboradores de testes e os analistas podem identificar e selecionar itens âncora da avaliação anterior sem ter de recorrer à localização e reanálise do conjunto completo de dados dos alunos desta avaliação. Esses itens âncora formarão o núcleo ou, pelo menos, um dos principais componentes da nova avaliação à qual novos itens serão adicionados. Os itens âncora serão usados para ligar os resultados da nova avaliação aos resultados da avaliação existente. Para providenciar a base para um teste preciso e uma ligação estável entre os dois testes, os itens âncora devem oferecer a maior precisão possível em toda a amplitude esperada de aptidão dos alunos. Neste exemplo, a tarefa de seleção de itens requer apenas parâmetros de item existentes na avaliação anterior.

O exercício seguinte demonstra como selecionar itens ideais para ligar duas avaliações usando resultados de parâmetros de item gravados dos dados da análise da avaliação anterior.

1. Selecionar o fluxo de trabalho **Selecting optimal test items** do menu principal.

2. Carregar o arquivo de dados de item, a tabela ***ReferenceC1*** do arquivo ***ItemDataAllTests.xls*** na pasta IATA no ambiente de trabalho (Página 1/3 do IATA). Esses dados devem incluir os nomes dos itens e os parâmetros da TRI. Os dados também devem incluir informação sobre **Level** e **Content** dos itens. (O primeiro item listado, o item com o número mais baixo, deve ser **MATHC1005**, que tem os seguintes valores: **Key** = B, **Level** = 3, **a** = 0,63 e **b** = 0,21.) Clicar em **Next>>**.

3. Para providenciar os resultados mais úteis para a seleção de itens, o número especificado de itens deve ser igual ao número total de itens no arquivo de dados de item. Neste exemplo, como a tabela de dados de item ***ReferenceC1*** tem 50 itens, 50 itens devem ser especificados para seleção. O IATA produzirá uma tabela na qual todos os itens disponíveis são classificados com base na sua adequação para medir alunos dentro dos limites superior e inferior especificados. Os limites superior e inferior descrevem as classificações em percentil aproximadas da amostra original a partir da qual os itens foram calibrados (0 representa o aluno com o pior desempenho, e 100 representa o aluno com o melhor desempenho). Em geral, manter os valores por padrão, de 2 e 98. No entanto, caso se preveja que a distribuição de aptidão na

população de alunos na nova avaliação nacional seja significativamente diferente da avaliação anterior, os limites superior e inferior podem ser ajustados para minimizar a inclusão de itens desnecessariamente fáceis ou difíceis. Por exemplo, se você espera que a nova população de alunos tenha uma aptidão muito maior do que a população original, ajuste o limiar inferior para cima, para um valor, x, superior a 2, para refletir que o aluno com o pior desempenho na nova população pode ter um resultado equivalente ao desempenho de um aluno na categoria de percentil x da população original. Fazer isso reduzirá as hipóteses de selecionar itens inadequadamente fáceis para a nova população. Inserir um título como **AncItems50** (para Itens Âncora) na caixa **Name of item selection** e 50 para o número total de itens. Clicar em **Select Items**. O IATA produzirá uma tabela de nível de conteúdo X para os 50 itens (Página 2/3 do IATA). Clicar em **Next>>**. Note-se que (Página 3/3 do IATA, ilustrado na figura 14.1) **MATHC1029** tem os seguintes valores: **a** = 1,33, **b** = 0,17, **Level** = 4 e **Key** = D.

FIGURA 14.1

Selecionar os Itens de Teste Ideais, Dados CYCLE1

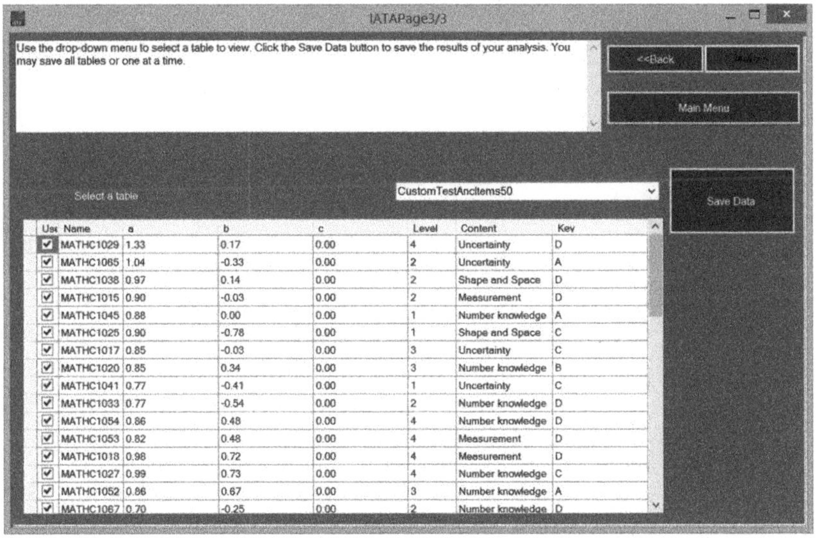

Use	Name	a	b	c	Level	Content	Key
✓	MATHC1029	1.33	0.17	0.00	4	Uncertainty	D
✓	MATHC1065	1.04	-0.33	0.00	2	Uncertainty	A
✓	MATHC1038	0.97	0.14	0.00	2	Shape and Space	D
✓	MATHC1015	0.90	-0.03	0.00	2	Measurement	D
✓	MATHC1045	0.88	0.00	0.00	1	Number knowledge	A
✓	MATHC1025	0.90	-0.78	0.00	1	Shape and Space	C
✓	MATHC1017	0.85	-0.03	0.00	3	Uncertainty	C
✓	MATHC1020	0.85	0.34	0.00	3	Number knowledge	B
✓	MATHC1041	0.77	-0.41	0.00	1	Uncertainty	C
✓	MATHC1033	0.77	-0.54	0.00	2	Number knowledge	D
✓	MATHC1054	0.86	0.48	0.00	4	Number knowledge	D
✓	MATHC1053	0.82	0.48	0.00	4	Measurement	D
✓	MATHC1018	0.98	0.72	0.00	4	Measurement	D
✓	MATHC1027	0.99	0.73	0.00	4	Number knowledge	C
✓	MATHC1052	0.86	0.67	0.00	3	Number knowledge	A
✓	MATHC1067	0.70	-0.25	0.00	2	Number knowledge	D

4. Clicar em **Save Data**. O IATA atribui às tabelas de seleção de itens o prefixo de **CustomTest** seguido do nome único especificado para um exercício particular de seleção de itens. Neste exemplo, o arquivo de dados de 50 itens será gravado com os outros dados do IATA como ***CustomTestAncItems50***.

É possível fazer experiências com o número de itens selecionados usando essa interface (tal como 30 ou 40). Atribua um nome diferente a cada seleção de item (na caixa **Name of item selection**) se quiser salvar os resultados.

DESENVOLVER E ATRIBUIR PADRÕES DE DESEMPENHO

Estabelecer padrões de desempenho (tais como abaixo de básico; básico; proficiente; avançado; ou níveis 1, 2 e 3) é um passo importante para tornar os resultados da avaliação nacional acessíveis a uma variedade de partes interessadas. O Capítulo 10 deste volume descreveu a tarefa de definir padrões de desempenho como um exercício relativamente fácil. Na prática, no entanto, requer tipicamente trabalho iterativo relacionado com a revisão tanto do conteúdo dos itens como dos resultados estatísticos. Isso deveria incluir a contribuição de múltiplas fontes (tais como o pessoal ao nível do currículo) e muitas podem ter tido pouca experiência com análise de dados ou estatística. A análise dos dados de resposta deve estar completamente concluída antes de começar o processo de normalização. O painel deve usar os parâmetros de item finais ao fazer este exercício.

O fluxo de trabalho **Developing and assigning performance patterns** no IATA permite o uso de resultados de análises anteriores para facilitar o processo de normalização. Nesta seção, são estabelecidos padrões de desempenho para os dados ***CYCLE1***, usando parâmetros de item da avaliação ***CYCLE1***. Para usar este fluxo de trabalho, é preciso ter concluído uma análise de dados de resposta aos itens e ter gravado as tabelas de resultados ***Items1*** e ***Scored***. Se os dados não tiverem sido gravados, repita a análise descrita no Capítulo 10. Preferencialmente, a partir da perspetiva de desenvolver padrões de desempenho, tanto os parâmetros de item como os valores da TRI devem ser carregados para o IATA. No entanto, os valores são usados apenas para referência no cálculo dos limiares e a análise pode ser conduzida usando apenas parâmetros de item sem carregar quaisquer valores da TRI. Examine a distribuição de valores por nível de limiar para determinar as proporções de alunos classificados em cada nível de aptidão. A normalização, conforme notado anteriormente (ver descrição de "bookmarking" no Capítulo 10), é um procedimento iterativo relacionado com a revisão de itens de teste por peritos ao nível do currículo e professores experientes à luz dos dados estatísticos disponíveis. Como foi o caso na discussão do Capítulo 10, o objetivo da normalização neste capítulo não é justificar pontos de corte existentes ou forçar os dados para níveis de aptidão previamente estabelecidos, mas determinar os níveis de aptidão e pontos de corte correspondentes mais úteis, com base nos itens disponíveis. Diversas sessões de revisão e discussão podem ser necessárias para estabelecer níveis de limiar. Após os limiares terem sido finalizados, carregar os valores da TRI no IATA facilitará que se acrescentem níveis de aptidão diretamente aos resultados da avaliação dos alunos.

Para completar este fluxo de trabalho, execute os seguintes passos. Note que os passos 1–4 podem ser repetidos várias vezes antes de finalizar o conjunto de limiares de nível de desempenho.

1. Selecionar o fluxo de trabalho **Developing and assigning performance patterns** do menu principal. A primeira página (Página 1/4 do IATA) pede que sejam carregados os dados de resposta classificados dos alunos. Esse passo é opcional, porque o exercício de normalização pode ser realizado usando apenas dados de parâmetros de item. Se os dados classificados dos alunos estiverem disponíveis, eles podem informar acerca da utilidade de um conjunto proposto de pontos de corte, permitindo-nos estimar a proporção de alunos que recai em cada nível de aptidão proposto. No entanto, os dados classificados dos alunos só são úteis depois de as principais iterações do procedimento de normalização estarem finalizadas.

2. Como as definições de pontos de corte ainda não foram finalizadas, clicar em **Next>>** para saltar para a Página 2/4 do IATA.

3. Carregar o arquivo de dados de item contendo os parâmetros da TRI e o nível previamente atribuído a cada item. Neste exemplo, os resultados são usados na tabela de dados de item *Items1* produzida automaticamente pelo IATA. (Os dados são idênticos aos dados em *ReferenceC1* em *ItemDataAllTests.xls*.) Note que cada item tem um nível de desempenho previamente atribuído. Clicar em **Next>>**.

4. Executar os procedimentos de normalização de marcador de livro descritos no Capítulo 10, que incluem estabelecer o valor da probabilidade de resposta (PR), salvar os dados de marcador de livro, e usar esses dados para facilitar a revisão dos itens de teste por professores, especialistas de currículo, e outras partes interessadas em educação. Note que, em um cenário do mundo real, é possível fazer experiências com uma variedade de valores de PR, tipicamente na gama de 0,50 a 0,80. Durante o processo de estabelecimento de desempenho, as atribuições no nível dos itens podem (e certamente irão) ser modificadas durante as discussões da equipe de avaliação nacional. Os passos 1–4 podem precisar ser repetidos várias vezes, usando o procedimento de marcador de livro, até os participantes do exercício de normalização considerarem que os limiares acordados facilitarão uma interpretação com significado dos resultados da avaliação.

5. Após o acordo entre as partes interessadas do painel responsáveis pelo estabelecimento dos padrões de desempenho, repetir os passos 1–4, certificando-se de carregar os dados dos alunos referentes à pontuação da TRI no passo 1. Para este exemplo, carregar os dados dos alunos *CYCLE1* com os valores da TRI que devem ter sido gravados no fim do Capítulo 10 (Página 1/4 do IATA). Quando o IATA grava resultados dos alunos, o valor da TRI fica contido em uma variável denominada **IRTscore**, que se encontra na tabela de dados denominada *SCORED*. Essa variável contém valores que o IATA calculou diretamente a partir dos parâmetros de item, sem aplicar qualquer mudança de escala ou ligação. Após carregar os dados, reveja as respostas dos alunos aos itens individuais (Página 1/4 do IATA) para ver os valores da TRI individuais. (O segundo aluno listado, **CYCLE1STDID**, teve um valor da TRI

de 1,764.) Inserir os pontos de corte finais na coluna **Threshold** no canto inferior direito da tela (Página 3/4 do IATA). Verificar, por comparação dos pontos de corte verticais com a área da distribuição de resultados, que cada nível de aptidão inclua uma proporção relatável de alunos. Nos casos em que muito poucos alunos estejam nos níveis de aptidão mais elevado ou mais baixo, combinar níveis de aptidão adjacentes é mais útil para efeitos de relatório. Opcionalmente, os limiares dos dados classificados podem ser aplicados através da interface de padrões de desempenho clicando no botão **Add Levels**. Clicar em **Next>>**.

6. **Salvar** os resultados (Página 4/4 do IATA) usando um nome de arquivo distinto tal como *NAMPerfStand*. Em geral, salvar todas as tabelas contendo dados modificados. Estas incluem a tabela *PLevels*, que foi atualizada com novos limiares; a tabela *Items1*, que pode ter itens atribuídos a novos níveis; e a tabela *Scored*, com níveis de desempenho dos alunos.

ANÁLISE DE DADOS DE RESPOSTA COM PARÂMETROS DE ITEM ANCORADOS

Em capítulos anteriores, assumiu-se que todos os parâmetros de item da TRI eram desconhecidos e tinham que ser calculados a partir dos dados de resposta dos alunos. Os parâmetros de item de teste foram calculados para cada avaliação nacional (como **CYCLE1** e **CYCLE2**) e foram usados para calcular constantes de ligação.

O IATA também disponibiliza um meio para importar parâmetros de item fixos de uma avaliação anterior, que podem ser usados para ligar os resultados da avaliação a uma avaliação subsequente. Inicialmente, estima os parâmetros para a avaliação atual e liga-os aos parâmetros não ajustados da avaliação anterior. Os itens usados no processo de ligação são chamados parâmetros de item *ancorados*.

Os parâmetros de item ancorados são os parâmetros **a**, **b** e (opcionalmente) **c** aos quais foram atribuídos valores em um arquivo de dados de item para alguns itens de teste antes da análise de um determinado arquivo de dados de resposta, à semelhança dos itens âncora usados em uma ligação formal. Quando os dados de resposta são analisados usando parâmetros de item ancorados, os parâmetros dos itens novos ou não ancorados são calculados, enquanto os parâmetros de item ancorados permanecem fixos nos seus valores previamente especificados. Os resultados recentemente estimados, tais como os parâmetros da TRI para itens não ancorados e valores da TRI dos alunos, são expressos na escala definida pelos parâmetros de item ancorados. Esse método é preferível em relação ao processo de ligação formal quando as estimativas de parâmetro de item produzidas usando os atuais dados de resposta possam ser inferiores em qualidade às produzidas pelas estimativas já existentes. Essa situação pode ocorrer se a amostra atual for muito mais pequena ou menos representativa do que a amostra usada para calcular os parâmetros de item existentes. Esse método também é apropriado quando a maioria (mais de 70%) dos itens na atual avaliação já tenham estimativas de parâmetro existentes. A única diferença entre o uso de itens ancorados e as descrições passo a passo apresentadas em capítulos anteriores é que alguns itens já terão parâmetros de item no arquivo de dados de item de entrada.

Considere um cenário onde o comitê diretor da avaliação nacional decidiu usar um teste de um ciclo de avaliação nacional anterior apenas com modificações menores ao conjunto de itens de teste. Nesse caso, não é necessário executar o procedimento completo de ligação que foi descrito no Capítulo 13. Para os novos e relativamente poucos itens usados na avaliação atual, o IATA irá automaticamente calibrar os seus parâmetros da TRI e colocá-los na mesma escala que os parâmetros de item ancorados. Os valores da TRI finais dos alunos serão baseados tanto nos parâmetros de item ancorados como nos itens recentemente calibrados e será expresso na mesma escala que os parâmetros de item ancorados.

Use o conjunto de dados de amostra **CYCLE3** para fazer este exercício. Os dados de item para este teste estão no livro de exercícios do Excel, ***ItemDataAllTests***. Esses dados representam o terceiro ciclo do programa de avaliação nacional que foi analisado em capítulos anteriores. Para este terceiro ciclo, o comitê diretor da avaliação nacional decidiu usar os itens do teste **CYCLE2** após fazer pequenas modificações ao conteúdo de alguns itens e substituir apenas oito dos itens de múltipla escolha e todos os itens de resposta curta. Em vez de recalcular novos parâmetros e constantes de ligação, o comitê decidiu usar os parâmetros de item **CYCLE2** para ancorar as estimativas de parâmetros de item para os novos itens.

Para fazer a análise com itens ancorados, complete os seguintes passos.

1. Selecionar o fluxo de trabalho **Response data analysis** do menu principal.

2. Carregar os dados de resposta dos alunos **CYCLE3.xls** (contendo 2.539 registros e 61 variáveis) da pasta de dados de amostra do IATA (Página 1/10 do IATA). Verificar que o primeiro aluno listado no arquivo de dados tem os seguintes valores: **SCHOOLID** = 30, **Sex** = 2, **SchoolSize** = 21, **MATHC2047** = C. Clicar em **Next>>**.

3. Carregar o arquivo *ItemDataAllTests.xls*, e selecionar a tabela **CYCLE3** como dados de item (Página 2/10 do IATA). A tabela contém 53 registros e sete variáveis. Note que **MATHC2047**, um item de conhecimento numérico, tem valores de 0,80 e −0,75 para os parâmetros **a** e **b**, respectivamente. Ao contrário dos arquivos de dados usados em análises anteriores, os valores dos parâmetros **a** e **b** estão presentes para alguns itens, mas não todos, conforme ilustrado na figura 14.2. Os parâmetros de item que têm valores atribuídos são os parâmetros de item ancorados. Esses valores foram produzidos durante a análise dos dados **CYCLE2** e foram ligados à escala original estabelecida para a avaliação **CYCLE1**. Foram atribuídos novos parâmetros de item calculados a partir dos dados de resposta a diversos itens com chaves de respostas especificadas que não têm parâmetros de item (tal como MATHC2069). Como os parâmetros ancorados já estavam ligados à escala **CYCLE1** na análise anterior, os parâmetros recentemente estimados na análise atual dos dados **CYCLE3** também foram ligados à escala **CYCLE1**. Clicar em **Next>>** para avançar para as especificações da análise.

4. Definir a variável de identificação como **CYCLE3STDID**, a variável de ponderação como **CYCLE3Weight**, e assinalar o valor 9 como incorreto (Página 3/10 do IATA). Note que os valores

FIGURA 14.2

Dados de Item para CYCLE3 com Parâmetros de item ancorados

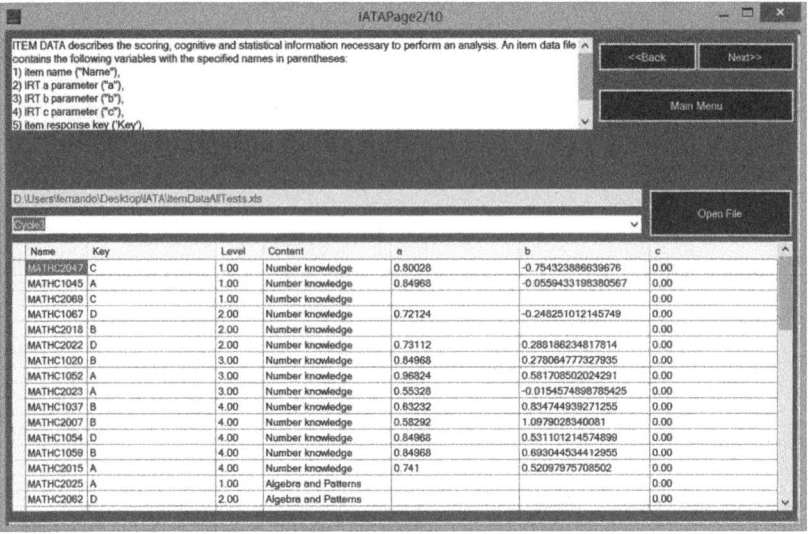

numéricos adicionais (0, 1, 2, 3) na coluna de valores representam valores para itens de crédito parcial. Clicar em **Next>>** para começar a análise.

5. Os resultados produzidos são apresentados na figura 14.3. Note que agora todos os itens têm parâmetros de item, mas os itens âncora mantêm os seus valores originais (ver valores **a** e **b** para **MATHC2047** nas figuras 14.2 e 14.3). Ao contrário da ligação a nível de teste, é possível agora ver como os parâmetros de item ancorados se ajustam aos dados de resposta atuais comparando as FRIs teórica e empírica para cada item. Por exemplo, o item **MATHC2047** usou parâmetros de item ancorados; a FRI denominada **Theoretical** na figura 14.3 é derivada dos dados **CYCLE2**, enquanto a FRI denominada **Empirical** é derivada dos dados **CYCLE3**. Em geral, o ajuste dos itens ancorados tende a ser pior do que o dos novos itens, cujos parâmetros são calculados a partir dos dados atuais. Se o ajuste entre as FRIs teórica e empírica individuais for fraco (isto é, a magnitude da lacuna vertical entre as FRIs teórica e empírica for consistentemente superior a 0,05) e a amostra dos novos dados de resposta for grande, os itens não

FIGURA 14.3

Resultados da Análise de Item com Parâmetros de Item Ancorados, Dados de CYCLE3, MATHC2047

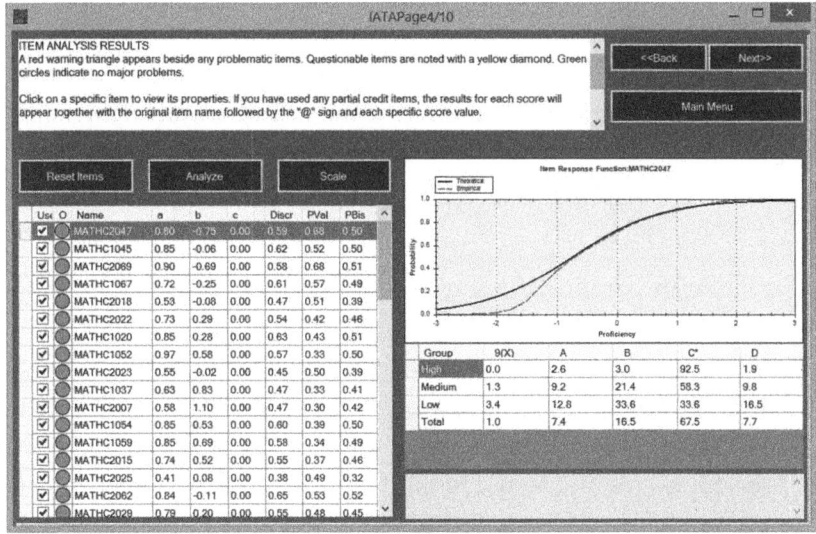

devem ser usados como parâmetros ancorados. Se, no entanto, a amostra for pequena (tal como menos de 500), então a falta de ajuste entre as FRIs teórica e empírica pode simplesmente ser causada por erro aleatório e pode ser ignorada.

Alguns itens (tais como **MATHC1046** e **MATHC2034**) têm avisos (amarelos) em forma de losango. Esses itens tendem a estar fracamente relacionados com a aptidão, mas foram mantidos para efeitos deste exercício. Note que o valor de 1 para o item de crédito parcial **MATHA006 (MATHA006@1)** tem um aviso (vermelho) triangular. Quase 99% dos alunos atingiram um valor de 1 ou mais neste item. No entanto, manter o valor de 1 não tem grande efeito na qualidade dos resultados. O aviso simplesmente indica que o valor não é claramente distinguível de 0, enquanto os valores de 2 e 3 para este item (**MATHA006@2** e **MATHA006@3**, respectivamente) são claramente distintos dos outros valores de pontuação. Em geral, a melhor prática seria rever o esquema de classificação deste item para tratar valores de 2 e 3 como valores válidos (a entrada correspondente da chave no IATA seria

"2:1;3:2"). No entanto, neste exemplo, manter o esquema de classificação existente não tem desvantagens, porque o IATA ajustou o cálculo de valores para refletir a baixa aptidão associada ao valor de crédito parcial de 1.

6. A Página 5/10 do IATA e a Página 6/10 do IATA, que fazem análises de dimensionalidade de teste e de funcionamento diferencial dos itens, podem ser saltadas; ambas as tarefas são idênticas a outras feitas em descrições passo a passo anteriores. Clicar em **Next>>**.

7. Como os resultados são automaticamente ligados à escala **CYCLE1**, a média e desvio padrão de **IRTscore** (Página 7/10 do IATA) dos dados **CYCLE3** podem desviar-se significativamente de 0 e 1 na amostra atual (neste caso, média = 0,02, desvio padrão = 1,04). Uma consideração importante para definir a escala dos resultados que usam parâmetros de item ancorados é que como os valores da TRI estão ancorados aos parâmetros ligados **CYCLE2**, tem de usar a opção **Rescale** para produzir valores de escala, especificando os valores de média e desvio padrão usados ao estabelecer a escala **NAMscore** em **CYCLE1**. Inserir **NAMscore** e os valores originais para o desvio padrão (100) e a média (500). Clicar em **Calculate**. Os valores da média e do desvio padrão na nova escala para **NAMScore** são 501,71 e 103,96, respectivamente. Clicar em **Next>>**.

8. Saltar a seleção de itens (Página 8/10 do IATA). Como os valores da TRI estão expressos na escala estabelecida com os dados **CYCLE1**, aplicar os limiares de padrões de desempenho **CYCLE1** (Nível 4 = 0,95, Nível 3 = 0,35, Nível 2 = –0,25, Nível 1 = –0,85) ao conjunto de dados **CYCLE3** (Página 9/10 do IATA). O nível de PR não precisa de ser definido porque os pontos de corte já foram estabelecidos. Isto vai ajudar a garantir que os alunos **CYCLE3** estão sendo classificados com limiares **CYCLE1**. Pressionar **Enter** após inserir os valores dos limiares. Clicar em **Add Levels** para atribuir padrões ou níveis de desempenho aos alunos. Clique em **Next>>**.

9. Clicar em **Save Data**, e salvar todas as tabelas de resultados para a avaliação **CYCLE3**. Note que, nos arquivos de dados ***SCORED***,

o resultado do primeiro aluno tem valores **IRT** e **NAM** de 1,41 e 641,10, respectivamente. Para referência, os resultados de dados de item desta análise (***Items1***) estão incluídos no arquivo ***ItemDataAllTests.xls*** na folha de trabalho denominada ***ReferenceC3***.

Finalmente, note que os parâmetros de item ancorados são particularmente úteis em situações em que o tamanho da amostra na nova avaliação nacional é pequeno, os testes têm muito em comum, ou dados de resposta de ambos os testes estão disponíveis. No último cenário, os dados de resposta devem incluir todos os respondentes de ambos os ciclos para facilitar a análise de funcionamento diferencial dos itens entre os dois testes; os dados de item incluiriam chaves de respostas para todos os itens, e seriam apenas atribuídos valores aos parâmetros dos itens usados no ciclo anterior.

Durante a execução de diversas análises do tipo acabado de apresentar, a equipe de avaliação pode fazer modificações, tais como remover itens ou ajustar os níveis de aptidão ou as categorias de conteúdo do currículo. Quando o número ou a extensão das modificações for substancial, a ligação de item não deve ser usada.

Dada a probabilidade de os analistas e outro pessoal-chave mudar entre avaliações nacionais, é importante gravar todas as tabelas de dados, assim como ter uma clara explicação das decisões chave e principais alterações feitas aos arquivos de dados de item. Para auxiliar futuras avaliações nacionais, o analista deve escrever uma breve descrição de qualquer mudança feita a um arquivo de dados de item durante a análise atual em um arquivo de texto ***ReadMe*** (*vd*. Freeman e O'Malley 2012).

NOTA

1. Carregar esses dados é opcional, porque o cálculo da ligação estatística requer apenas parâmetros de item. Se não carregar os valores da TRI nessa altura, aplique os resultados da ligação usando um pacote de software diferente (tal como SPSS [Pacote Estatístico para as Ciências Sociais] ou Excel).

CAPÍTULO 15
RESUMO DOS TUTORIAIS DO IATA

Os exemplos dos tutoriais concluídos na Parte II deste volume fornecem descrições detalhadas acerca dos procedimentos estatísticos mais comuns necessários para criar, implementar e manter um sistema de avaliação nacional. Após concluir esses tutoriais, o usuário deverá ter aprendido a realizar as seguintes tarefas:

- Carregar os dados de resposta dos alunos
- Carregar os dados de parâmetro de item
- Especificar as chaves de respostas, os níveis de desempenho nos itens e as classificações do conteúdo dos itens
- Especificar os tratamentos dos dados em falta
- Analisar as estatísticas clássicas dos itens
- Interpretar as funções de resposta ao item e as análises de erros dos itens
- Interpretar os resultados da dimensionalidade dos testes
- Interpretar as estatísticas descritivas dos testes
- Produzir pontuações de escala para a elaboração de relatórios
- Gerar e interpretar análises do funcionamento diferencial dos itens

- Efetuar a estimativa ou definir categorias para os níveis de aptidão
- Selecionar subconjuntos de itens para objetivos específicos de medição
- Salvar os resultados em um computador

Essas tarefas representam praticamente todos os requisitos normais para a análise de testes durante a implementação de uma avaliação nacional. No entanto, fazer simplesmente a replicação dos exemplos exatamente conforme fornecidos nestes capítulos não significa necessariamente já ter a capacidade de realizar essas funções com os seus próprios dados de avaliação nacional. Nos próximos passos do seu processo de aprendizagem, você deve realizar várias vezes a análise de cada um dos exemplos, seguindo as instruções exatas indicadas nos capítulos.

Quando conseguir dominar a interface do *software* Análise de Item e de Teste (IATA), você deve estar pronto para fazer experiências com algumas das opções que fazem parte da estrutura das análises no IATA. Para tal, deve rever novamente cada um dos tutoriais, mas, em vez de seguir todas as instruções, deve fazer experiências com as opções disponíveis. Por exemplo, o que acontece aos resultados da análise quando o número de itens de um teste é muito baixo? O que acontece aos resultados semelhantes quando o conjunto de itens comuns de ligação entre dois testes incluem apenas itens muito fáceis ou muito difíceis? Existem muitas outras abordagens para realizar a análise de dados de testes que não estão englobadas no âmbito deste volume. No entanto, se realizar experiências com os dados de amostra do IATA e fizer a comparação entre os seus resultados e aqueles que foram obtidos anteriormente durante os vários exercícios dos tutoriais, você pode ter uma compreensão muito mais ampla das escolhas mais adequadas para as diferentes situações.

Em primeiro lugar, ao fazer a análise dos seus dados da avaliação nacional, você deve identificar o fluxo de trabalho mais adequado para a situação a partir do menu do IATA. É muito provável que essa situação seja muito semelhante a um dos exemplos de tutoriais apresentados em um dos capítulos anteriores. Algumas situações podem requerer a combinação de diferentes fluxos de trabalho, em que os resultados de um fluxo de trabalho ou de uma análise são utilizados como dados de entrada no(a) outro(a).

Em última análise, conforme desenvolve seus conhecimentos na área, você vai chegar à conclusão de que raramente existem respostas ou soluções únicas e perfeitas para os problemas de uma avaliação nacional. Na melhor das hipóteses, os métodos estatísticos utilizados nas avaliações modernas servem para minimizar a influência de erros que resultam inevitavelmente das dificuldades reais para a realização de uma medição na área da educação. O modo como as equipes nacionais escolhem e implementam esses métodos estatísticos depende dos respectivos objetivos. Quais são as necessidades das partes interessadas? Quais são as consequências das decisões tomadas com base nos resultados? O IATA é apenas uma ferramenta (ainda que útil) para a redução da carga desses métodos estatísticos e para o esclarecimento dos compromissos das opções analíticas disponíveis em uma avaliação nacional.

ANEXO II.A

TEORIA DE RESPOSTA AO ITEM

No Capítulo 9, foram descritos dois aspectos da abordagem que a teoria clássica dos testes (TCT) faz à medição da aptidão, nomeadamente no que se refere à facilidade (ou dificuldade) e à discriminação dos itens. Neste anexo, centramo-nos em uma abordagem alternativa, a teoria de resposta ao item (TRI), que une os conceitos de facilidade e discriminação dos itens. A TRI também é habitualmente referida como teoria do traço latente. É a abordagem mais frequentemente utilizada nas avaliações em grande escala.

Analisar as diferenças entre o que constitui um bom item de teste nas perspetivas da TCT e da TRI é um bom ponto de partida para compreender a TRI. As estatísticas clássicas da facilidade e da discriminação dos itens concentram-se na estimativa e na comparação da probabilidade de resposta correta para diferentes alunos. Em contrapartida, a TRI carateriza os alunos pelo tipo de resposta ao item que eles provavelmente produzirão e tenta descrever as distribuições da aptidão para os alunos que respondem de formas diferentes. Apesar de um bom item de teste na perspetiva da TCT apresentar grandes diferenças na probabilidade de resposta correta para os alunos de diferentes níveis de aptidão, um bom item de teste na perspetiva da TRI é aquele em que a distribuição da aptidão para os alunos que responderam corretamente é diferente da distribuição da aptidão para os alunos que responderam incorretamente. Enquanto a TCT concentra-se na probabilidade de resposta correta, a TRI enfoca a estimativa das distribuições da aptidão. Apesar de as duas perspetivas estarem normalmente de acordo, a perspetiva da TRI descreve os itens de uma forma muito mais completa e útil.

O software Análise de Item e de Teste (IATA) calcula os resultados utilizando vários métodos estatísticos. A maioria dos cálculos usa equações de forma fechada, o que significa que o cálculo utiliza os dados de resposta dos alunos em uma progressão ordenada de passos para produzir a estatística desejada, tal como a média aritmética. Mesmo que os cálculos tenham vários passos, nas equações de forma fechada, os valores em cada passo são baseados nos dados originais e nos resultados dos passos anteriores. Na maioria dos livros de estatísticas (por exemplo, Crocker e Algina 2006), estão disponíveis descrições detalhadas de métodos de forma fechada para o cálculo de estatísticas clássicas dos itens e outras estatísticas descritivas básicas.

Alguns cálculos requerem que o IATA faça a estimativa de uma estatística, x, que tem como base outra estatística, y, mas em que o valor y também tem como base o valor x. Nesses casos, uma vez que x e y não podem ser estimados em conjunto, o IATA tem de usar um *algoritmo iterativo*. De um modo geral, o algoritmo iterativo assume primeiro alguns valores iniciais razoáveis para y e utiliza esses valores para fazer a estimativa dos valores x. Em seguida, o algoritmo utiliza os resultados x para calcular novos valores para y. Os novos valores y são depois utilizados para atualizar os valores x e o processo é repetido até que as novas iterações não alterem significativamente os valores das estimativas. Essa abordagem de cálculo é utilizada na análise da dimensionalidade de itens e testes, assim como na estimativa dos parâmetros de item da TRI (consultar Lord e Novick 1968). Esses dois cálculos requerem que seja feita a estimativa das propriedades dos itens, tais como os carregamentos e os parâmetros da TRI.

A análise da dimensionalidade utiliza um algoritmo iterativo comum, conhecido como decomposição em valores singulares ou SVD (*singular value decomposition*, em inglês) (consultar http://en.wikipedia.org/wiki/Singular_value_decomposition), mas a estimativa dos parâmetros da TRI requer algoritmos iterativos especializados (consultar Baker e Kim 2004). Em primeiro lugar, esses algoritmos devem fazer a estimativa da probabilidade de cada aluno responder corretamente a cada um dos itens e, em seguida, identificar os parâmetros de item que reproduzem melhor essas probabilidades. Os novos parâmetros são depois utilizados para a atualização das probabilidades estimadas, que, por sua vez, são utilizadas para a atualização das estimativas dos parâmetros de item e assim sucessivamente, até que as estimativas em cada fase não melhorem perceptivelmente as estimativas anteriores. A estimativa de parâmetros do IATA utiliza uma variação desta abordagem geral que tem um processamento mais rápido e é estatisticamente mais robusta em comparação com outros algoritmos. Permite que os métodos da TRI sejam utilizados em um maior intervalo de dados de amostra do que aquele que é habitualmente permitido pelos outros *softwares*.

Com o algoritmo do IATA, a primeira fase (a estimativa das probabilidades) requer o cálculo de duas distribuições da aptidão para cada item: a distribuição para os respondentes corretos e a distribuição para os respondentes incorretos. Parte-se do pressuposto que estas distribuições tenham uma forma normal e as duas distribuições partilhem a mesma variância para cada item, mas sejam diferentes nas médias e nas magnitudes relativas. Por exemplo, se um número maior de alunos responde corretamente em relação aos que respondem incorretamente, a magnitude da distribuição para os respondentes corretos será maior do que para os respondentes incorretos. A soma dessas duas distribuições em cada nível de aptidão descreve a distribuição da aptidão para todos os alunos e a relação entre a distribuição dos respondentes corretos e a distribuição dessa soma produz as estimativas da probabilidade de resposta correta em cada nível de aptidão. Esta abordagem tem vantagens em relação a outros métodos por duas razões: (a) descreve a probabilidade de resposta em todos os níveis de aptidão, em vez de uma amostra arbitrária dos níveis de aptidão, e (b) as distribuições para os respondentes corretos e os respondentes incorretos podem ser descritas utilizando a média para os respondentes corretos e a proporção de respostas corretas a um item, uma vez que a média total da amostra é restrita de modo a ser equivalente a zero e a proporção de respostas incorretas equivale ao valor de um menos a proporção de respostas incorretas. Por outro lado, a

FIGURA II.A.1

Distribuições da Aptidão para os Respondentes Corretos e Incorretos a Um Único Item de Teste (Facilidade = 0,50, Aptidão Média dos Respondentes Corretos = 0)

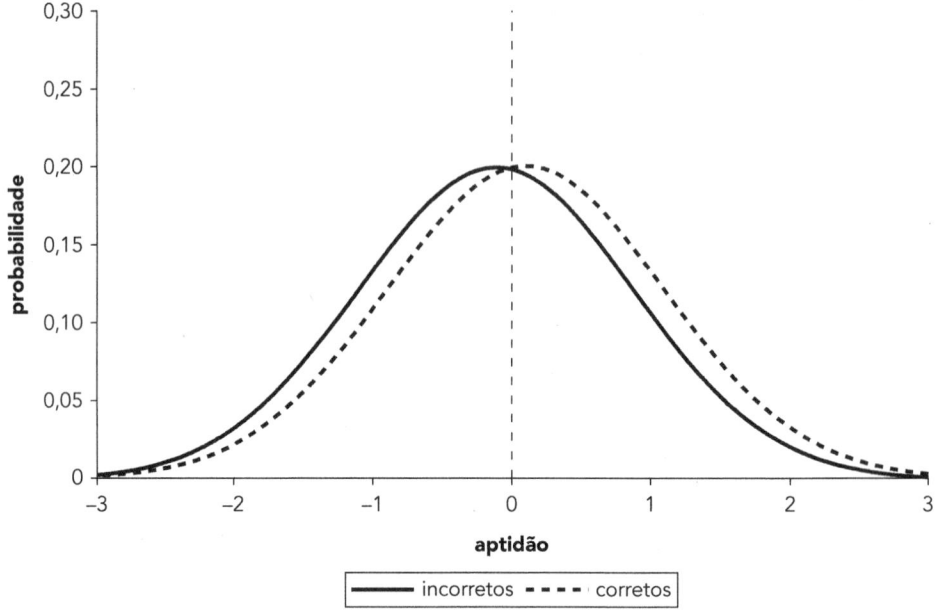

maioria dos outros métodos descreve as probabilidades apenas para uma amostra de níveis de aptidão definidos de forma arbitrária e pode exigir centenas de estatísticas calculadas individualmente para fazer a estimativa das diferentes probabilidades. Habitualmente, esses métodos também requerem a especificação de restrições ou regras arbitrárias para a correção dos erros de estimativa.

As duas distribuições na Figura II.A.1 ilustram algumas caraterísticas fundamentais da TRI. As duas curvas representam distribuições de aptidão[1] para os respondentes a um único item de teste. A linha contínua à esquerda descreve a aptidão dos alunos que responderam incorretamente e a segunda linha curva tracejada (---------) descreve a aptidão dos alunos que responderam corretamente. Esse item tem uma facilidade de 0,50, que reflete a altura idêntica das duas distribuições ao longo do eixo vertical; existe um número igual de respondentes corretos e incorretos. A aptidão média dos respondentes corretos é de 0,10, algo que é refletido no gráfico quando o pico da

FIGURA II.A.2

Distribuições da Aptidão para os Respondentes Corretos e Incorretos a Um Único Item de Teste (Facilidade = 0,50, Aptidão Média dos Respondentes Corretos = 0,99)

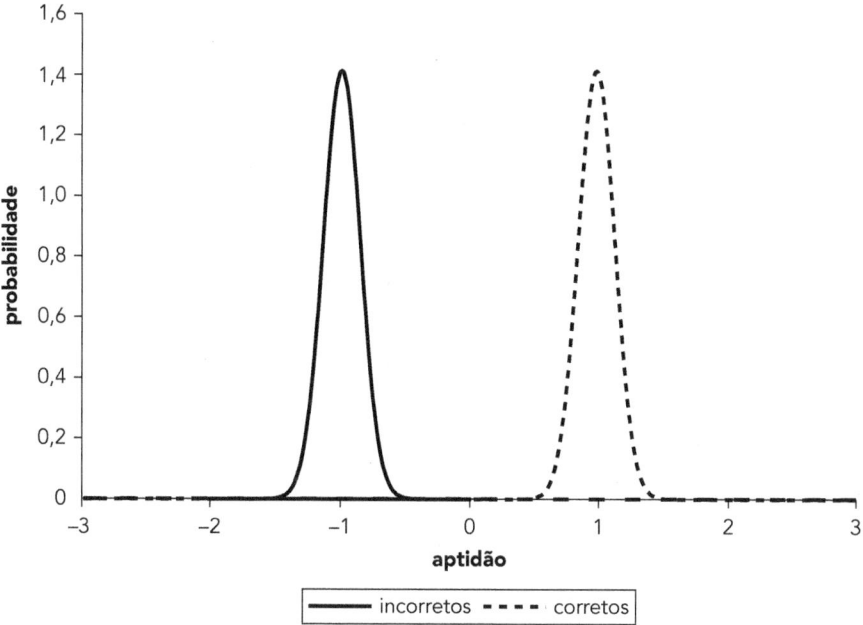

distribuição para os alunos corretos encontra-se diretamente acima do valor 0,10 no eixo da aptidão. Uma vez que a média geral de ambas as populações é 0 e estas têm o mesmo tamanho, a aptidão média de respondentes incorretos é simétrica em –0,10. As duas distribuições são muito semelhantes em termos de tamanho e localização, o que indica uma diferença muito pequena na aptidão entre os tipos de alunos que respondem correta e incorretamente. Se não houvesse qualquer diferença, ambas as distribuições seriam idênticas, com médias iguais a 0, e as respostas aos itens não estariam relacionadas com a aptidão.

A figura II.A.2, ilustra um item de teste muito mais exato, também com uma facilidade de 0,50. Esse item ilustra o relacionamento mais forte entre a resposta a um item e a aptidão, em que a aptidão média dos respondentes corretos é de aproximadamente 1 e a aptidão média dos correspondentes incorretos é de aproximadamente –1. Não existe

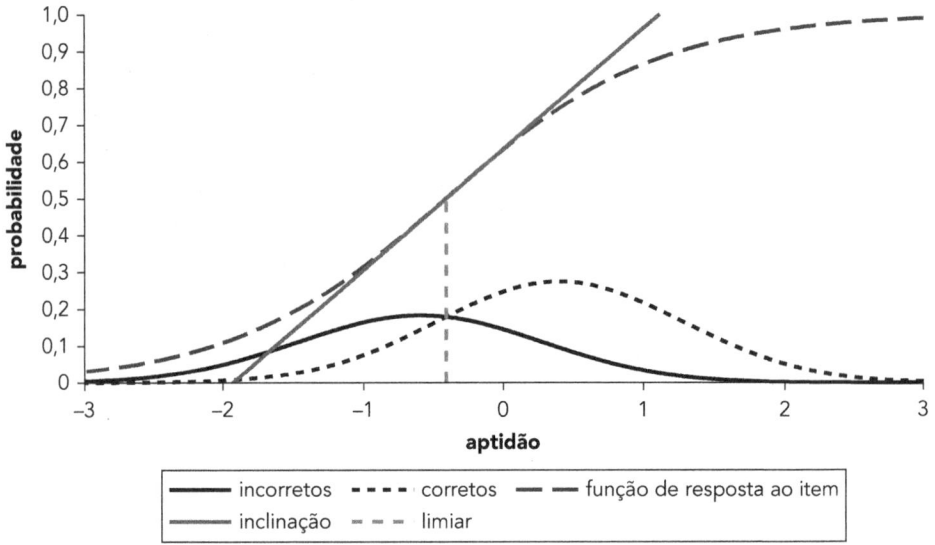

FIGURA II.A.3

Distribuições da Aptidão para os Respondentes Corretos e Incorretos a Um Único Item de Teste e Probabilidade Condicional de Responder Corretamente (Facilidade = 0,60, Aptidão Média dos Respondentes Corretos = 0,40)

sobreposição das distribuições, o que indica que, em termos da aptidão, os respondentes corretos são completamente distintos dos respondentes incorretos.

Na prática, é extremamente raro os respondentes corretos serem completamente distintos dos respondentes incorretos. Habitualmente, existe uma vasta região de aptidão em que as duas distribuições se sobrepõem. Uma transição suave ocorre quando os alunos com uma aptidão em crescimento reduzem a probabilidade de serem identificados como membros da distribuição incorreta e aumentam a probabilidade de serem membros da distribuição correta. Essa transição é ilustrada na figura II.A.3 para um item com uma facilidade de 0,60 (que indica que a distribuição para os respondentes corretos é maior do que para os respondentes incorretos) e uma aptidão média de 0,40 para os respondentes corretos. A linha tracejada curva, também conhecida como a *função de resposta ao item* (FRI), descreve o tamanho da distribuição dos respondentes corretos em relação ao tamanho da distribuição dos respondentes incorretos.

Em outras palavras, em regiões da aptidão em que a altura da distribuição correta é menor do que a altura da distribuição incorreta, a FRI é inferior a 0,5; na situação inversa, o valor é superior a 0,5. A transição de correto para incorreto é marcada por um limiar (a linha tracejada vertical na figura II.A.3) que corresponde ao ponto em que a distribuição dos respondentes incorretos intercepta a distribuição dos respondentes corretos.

A FRI pode ser interpretada como a probabilidade de que um respondente com um determinado nível de aptidão vá pertencer ao grupo dos respondentes corretos. Os valores exatos da FRI podem ser calculados dividindo a probabilidade da distribuição dos respondentes corretos pela soma das probabilidades de ambas as distribuições. Por exemplo, em um valor de aptidão de −1, o valor da probabilidade de respondentes corretos é de aproximadamente 0,06 e o valor para os respondentes incorretos é de aproximadamente 0,15; 0,06/(0,06 + 0,15) = 0,29. Uma vez que a proporção de respondentes incorretos é o inverso da proporção de respondentes incorretos e a aptidão média dos respondentes incorretos pode ser calculada a partir da aptidão média dos respondentes corretos (já que a média geral é igual a 0), a FRI é então uma função da facilidade dos itens e da aptidão média dos respondentes corretos.

Uma FRI pode ser descrita utilizando um modelo estatístico com três parâmetros, a, b e c:

$$P(u = 1) = c + (1 - c)/(1 + \text{Exp}(D * a * (\text{teta} - b))),$$

em que $P(u = 1)$ é a probabilidade de um aluno alcançar uma resposta correta. D representa uma constante utilizada para escalonar os parâmetros de item; normalmente, é definida para ter um valor igual a −1.7, de modo que a escala corresponda à escala normal padrão. A variável *teta* representa a aptidão dos alunos. O mesmo modelo descreve os itens de crédito parcial, em que $P(u \geq x)$ representa qualquer pontuação maior ou igual a uma pontuação de crédito parcial específica, x. No caso do crédito parcial, cada valor superior a zero vai ter um conjunto de parâmetros.

Apesar de todos os parâmetros interagirem para a descrição do comportamento estatístico de um item, o parâmetro **a** reflete primordialmente a distância entre as médias das distribuições correta e incorreta; o parâmetro **b** reflete primordialmente a facilidade de um item; e o parâmetro **c** reflete a probabilidade de um aluno da distribuição incorreta ser incluído por engano na distribuição correta (por exemplo, um aluno que adivinha a resposta correta).

Uma vez que o processo da TRI é iterativo e computacionalmente intensivo, os diferentes pacotes de *software* podem produzir estimativas ligeiramente diferentes e exigir quantidades diferentes de tempo para concluir os cálculos. O algoritmo de estimativa do IATA tem tendência a ser mais robusto em vários tamanhos de amostras e é significativamente mais rápido do que outros programas de estimativa da TRI. Enquanto outros métodos utilizam algoritmos de aproximação iterativa para realizar o passo da estimativa dos parâmetros de item, o IATA calcula os parâmetros de item algebricamente, utilizando as seguintes equações:

$$a = -\left(\mu^*_{corretos} / \left(-1 + p^* + p^* \mu^{*2}_{corretos}\right)\right) / 1.7 \left(1 + q / \left(q + q_{corretos}\right)\right)$$

$$b = \left(\mu_{incorretos} + \mu^*_{corretos} - \left(2^* \sigma^{2*} \text{LOG}\left(q^* / p^*\right)\right) / \left(\mu_{incorretos} - \mu^*_{corretos}\right)\right) / 2$$

$$c = q / \left(q + q_{corretos}\right),$$

em que

$$p^* = \left(1 - (1-p)/(1-c)\right)$$

$$q^* = q + q_{corretos}$$

$$\mu^*_{corretos} = \left(-\mu_{incorretos} \cdot (1 - p^*)\right) / p^*$$

$$\sigma^2 = 1 - \left(p^* \mu^{*2}_{corretos} + (q^*)^* \mu^2_{incorretos} + p^* \mu^*_{corretos} + (q^*) \mu_{incorretos}\right)$$

$\mu_{corretos}$ = a aptidão média dos alunos que responderam corretamente

$\mu_{incorretos}$ = a aptidão média dos alunos que responderam incorretamente

p = a proporção de alunos que responderam corretamente

q = a proporção de alunos que responderam incorretamente

$q_{corretos}$ = a proporção de alunos que não conseguiram responder à questão, mas que adivinharam a resposta correta (a estimativa dessa estatística deve ser feita pela aproximação da assíntota inferior da função de resposta ao item empírica). Tenha em mente que se o parâmetro c estiver restrito de modo a ser igual a zero (que é a prática recomendada para a grande maioria das situações de avaliação), não é necessário fazer a estimativa do $q_{corretos}$.

As novas estimativas dos parâmetros são utilizadas em cada ciclo de estimativas para a produção de funções de aptidão atualizadas para cada aluno, utilizando os métodos descritos por Baker e Kim (2004). Apesar de o algoritmo ainda necessitar de muitos ciclos iterativos para produzir as estimativas finais, a robustez das equações obtidas anteriormente no passo da estimativa dos parâmetros reduz significativamente o tempo de processamento e aumenta a estabilidade das estimativas.

NOTA

1. Na TRI, a aptidão dos alunos é descrita em uma escala (muitas vezes conhecida como *teta*) semelhante a uma escala de pontuação Z: O nível médio de aptidão teórica é 0 e o desvio padrão é 1. Habitualmente, a maioria dos alunos alcança pontuações entre −2 e 2 e menos de um em cada mil alunos vai alcançar pontuações inferiores a −3 (ou superiores a 3).

REFERÊNCIAS

Anderson, P., e G. Morgan. 2008. *Desenvolvimento de Testes e Questionários para Avaliação do Desempenho Educacional*. Washington, DC: Banco Mundial.

Baker, F. B., e S.-H. Kim. 2004. *Item Response Theory: Parameter Estimation Techniques*. 2.ª ed. Nova Iorque: Marcel Dekker.

Bullock, J. G., D. P. Green, e S. E. Ha. 2010. "Yes, but What's the Mechanism? (Don't Expect an Easy Answer)." *Journal of Personality and Social Psychology* 98 (4): 550–58.

Crocker, L., e J. Algina. 2006. *Introduction to Classical and Modern Test Theory*. Pacific Grove, CA: Wadsworth.

Cronbach, L. J. 1970. "Test Validation." Em *Educational Measurement*, 2.ª ed., editada por R. L. Thorndyke, 443–507. Washington, DC: Conselho Americano de Educação.

De Ayala, R. J. 2009. *The Theory and Practice of Item Response Theory*. Nova Iorque: Guilford Press.

DeMars, C. 2010. *Item Response Theory*. Nova Iorque: Oxford University Press.

Dumais, J., e J. H. Gough. 2012a. "School Sampling and Methodology." Em *Implementação de uma Avaliação Nacional de Desempenho Educacional*, editado por V. Greaney e T. Kellaghan, 57–106. Washington, DC: Banco Mundial.

―――. 2012b. "Weighting, Estimating, and Sampling Error." Em *Implementação de uma Avaliação Nacional de Desempenho Educacional*, editado por V. Greaney e T. Kellaghan, 181–257. Washington, DC: Banco Mundial.

Fan, X. 1998. "Item Response Theory and Classical Test Theory: An Empirical Comparison of Their Item/Person Statistics." *Educational and Psychological Measurement* 58(3): 357–81.

Freeman, C., e K. O'Malley. 2012. "Data Preparation, Validation and Management." Em *Implementação de uma Avaliação Nacional de Desempenho Educacional*, editado por V. Greaney e T. Kellaghan, 107–79. Washington, DC: Banco Mundial.

Goldstein, H., e R. Wood. 1989. "Five Decades of Item Response Modelling." *British Journal of Mathematical and Statistical Psychology* 42 (2): 139–67.

Greaney, V., e T. Kellaghan. 2008. *Avaliação dos Níveis de Desempenho Educacional*. Washington, DC: Banco Mundial.

―――, ed. 2012. *Implementação de uma Avaliação Nacional de Desempenho Educacional*. Washington, DC: Banco Mundial.

Haladyna, T. M. 2004. *Developing and Validating Multiple-Choice Test Items*. 3.ª ed. Mahwah, NJ: Lawrence Erlbaum Associates.

Hambleton, R. K., H. Swaminathan, e H. J. Rogers. 1991. *Fundamentals of Item Response Theory*. Newbury Park, CA: Sage.

Hutcheson, G., e N. Sofroniou. 1999. *The Multivariate Social Scientist*. Londres: Sage.

Karantonis, A., e S. G. Sireci. 2006. "The Bookmark Standard Setting Method: A Literature Review." *Educational Measurement: Issues and Practice* 25 (1): 4–12.

Kellaghan, T., e V. Greaney. 2001. *Using Assessment to Improve the Quality of Education*. Paris: Organização das Nações Unidas para a Educação, Ciência e Cultura, Instituto Internacional para o Planeamento da Educação.

Kellaghan, T., V. Greaney, e T. S. Murray. 2009. *O Uso dos Resultados da Avaliação do Desempenho Educacional*. Washington, DC: Banco Mundial.

Lord, F. M., e M. R. Novick. 1968. *Statistical Theories of Mental Test Scores*. Reading, MA: Addison-Wesley.

Martin, M. O., I. V. S. Mullis, e P. Foy (com J. F. Olson, E. Erberber, C. Prewschoff e J. Galia). 2008. *TIMSS 2007 International Science Report: Findings from IEA's Trends in International Mathematics and Science Study at the Fourth and Eighth Grades*. Chestnut Hill, MA: TIMSS & PIRLS International Study Center, Boston College.

Mislevy, R. J. 1992. *Linking Educational Assessments: Concepts, Issues, Methods, and Prospects*. Princeton, NJ: Educational Testing Service.

Mitzel, H. C., D. M. Lewis, R. J. Patz, e D. R. Green. 2001. "The Bookmark Procedure: Psychological Perspectives." Em *Setting Performance Standards: Concepts, Methods, and Perspectives*, editado por G. J. Cizek, 249–81. Mahwah,

NJ: Lawrence Erlbaum Associates.

OCDE (Organização para a Cooperação e Desenvolvimento Económico). 2007.

PISA 2006: Science Competencies for Tomorrow's World. Volume 1: Analysis. Paris: OCDE.

Raudenbush, S. W., e A. S. Bryk. 2002. *Hierarchical Linear Models: Applications and Data Analysis Methods*, 2.ª ed. Thousand Oaks, CA: Sage.

Snijders, T. A. B., e R. J. Bosker. 1999. *Multilevel Analysis: An Introduction to Basic and Advanced Multilevel Modeling*. Thousand Oaks, CA: Sage.